“十三五”国家重点出版物出版规划项目

南水北调中线一期工程文物保护项目
河北省考古发掘报告
第17号

磁县南城圣泉寺遗址暨北南城遗址考古发掘报告

南水北调中线干线工程建设管理局
河北省南水北调工程建设领导小组办公室
河北省文物局
编著

科学出版社
北京

内 容 简 介

本书是河北省南水北调中线一期工程系列考古报告之一，主要对2010年河北邯郸磁县南城圣泉寺遗址暨北南城遗址的考古发掘资料进行了整理和介绍。此次考古发掘的面积共1400余平方米，揭露了处于南水北调渠线内的圣泉寺部分院落及北南城遗址的临河区域。总计清理各类遗迹单位40余处，文化遗存时代涵盖战国至汉代时期、唐至明清时期，出土了一批重要的遗迹和遗物，主要发现有圣泉寺的元明清时期前大殿基址和院落、北南城遗址唐初窖穴群及少量古墓葬，为研究冀南地区佛寺发展沿革及古文化发展面貌均提供了重要的实物资料。

本书可供从事考古学、文物与博物馆学、历史学及相关学科的研究者和大专院校相关专业师生阅读、参考。

图书在版编目（CIP）数据

磁县南城圣泉寺遗址暨北南城遗址考古发掘报告 / 南水北调中线干线工程建设管理局，河北省南水北调工程建设领导小组办公室，河北省文物局编著. -- 北京：科学出版社，2025. 7. --（南水北调中线一期工程文物保护项目报告）（河北省考古发掘报告）. -- ISBN 978-7-03-081780-8

Ⅰ. K878.05

中国国家版本馆CIP数据核字第2025PA9317号

责任编辑：王琳玮 / 责任校对：邹慧卿

责任印制：肖　兴 / 封面设计：陈　敬

科学出版社 出版

北京东黄城根北街16号

邮政编码：100717

http://www.sciencep.com

北京中科印刷有限公司印刷

科学出版社发行　各地新华书店经销

*

2025年7月第　一　版　开本：889×1194　1/16

2025年7月第一次印刷　印张：9 1/4　插页：18

字数：321 000

定价：278.00元

（如有印装质量问题，我社负责调换）

"13th Five-Year Plan" National Key Publications Publishing and Planning Project

Reports on the Cultural Relics Conservation
in the South-to-North Water Diversion Project
Hebei Vol.17

An Excavation Report on the Shengquan Temple Site and the Beinancheng Site in Nancheng, Cixian County

Construction and Administration Bureau of the South-to-North Water Diversion Middle Route Project
Office for Hebei Provincial Construction Commission of the South-to-North Water Diversion Project
Bureau of Cultural Relics of Hebei Province

Science Press
Beijing

南水北调中线一期工程文物保护项目报告

河北省第17号

《磁县南城圣泉寺遗址暨北南城遗址考古发掘报告》

项目承担单位

邯郸市文物保护研究所

主　编

申慧玲　王　晖　薛玉川

目　　录

插图目录

图版目录

第一章　概　　述

第一节　磁县沿革与地理环境

磁县位于京津冀区域的南部，南与河南省安阳隔漳河相望，西有太行山，东为广阔的大平原。《邯郸地区分县地名图册》[1]载，磁县辖域在春秋时期先属卫，后归晋。战国属赵。秦属邯郸郡。汉初为邺县、梁期、武安三县地，属魏郡。三国魏时，分武安县地置临水县，属广平郡。北魏改属魏郡，北周析临水县置滏阳县，属成安郡。隋始设慈州，辖滏阳县。唐代临水改名昭义。宋熙宁六年并入滏阳县，属磁州。宋代滏阳县属河北西路磁州。金属河北西路彰德府磁州。元属中书省广平路磁州。明初省滏阳县入州，改属河南省彰德府。清雍正四年改属广平府。民国二年降磁州为磁县。1940～1945年，磁县和武安县部分地区合并称磁武县（1945年恢复原建制）。1949年8月，磁县属河北省邯郸专区。磁县今属邯郸市，县人民政府驻地位于县区域之内东部偏南，向北距邯郸市28千米。

磁县辖区内高山、丘陵、平原、河流地貌俱全，磁县自西向东分为山区、丘陵、平原三部分。西部山区面积307.5平方千米，占全县总面积的30.3%；中部丘陵面积320.75平方千米，占总面积的31.6%；东部和南部为平原，面积386.25平方千米，占总面积的38.1%。磁县西部为太行山东麓南段洪积、冲积扇形倾斜山前区域，地势由西向东倾斜。西部最高峰的炉峰山，海拔1087.6米，县东北部最低处海拔65米。磁县境内交通比较便利，自古就有水陆纵横交叉的官道。河流主要有漳河、滏阳河、牤牛河，径流穿通。陆路除京广铁路、107国道之外，近几年新增设了东西向青兰、南北向京深高速公路，以及京广高铁、山东至山西的铁路等。

磁县属北温带大陆性季风气候，年平均气温13.2℃，1月平均气温-2.3℃，7月平均气温26.6℃，年日照约2770小时，年平均降水量480毫米左右，无霜期约210天。土壤多为石灰性褐土和草甸褐土，部分为盐化潮土。矿产主要有煤、铝矾土、石英岩，还有制作陶瓷的原料“大青土”，在岩石学上称“水云母—高岭石复矿黏土岩”，也称“半软质黏土”，著名的磁州窑就坐落在境内的中西部。

磁县境内全国重点文物保护单位（国家级）有四处：时代为新石器时代、商、汉的南城村遗址[2]，时代为战国至汉的讲武城遗址，时代为北朝时期的磁县北朝墓群，时代为北齐、隋、宋、元时期的磁州窑遗址。省级文物保护单位有八处：下七垣遗址、滏阳桥、崔府君庙、城隍庙大殿、东武仕遗址、北羊城城址、赵王庙石刻、炉峰山碑刻。另外还有很多市、县级文物保护单位。磁县是邯郸地区地上地下文物资源丰富的大县，多年以来备受文物考古专家及文物爱好者的关注（图一）。

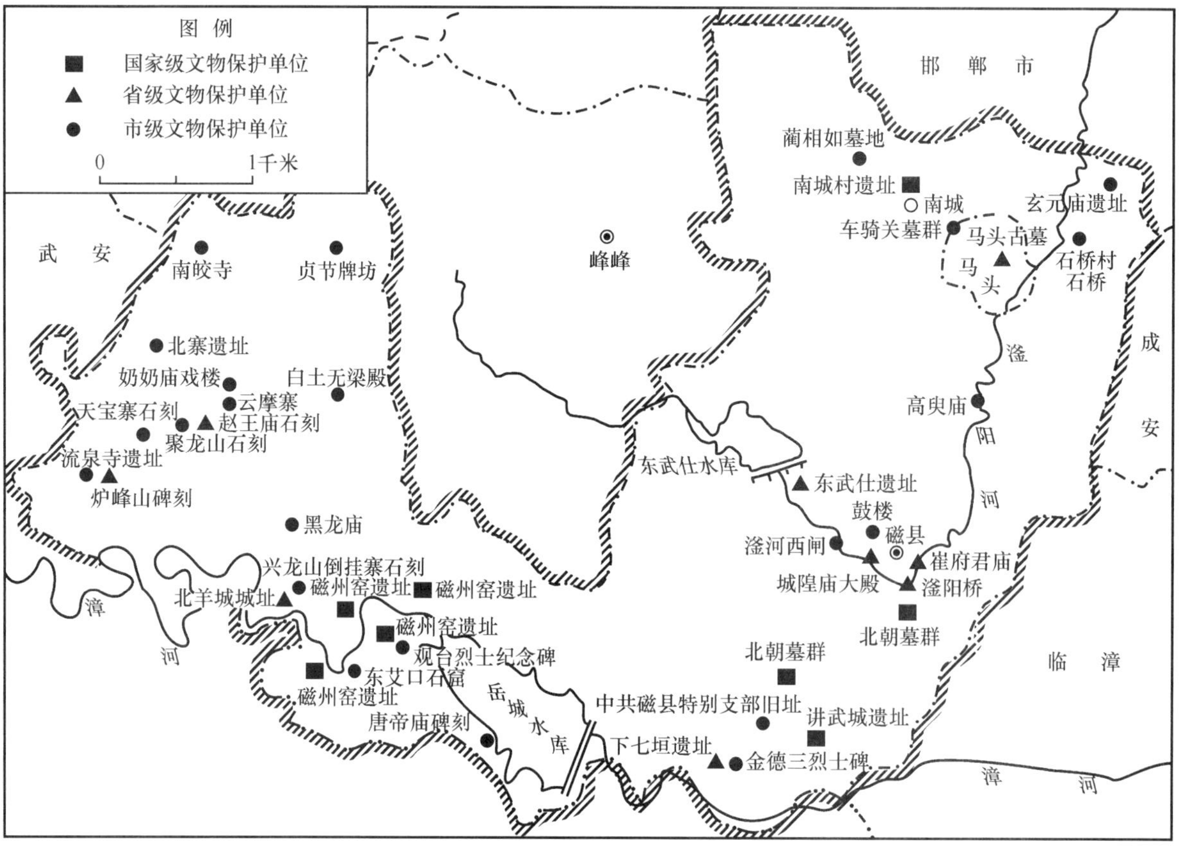

图一　磁县境内市级以上重点文物保护单位分布示意图

第二节　发掘缘起与工作概况

南水北调是实现我国水资源优化配置的一项重大基础设施建设工程，这一大型水利建设工程自2002年开始进入实施阶段。2002年7月，在南水北调中线工程路线尚未完全明确划定时，河北省文物研究所受河北省文物局委托，与邯郸市文物保护研究所及磁县、邯郸县、永年县文物保管所组成考古调查队，对南水北调中线工程自河南省安阳市丰乐镇穿漳河进入河北省磁县境内的水渠规划线路，由南向北进行了首次文物普查工作。

为了确保普查资料的科学性、严谨性，并实现地下文物的有效保护，考古调查队于2003年秋冬之季，对南水北调中线工程路线在邯郸境内所经之地进行了文物复查工作，为配合南水北调工程的文物保护和保障水利工程的顺利进行奠定了良好的基础。

为了支援南水北调文物保护工作，受河北省文物局南水北调中线工程文物保护领导小组办公室委托，邯郸市文物保护研究所会同磁县文物保管所，经报请国家文物局批准，对磁县南城圣泉寺遗址考古发掘项目进行发掘。发掘领队乔登云，参加发掘的人员有邯郸市文物保护研究所王晖、申慧玲、常波、薛东亮（负责测绘、制图及照相），磁县文物保管所赵学峰、李江，还有薛海兵、薛振海、曹海军、王保军等。发掘工地严格按照《田野考古工作规程》进行操作，并制定了考古发掘工地管理制度，规定了安全措施和民调工作人员的管理及职责，对工地管理、探方发掘、文物安全、资料整理、后勤保障等工作进行了分工，确保了发掘工作顺利进行。

2010年3月中旬至4月初，对磁县南城圣泉寺遗址考古发掘项目进行了田野考古勘探及重点区域的试掘，初步确定了遗址的发掘范围及文化堆积的厚度和大致的深度。综合调查、复查及试掘所获得的科学资料，为下一步田野考古发掘地点的选择提供了较为科学的依据。

磁县南城圣泉寺遗址考古发掘项目，位于冀南磁县辖区偏北部，是邯郸市文物保护研究所在南水北调中线工程中磁县段的最后一个项目，该发掘工程项目分为圣泉寺遗址和北南城遗址两个发掘区（图二）。

南城村地处丘陵地带，再向东数千米之外渐缓为广阔的平原。东有自南向北流向的滏阳河，南有自西向东流向的牤牛河。南城村是乡级政府所在地。南城的命名是以向北近3千米的北城村相对应的。该村先前为一个自然村庄，设置一个村民委员会，由于居住户较多，为了便于管理，在20世纪五六十年代，政府将南城村划分为东、南、西、北、中五个生产大队[3]，后成为五个行政村。本次发掘的圣泉寺遗址位于西南城村西，土地归属于西南城，因为四周村民皆俗称为“南城圣泉寺”，本次发掘仍尊重这一叫法；在北南城村北发掘的人类生活遗址，土地归属于北南城，故命名为“北南城遗址”（图版一，1）。

圣泉寺遗址为磁县县级文物保护单位，位于三面平时干涸、雨季流水的深沟壑环绕的台地之上，自此往东北方向约600米处，便是位于自北向南流向的涧河（现在村民说的牤牛河支流）西岸的北南城遗址。圣泉寺和北南城两遗址自2010年4月6日开始发掘，至8月6日结束，历时4个月，完成发掘面积1425.65平方米，共发掘54个探方（均以磁北为正方向，遗迹方向角度亦以磁北为基准），共清理房址2座（其中有院落2处），道路1条，水井2眼，石拱桥1座，灰坑29个，灰沟2条，墓葬6座。出土陶、铜、铁、石、骨、瓷类等器物。陶类器物可分为建筑构件和陶器，建筑构件有砖、板瓦、筒瓦、瓦当、滴水、脊饰等；陶器有生活用具及其他类器物，生活用具有鬲、鼎、豆、壶、盘、碗、釜、锅、罐、盆、瓮、盂、盏、瓶等，其他类器物主要有环、支钉、色子、陶塑兽面及神像等。铜类器物有铜钱、环、饰件等。铁类器物有泡钉、簪。石类器物有环、柱础。骨类器物仅有簪。瓷类器物有生活用具及其他用品，生活用具有碗、盘、蒜臼、瓶、盆、罐、瓮、缸、盏、盂、器盖等，其他用品有三足炉和流形长嘴灯。共计器物234件（圣泉寺遗址104件、北南城遗址130件）。器物的时代为战国至汉代、唐至五代及宋元明清时期，以唐至五代及元明时期的遗存最为主要。

根据两遗址的不同位置，也为了便于记录和叙述方便，分别将圣泉寺遗址和北南城遗址写为“NCS”“NCB”（南水北调、磁县、圣泉寺的“南”“磁”“圣”三字按首位拼音字母简写为“NCS”；南水北调、磁县、北南城的“南”“磁”“北”三字按首位拼音字母简写为“NCB”，下同）。两遗址发掘单位遗迹遗物的编号前面分别加“S”“B”，例如水井、灰坑、墓葬，分别编为SJ1、SH1、SM1，BJ1、BH1、BM1等。

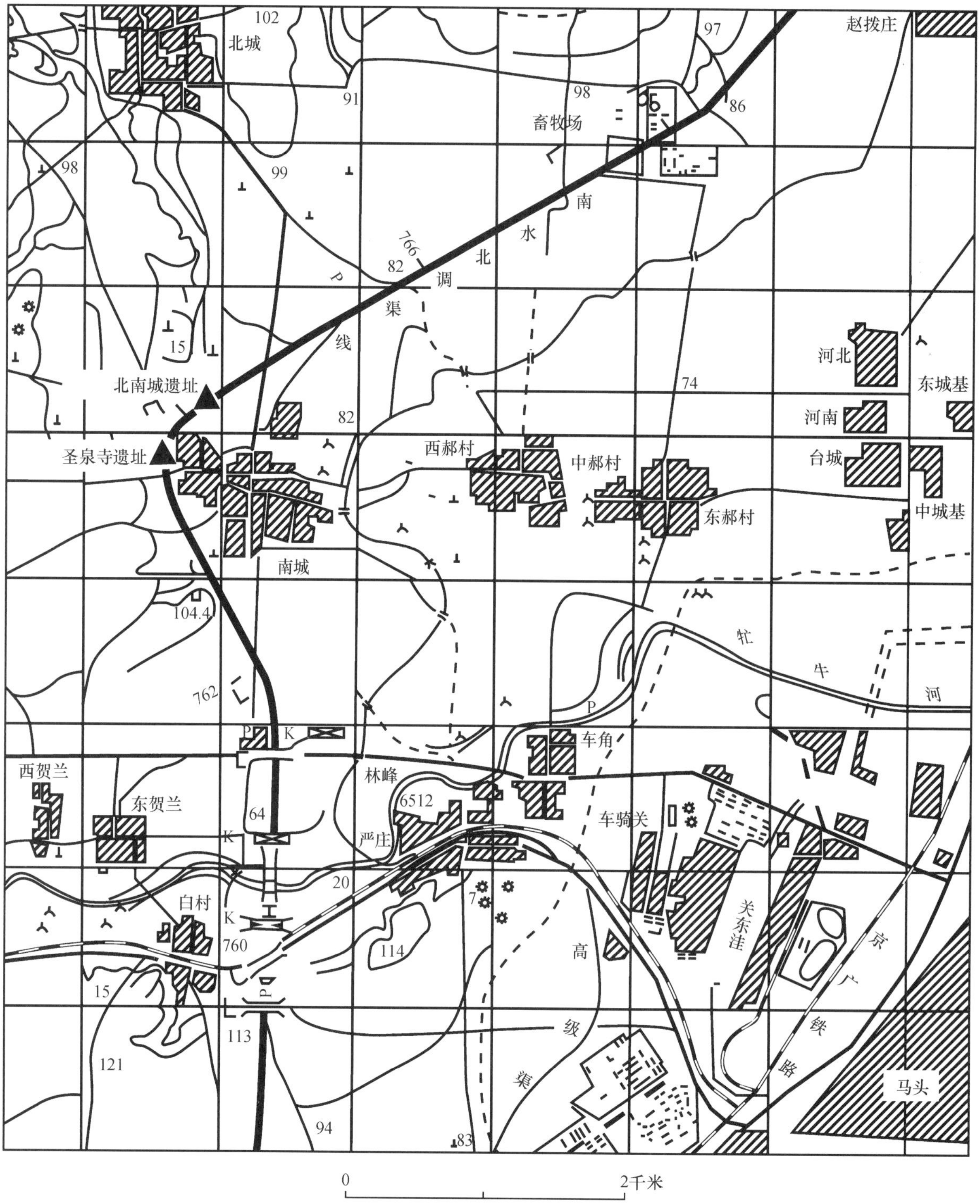

图二　南城圣泉寺暨北南城遗址地理位置示意图

2010年9月15日，以《磁县南城乡佛寺遗址及唐代窑穴群》为题，在邯郸市文物保护研究所创办的《邯郸文物简讯》第89期登载。《邯郸文物简讯》是邯郸市文物保护研究所对邯郸区域古文化遗存的调查、勘探、发掘、保护及研究动态等丰富多彩的信息内容，采用不定期发行的红头白页、图文并茂的版面形式，作为内部资料呈送邯郸市、区、县的行政、公安、文化等有关领导首长或主抓文物工作负责人以及省内文物系统、大专院校、文史研究等机构。《磁县南城乡佛寺遗址及唐代窑穴群》的报道引起了社会的广泛关注，也进一步体现了《邯郸文物简讯》是对外发布文物考古信息和宣传文物保护政策的前沿阵地。

2018年秋至2019年夏，薛玉川、王晖、申慧玲等对发掘获得的资料进行了系统的整理，并执笔完成了本报告的书稿。参加圣泉寺遗址和北南城遗址出土遗物的室内整理人员还有薛胜利、李延萍、李楠、单蕾、梁彪等。

发掘期间，河北省文物局、河北省文物研究所石永士、张文瑞、高建强及邯郸市文物局张书广、翟中华等专家、领导多次到发掘现场指导工作，有力地确保了考古发掘工作的顺利进行。磁县南城村干部、村民对圣泉寺遗址和北南城遗址的发掘工作给予了大力支持和协助，邯郸市博物馆提供了室内整理的场地，在此一并表示感谢！

第二章　圣泉寺遗址

第一节　地理位置及地表现状

圣泉寺遗址位于南城乡西南城村向西直线距离约250米处，南水北调工程渠段NSBD·K33+130（“南水北调”四字按首位拼音字母简写为“NSBD”，后面阿拉伯数字为水利部门提供带状图所标的渠线公里程，下同），发掘区中心坐标为北纬36°30′15.53″、东经114°21′38.63″，海拔98米。南水北调之渠水自东南而来，在此处呈缓弧状，而后折转向东北而去（图三）。据磁县文物保管所县级文物保护档案的记载及民间传说，圣泉寺原主体建筑为坐西朝东，有大殿、厢房、山门、院墙以及附属院落、水井、石桥等为一组合的建筑群体。

圣泉寺遗址所处的地形是呈西高东低的岗坡地，在杂草横生的数层台堰状之上，跨南水北调渠线的西边界，近一半的范围在渠线之外。现在寺院遗址的南边、北边各有一条西浅东深的沟谷（径流在地面上冲出的沟，雨季沟中有流水，平时干涸，俗称“自然冲沟”，下文统称自然冲沟），两条自然冲沟在寺院遗址的东边约160米处合二为一，再向东渐渐消失于南城村西，或部分于村西向南消失。寺院遗址的西边有一南北向不太高的土堰，寺院遗址的东边缓慢降低。从这一自然的地形地貌来看，该寺院地处三面凹陷、中部凸起的台地。寺院遗址的南、西、北三面皆为耕田。

圣泉寺遗址的平面呈西窄东宽的不规则梯形，东西长80米，南北宽45～60米。在梯形台地的中部偏北有一条东西向田间土路，路南离圣泉寺的北墙不足5米。在圣泉寺遗址地表有现代砖砌的两座泥胎神像殿、院墙及山（街）门，其中神像殿位于南水北调规划的渠线之内。我们进入场地时，现代寺殿已经拆除，地表可见现代砖板堆积，古代建筑构件极少，原有的碑刻不知何时已经遗失（图版一，2；图版二，1）。据村民介绍，原寺内有前、中、后三座大殿及厢房、山门等，该建筑于中华人民共和国成立后被拆毁，当时石碑上刻有唐朝重新修建寺院的记载；后来毁了好几回，在“文化大革命”中毁得更狠，连寺院的根基都挖掉了，现在供奉的神祇，和以前的“味儿”都不一样了。我们经过一段时间的先期勘探，发现扰土遍布整个遗址区域的范围，很难发现有大面积的明显夯土、完整的墙基及踩踏面的原有状况，进一步印证了当地民众的说法（图版二，2）。

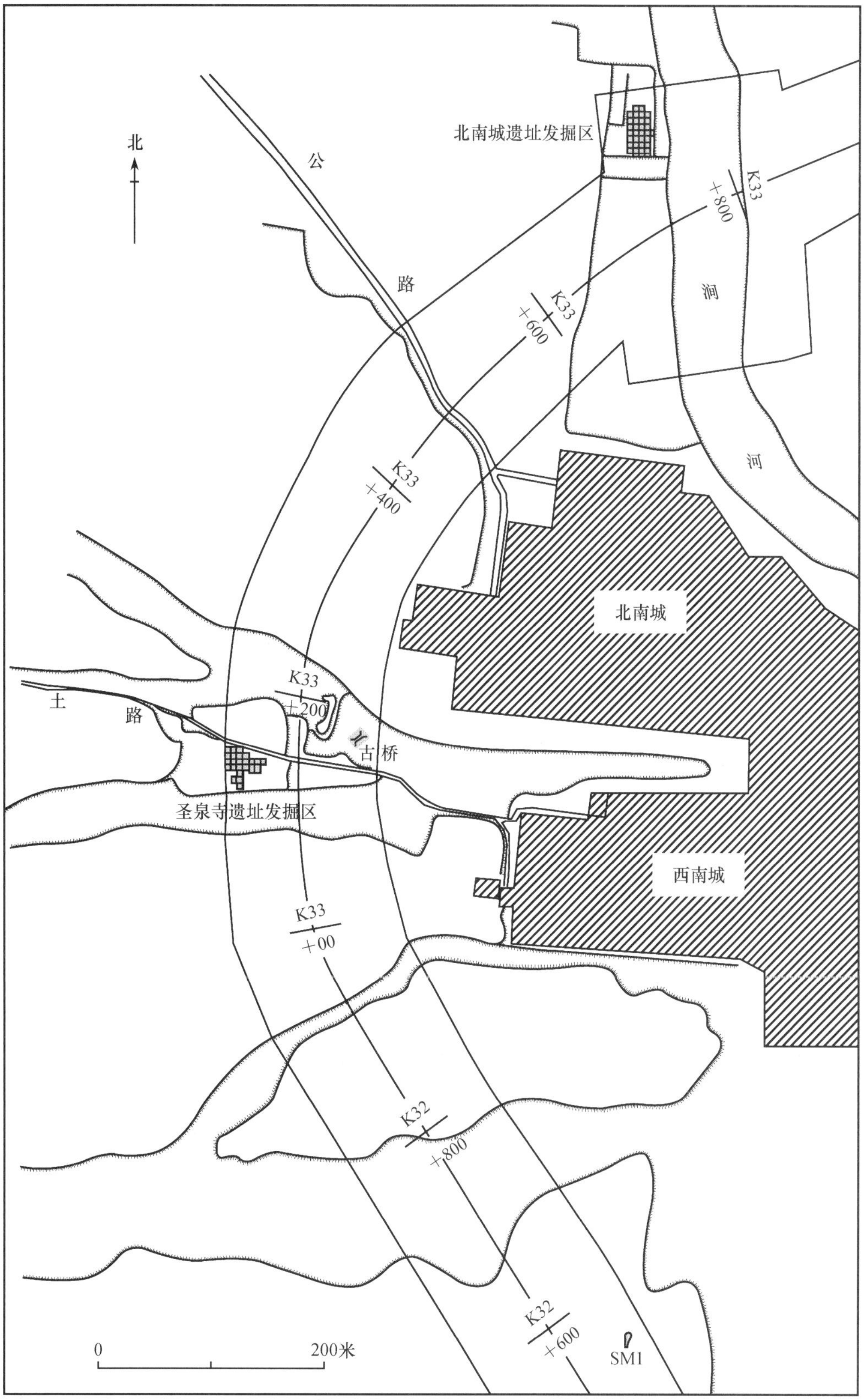

图三　南城圣泉寺暨北南城遗址发掘区分布图

第二节　地层堆积与遗迹、遗物

一、地 层 堆 积

在考古勘探的基础上，于2010年4月上旬对圣泉寺遗址布设了探沟试掘。通过局部清理，大致了解了圣泉寺基址的文化层叠压情况，随即以发掘区西南角为基点，采用坐标法编号，布正方向5米×5米的探方49个，实际发掘探方24个（个别探方依据情况进行了扩方）。至8月上旬，圣泉寺遗址发掘结束（图四；图版四，1）。

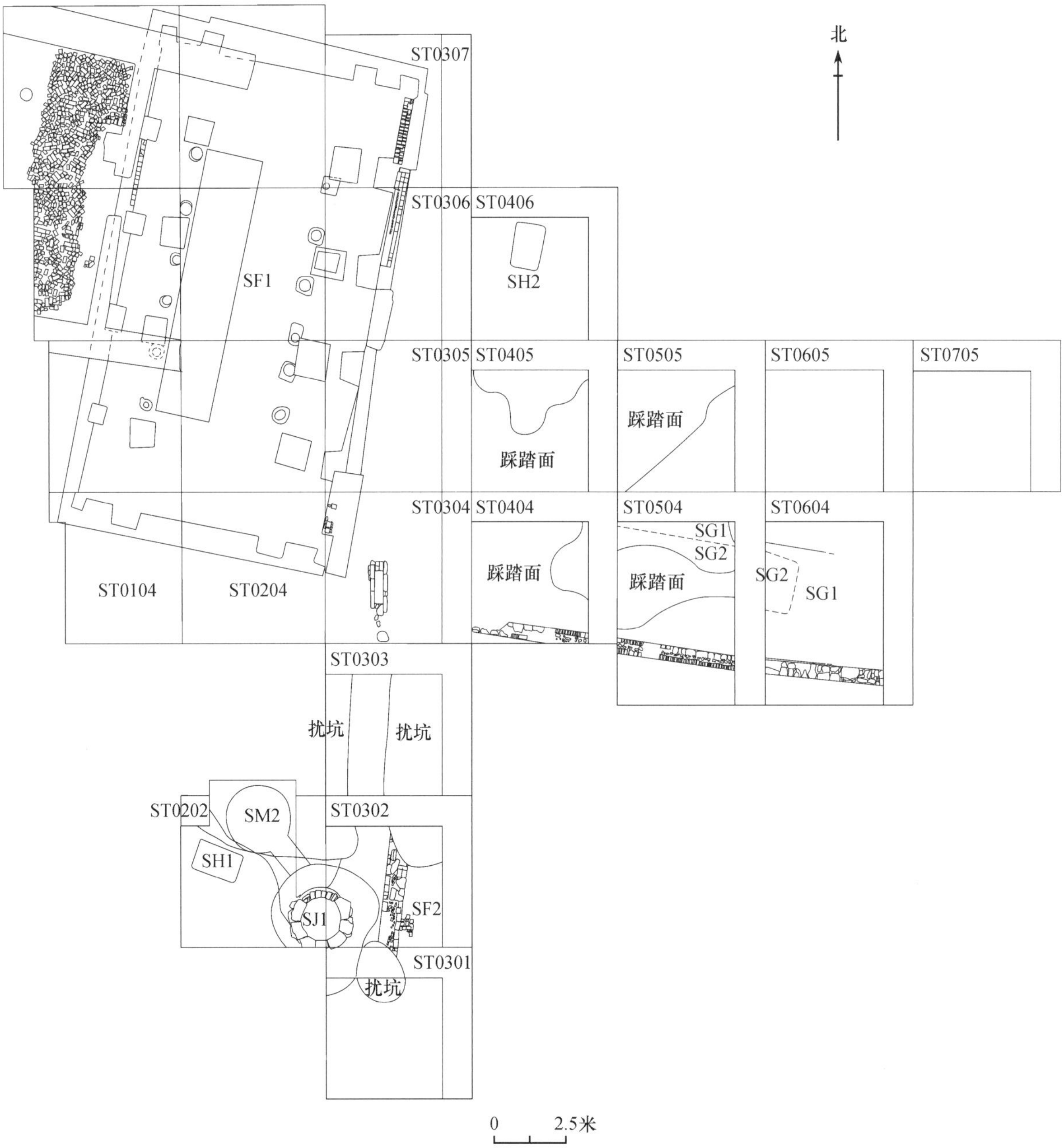

图四　圣泉寺遗址探方及遗迹总平面图

圣泉寺遗址范围内，由于近代破坏扰动较甚，遍布的坑、沟和扰乱的地层，让原来的地层叠压关系变得较为复杂。在我们进入现场时，地表已经再次被大面积扰动，为了便于布设发掘探方，先揭取了0.1米的地表扰土，该层包含有近现代杂物及少量散落的古代遗存。记录地层的叠压数据皆以揭取0.1米之后算起。发掘得知，东、西、南三个部位的地层均不一致，有的探方内缺失一层，有的探方内缺失两层。在大殿基址范围内大部分地层保存一到两层，大殿的前院及大殿以南约10米的地层，大部分在两到三层。总体来说，地层自地表向下可分为3层，第3层以下为生土，生土呈黄色略偏白，含较多细碎的黑土颗粒，纯净坚硬，无包含遗物。

下面分别以ST0106北壁、ST0306西壁、ST0604西壁、ST0202北壁四个典型剖面为例，介绍遗址的地层堆积情况。

ST0106、ST0206北壁剖面（图五，1）。

第1层：灰褐色土，厚20～50厘米。土质疏松，颗粒较大，经自然及人为扰动，富含植物根茎。内含杂物及砖瓦碎块、釉陶（多为琉璃瓦，以下统称“釉陶”）、瓷片等遗物，遍布全方。其中出土的生活用具之中，能看出器形的有白地绿彩红胎釉陶盆、白釉瓷盘等。在ST0106第1层下发现了大殿建筑基址的西墙基槽、磉墩坑、柱洞及大殿后院铺地砖等。

此处缺失第2层。第1层以下为生土，呈黄色略偏白，含较多细碎的黑土颗粒，纯净坚硬，无包含遗物。

在24个探方之内均有第1层，该层共出土器物残碎约745片（块），其中陶器200片、釉陶器253片、瓷器280片、铜器8片（件）、铁器3片、骨器1件。陶器与釉陶器之和约占总数的60.8%，瓷器约占总数的37.6%，铜、铁、骨器之和约占总数的1.6%。

ST0306、ST0307西壁剖面（图五，2）。

第1层：灰褐色土，厚25～30厘米。土质疏松，颗粒略小，该层为扰土层，全方分布。出土器物均为残碎片，其中堆积层内含泥质灰、红陶器残片共5片（圣泉寺发掘区之中砖的数量没有统计，灰坑、沟、墓葬的遗物另有统计，下同），可辨器形为盆及建筑构件的砖瓦；釉陶器残片27块，胎色呈砖红色，胎质多为泥质，有一部分近似为缸胎料（缸胎瓷器的原料俗称“缸土”，是一种粉砂质黏土岩，常见于主要的制瓷原料“大青土”的顶板和底板，其主要成分是单热水云母、高岭石，并含有少量的石英、多水高岭石、赤铁矿、褐铁矿、金红石、方解石等），可辨器形皆为建筑构件的瓦、屋脊用件的异形砖、龙及兽等；瓷器残片26片，其中黑釉瓷8片、外黑内白釉瓷5片、白釉瓷2片、白釉黑绘瓷5片、青花瓷5片、灰釉瓷1片，可辨器形有碗、瓶、盆、罐等；还出土有2块铁器的残片，在本探方的西南角发现1枚道光通宝铜钱，探方西部出土1枚完整的泥质灰陶的色子（骰子）。

第2层：微偏褐色的黄黏土，厚约7厘米。土质较硬，内含少量的草木灰屑、红烧土颗粒及少量建筑黏接原料白灰渣（块）等，无包含任何器物。此层为修建或破坏寺庙时形成。圣泉寺遗址的很多遗迹都被叠压在此层下，例如在ST0306之内，开口于第2层下的有大殿建筑基址的东墙基槽、磉墩坑及砖砌磉墩、柱洞坑及柱洞等。

第2层以下为黄色略偏白色的生土，含较多细碎的黑土颗粒，纯净较硬，无发现遗物。

在24个探方之内有第2层的共11个，其中有5个内含少量的草木灰屑和红烧土颗粒，无包含任何器物，剩余6个发现有遗物。这六个探方的第2层共出土器物残碎约80片（块），其中陶器22片、釉陶器21片、瓷器37片。陶器与釉陶器之和占总数的53.75%，瓷器占总数的46.25%。

ST0604、ST0603西壁剖面（图五，3）。

第1层：灰褐色土，厚15～20厘米。土质疏松，颗粒较大。内含杂物及砖瓦碎块、灰陶、釉陶、瓷片、铜饰、白灰砂浆残块等遗物，遍布全方。能看出器形的有碗、罐、盆、残铜饰件等，在探方的东部出土一个碗的残底，仅存墨书“圣寺”二字。该层为耕土层。在此层下有大面积的踩踏土地面。

第2层：微偏褐色的黄黏土，厚10～40厘米。土质略硬。包含有建筑构件的灰陶砖瓦、釉陶瓦等残片，白灰砂浆残块及生活用具碎片，其中生活用具有夹砂灰陶罐、泥质红陶盆、黑釉瓷罐碗、黑釉瓷臼、白釉瓷碗、青花瓷碗等。在ST0604之内的第2层下开口有大殿前院南院墙的基础槽，以及SG1、SG2。

第3层：黄黏土，厚20～52厘米。土质硬实，无包含遗物，只有少量的草木灰和红烧土颗粒分布全方。

第3层以下为生土，呈黄色略偏白，含较多细碎的黑土颗粒，纯净坚硬，无包含遗物。

在24个探方之内有第3层的共4个，其中ST0301位于发掘区的最南边，向北距大殿基址约14米，ST0705位于大殿基址的东边院子之内，ST0504和ST0604东西并排位于大殿基址的东边院子南侧。后两个探方的第3层土质土色略有区别，但没有太明显的区分。

地层堆积有第3层的四个探方之内，除ST0504之外，其他三个探方内含少量的草木灰屑和红烧土颗粒，这三个探方只有ST0301发现有器物。ST0301的第3层所出器物均为残碎片，其中陶器有泥质灰陶盆2片，瓷器有黑釉瓷碗3片、白釉瓷碗2片、外黑内白釉瓷碗2片、黑釉瓷缸6片，还在探方的中部出土1件铜器残碎块，在探方的南侧出土1枚钱文锈蚀不清的铜钱。ST0301在清理完之后，打掉东、北两侧隔梁及关键柱，实际发掘面积为27平方米。

ST0202、ST0302北壁剖面（图五，4）。

第1层：灰褐色土，厚15～20厘米。土质疏松，颗粒较大。内含杂物及砖瓦碎块、灰陶、釉陶、瓷片、铜饰等遗物，遍布全方。能看出器形的有碗、罐、盆、残铜饰件等。该层为耕土层。

第2层：微偏褐色的黄黏土，厚30～40厘米。土质略硬。包含有少量建筑构件的灰陶、釉陶瓦残片及生活用具碎片，其中生活用具有泥质灰陶罐、黑釉瓷碗、外黑内白釉瓷碗、白釉瓷盘、青花瓷碗等。在ST0202的第2层下开口的有水井、灰坑、墓葬等，其中SJ1位于探方东南角，SH1位于探方中西部，SM2位于探方的北部。

第2层以下为黄色略偏白的生土，含较多细碎的黑土颗粒，纯净坚硬，无发现遗物。

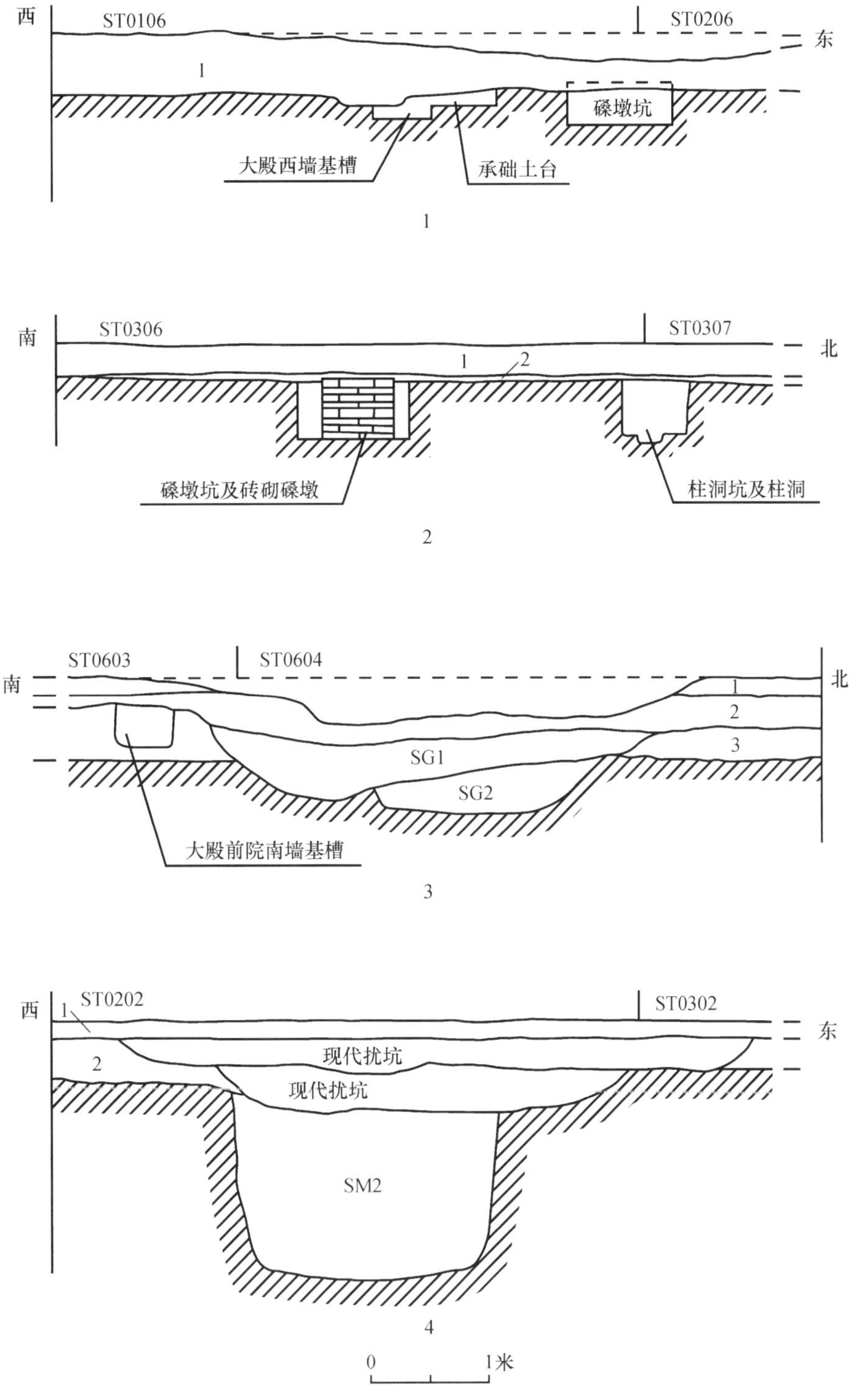

图五　圣泉寺遗址发掘区典型地层剖面图

1. ST0106、ST0206北壁剖面　2. ST0306、ST0307西壁剖面　3. ST0604、ST0603西壁剖面　4. ST0202、ST0302北壁剖面

二、遗　迹

古代的圣泉寺主体建筑地表无存，所存的建筑基础也较少。本次除清理出圣泉寺大殿基址及前后院落的一部分之外（SF1），还发掘及记录了圣泉寺的附属建筑房址1座，水井1眼，道路1条，石拱桥1座；另外还清理了小型灰坑2个，灰沟2条及墓葬2座（表一）。共发掘面积655平方米。

表一　圣泉寺遗址遗迹统计表

编号	位置	平面形状	尺寸/米	现状	出土遗物及其他	时代
SF1	发掘区的北部，占整体发掘面积的5/6	长方形，包括SF1及前、后院落	通体（残存）长35、宽21；其中SF1主体建筑（大殿）面宽五间，进深三间，通面宽约17.3、通进深约9.8	仅存基础槽部分及前、后院落残段	基础槽内有16个长方形承础土台；殿内有佛坛、磉墩、柱础、柱洞等；出土遗物有砖、瓦、瓦当、滴水、釉陶建筑构件及生活用具残件等	元、明、清
SF2	SF1东南方向约9米处	长条形	残墙长4.1、宽0.7，存单层砖的厚度	仅存砖墙残段	该房屋应是寺院僧人、居士香客的用房或是厨房	时代不明
SJ1	SF1南侧约11米处	圆形	开口距地表0.5，土圹直径3.7，砖筑内径1.3～1.4，总深约6.5	砂岩井圈，井中部砖筑，井下部为土圹	出土遗物有灰砖，绿釉瓦，黑釉瓷缸、罐、碗，白釉瓷碗等	元、明、清
SL1	圣泉寺遗址北侧，东西向	长条形	距现地表最深处0.8，路宽2～2.3，残长约40	仅存一段	路土为黄灰色，内含红烧土颗粒等	元、明
SQ1	圣泉寺东偏北约100米	平面长方形，立面为单拱石筑	桥面长8，宽4	望柱及栏板不存	桥侧多处有散乱落下的砌桥石，桥周有耕地及沟壑、灌木荆棘等	明代
SH1	ST0202中部	长方形	上口长1.7，宽1，深0.3	原开口的部分已被破坏	出土遗物有泥质灰陶罐、夹砂陶罐、釉陶瓦、瓷缸、黑釉瓷碗、白釉瓷碗等	元、明、清
SH2	ST0406北部	长方形	上口长1.5、宽1，底长1.3、宽0.8，深0.5	原开口的部分已被破坏	出土遗物有泥质灰陶盆，黑釉瓷缸、盆、罐、碗，白地酱色瓷绘碗等	元、明、清
SG1	ST0504和ST0604之间	不规则长条形	发掘长7，宽3.8，深0.2～0.45	—	出土陶器有盆、罐、瓦、滴水及釉陶瓦等；瓷器有碗、盆、罐、缸、瓮、灯等	明代
SG2	ST0504、ST0604	不规则长条形	发掘长6.1，宽1.82，现存深0.24	—	出土少量的砖瓦残块，没有发现陶瓷器物	明代
SM1	圣泉寺南偏东约570米	由椭圆形砖室、甬道、墓道组成	墓道长2.8、宽1.05～1.2、深0.9～1.94；甬道宽1.2、券顶高1.25；墓室直径1.94～2.4；墓室残高2.16	开口于第2层下，室内扰乱	男性1具，随葬品有天圣元宝铜钱1枚	元代
SM2	ST0202北部	由圆形砖室、墓道组成	墓道长1.2、宽0.8、残存深0.58～0.66；室内直径1.8、残存深1.6	墓室被破坏，砌砖被取走	人骨、随葬品无存	宋—金

1. 大殿建筑基址

大殿（即SF1）建筑基址的时代跨元、明、清三个时期。

SF1为主体建筑，其前后均残存有院落（前、后院）的迹象。SF1包括前、后院落，占圣泉寺遗址发掘区面积的5/6（不包括发掘区以外的面积），整体之平面呈东西向长方形，通体长35米、宽21米。其中主体建筑（SF1）面阔五间（约17.3米），进深三间（约9.8米）。圣泉寺原地面古代建筑不存，基址被严重破坏，砖结构存量也很少，承载墙、承载柱础所开挖的土圹基槽或坑保存较完整。大殿建筑平面方向为102°，呈坐西朝东略偏南向（图六；图版四，2）。发掘清理时，台基的表面上共有三层铺砖面，每层铺砖面垫土层厚约1.5厘米，局部尚能清理出铺砖印痕，应是历次维修时形成的。

（1）大殿四壁的根基槽及建筑面积

本次清理出的遭受毁坏后的大殿四壁的根基槽，深浅不一，宽窄也有很大差别。东、南部较深，西、北部略浅，最大深度在地表向下0.9米，宽度在0.3～1.1米。扰乱的基槽之内大部分为扰土，夹杂有成堆成片的白色灰渣、砖、瓦、瓦当、釉陶等建筑构件及生活瓷器残片（图版七，2）。在北（山）墙的残墙基扰乱沟槽之内还发现有生活用具残瓷片，扰乱沟槽的底部个别地点见有白灰砂浆层，白灰砂浆上留有砖砌的印痕，这一现象在相连的沟槽之内还有多处发现，应是对原基槽破坏取砖所致。在大殿四壁根基槽内有长方形承础土台16个。在东（前）墙发现三段残留的砖筑墙基，皆为用白灰砂浆黏接：

其一段是在东墙与北墙的交界处向南，遗存宽0.3米、残长2.3米的砖墙基，残留三层，砖的厚度在3～4.5厘米。其中底层用残砖平铺，以上两层多为半截砖斜向对角的方法砌筑，以墙顺向看其立面呈躺倒的连续"人"字形。

其二段是在东墙的中间向北（接近第一段）的砖墙基，宽0.4米，残长3.3米。该段为完整砖结合残砖砌筑，砖的一面饰绳纹，长28.5厘米，宽13厘米，厚5厘米。个别地段残留两层，每层呈两砖"丁"字形错缝平砌，即下层靠墙里单砖顺墙平卧、靠墙外单砖横墙平卧，上层靠墙里单砖横墙平卧、靠墙外单砖顺墙平卧。在该段下层的最北端，东西向放置一块和完整砖形制相近似的白砂石，长37厘米，宽24厘米，厚14厘米。

其三段是在东墙的中间向南（距南墙较近）的砖墙基，残宽0.32米，残长1米。该段多为残砖砌筑，仅存单层。

从发掘出的平面布局看，圣泉寺的大殿为坐西朝东的建筑（朝向约102°），平面为长方形，面阔五间，进深三间。从墙基槽看，通面宽约17.3米，通进深约9.8米。东侧檐柱与金柱间是否为前廊结构，已无法得知。西侧可判断出应为檐墙包檐柱的结构。西侧金柱的东侧为一南北向长方形佛坛，佛坛南北居中，佛坛与大殿的后墙之间留有2米宽的回廊。

台基顶面上因历次维修形成三层铺砖面，每层局部均能清理出铺砖印痕，为错缝平铺。

（2）关于承础方式

基址四面墙基槽内凸出有承础土台（其上可能砌筑磉墩），南、北两侧及四角墙基槽内承础土台顶面与台基面平齐，东、西墙基槽内承础土台顶面低于台基面11～16厘米，台基面上的

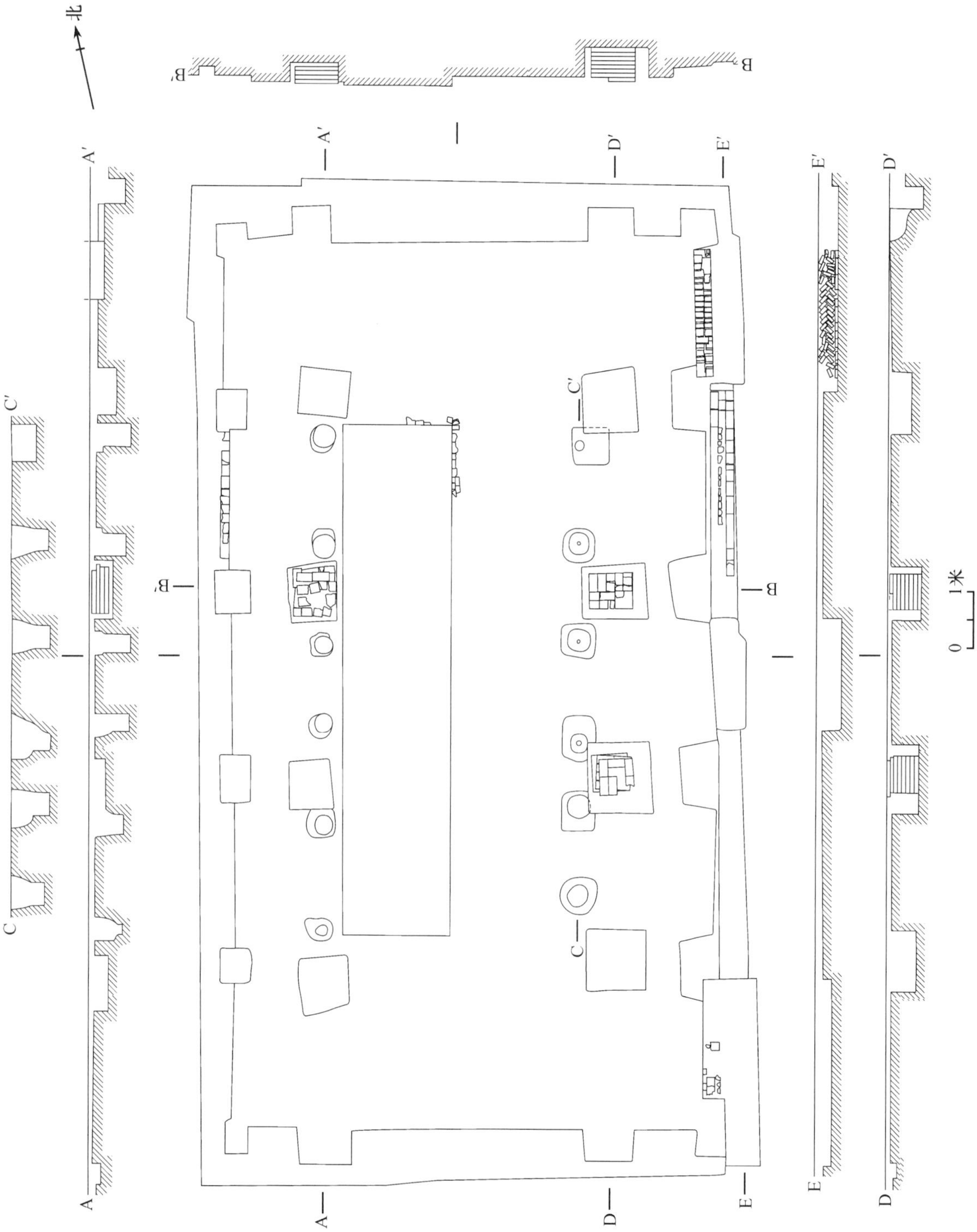

图六　SF1基址平、剖面图

金柱位置均为长方形磉墩坑，共同形成四横六纵的柱网。另外于金柱间内侧发现的东、西两排柱洞，平均分布在金柱间，两端与佛坛两端基本对齐，柱洞被磉墩坑打破，并被三层铺砖面叠压，柱洞上口均被破坏，似为一早期结构，其用途不详，也许是早期为佛坛单独搭建的木结构建筑。

大殿四条基槽内有16个长方形承础土台。其中东、西（前、后）两侧基槽内各有4个，南、北（山墙）两侧各2个，四角各1个。东、西两侧的承础土台间距比较相等，差别不大；南、北两侧的两个承础土台间距较大，土台的中心间距5.2～5.4米，而该承础土台的中心与角部（前、后墙与山墙交界处）承础土台中心间距特小，仅有1.6～1.8米。每个承础土台的大小高低因地制宜而各不相同，边长0.55～1米，高0.3～0.4米。

佛坛的前、后（东、西）两侧共12个柱洞，分列为前排和后排各6个。两排柱础中心的间距4.6米，两柱中心的间距1.4～1.9米。柱洞的土圹平面呈不规则圆形或近似方形，一般为开口大，下端略小，直径0.35～0.7米，深0.5～0.7米。个别柱洞底部残存有柱底端压痕，直径约16厘米（图版五）。

晚于柱洞的8个磉墩，磉墩坑的土圹平面呈不规则方形，边长0.88～1.1米，深0.6～0.7米。8个磉墩分为前、后两排，每排4个，其中3个磉墩坑内还残存有砖砌的近似方形磉墩（图版六），边长0.63～0.78米，残高分别为两个0.56米（8层砖）、一个0.38米（5层砖），均为白灰砂浆黏接。砖的一面饰有绳纹，规格比较杂，长28～30厘米，宽13～15厘米，厚5.5～6厘米。在其中一砖砌磉墩顶面还发现一块梯形砖，宽端30厘米，窄端15厘米，高（长）7厘米，厚7厘米。

（3）佛坛

我们进驻工地之后，现代所建的两座庙宇（前殿、后殿）刚刚拆除，地面砖瓦砾一片，经过勘探之后，发现地表层到处都是深浅不一的扰土，为了选择发掘布方的位置，在新建前殿的东侧5米处挖了一条南北长20米、东西宽2米的探沟，由上向下依次清理（图七）。当揭开扰土时，于探沟的中部发现一个红色黏土堆填的台基，视平面仅显露出一部分，大部还在探沟之外。所暴露台基的周边残留有砖砌印痕和用残砖砌筑的残段。在探沟内还初步显露出前殿基址及其他遗迹。至此，探沟清理停止，开始了正式的探方发掘工作（图版三，1、2）。

在SF1基址全部显露出时，确定了红色黏土堆填的台基为坐西朝东的佛坛。佛坛是大殿之内承载石雕或泥塑佛像的高台。佛坛呈南北向长方形，位于大殿南北方向中部、东西方向的中心偏西部，现仅存残基。佛坛的西壁靠近4根金柱，4根金柱与大殿的后墙之间，留有2米宽的回廊。

佛坛的基础包砖砌壁全部被破坏，仅残存东北角一少部分。角部向南残砖壁长1.24米，宽0.3米。角部向西残砖壁长0.8米，宽0.15米。佛坛包砖砌壁之内用泥土填实夯打，原高度不详，仅残存高0.16米，测得佛坛长约9.1米，宽约2.3米（复原外包砖壁后的尺寸）。为了解佛坛台基所残存的填土成因，于佛坛中部做了一条平面规格为1米×6米的解剖沟，解剖沟呈南北方向，与大殿基址方向一致。佛坛基础填土的深浅差别较大，最浅0.3米，最深达1.5米。地层堆积自上而下叠压如下。

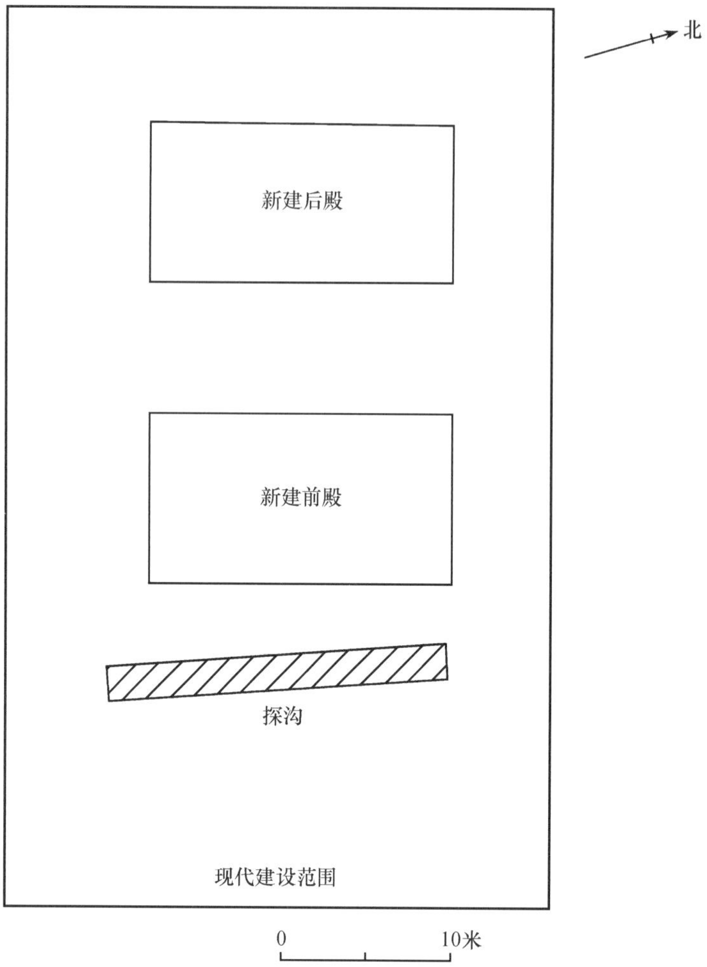

图七　圣泉寺现代建筑及本次开挖探沟位置示意图

第1层：厚0.1～0.13米。灰褐土，坚硬纯净，无包含物。

第2层：深0.13～0.23米，厚0.2～0.45米。红黏土，内含有大量的泥质灰陶绳纹筒瓦残片。

第3层：深0.3～0.4米，厚0.15～0.45米。黄沙黏土，土纯净无包含物，仅有1件残缺的黑釉瓷碗（图版一四，1）。

第4层：深0.54～0.56米，厚0.1～0.7米。黄黏淤土，含钙质结核（俗称“料姜石”），较纯净，无包含物。

根据层位叠压关系分析，第1层土质纯净坚硬，夯打形成，是人为铺垫所形成（通过发掘，确定是呈南北向长条状承载浮雕或泥塑佛像的佛坛底部垫层），该层时代不详；第2层为圣泉寺大殿的基址土，是人为铺垫所形成的，夯打的硬度次于第1层；第3层是纯净的黄沙黏土，形成原因同第2层，只是该层较纯净、包含物极少，没有出现像第2层那样的建筑构件，根据第3层出土的黑釉瓷碗推断，第2、3层的时代约为元代；第4层为自然淤积层，该层无包含物，时代不详（图八；图版三，3）。

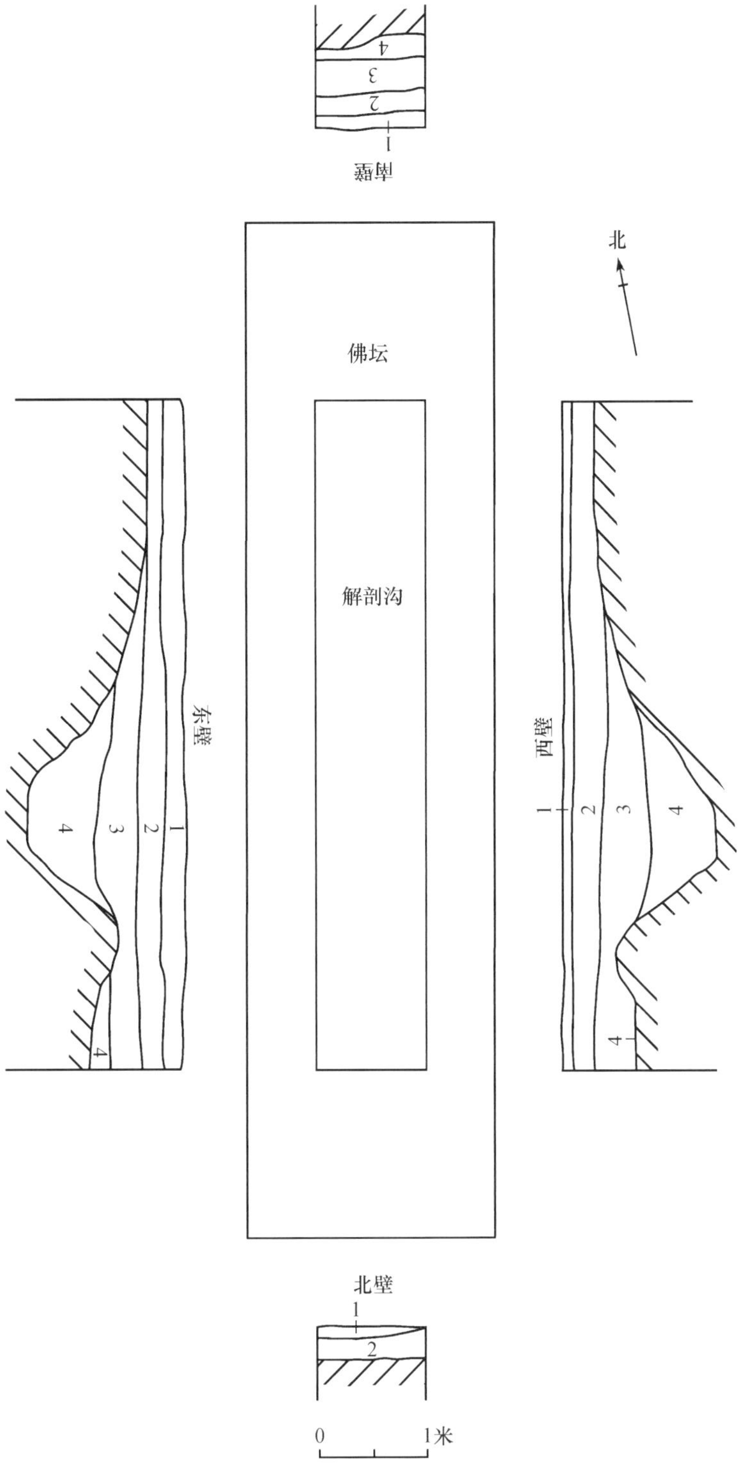

图八　圣泉寺遗址解剖沟平、剖面图

2. 院落及其他房屋

院落仅存大殿东边（前院）少量的院墙基础及踩踏土地面的部分；大殿西边（后院）残存有踩踏痕迹的铺地砖。在院落周边的建筑，如厢房、山门等均未大面积发现，只是在圣泉寺大殿基址的东南方向约9米处，发现有一条南北向的砖墙残段，现编号为SF2。

（1）大殿前院及前院的南院墙

大殿东侧残存有大面积的较厚的踩踏活动形成的土地硬面，土地硬面向南延伸被东西向残留的墙基础槽阻挡，可大致确定出这些踩踏面为大殿前院的原有地面。踩踏硬面宽度约18.5米（略宽于大殿的宽度），所遗留的长度仅存约15米。

在大殿的南墙与东墙交角（在向南外扩不足1米）处，顺南墙向东方向延伸5.3米处，发现有青砖和石块砌筑的残墙根基，呈东西向，残墙宽0.7米多，向东延长达14.1米，再向东被破坏的深度已超过墙的基槽，无法确定原有的墙的长度。残墙基础高度仅存砖一至三层。初步判断该建筑有两种可能：一是大殿前院南侧厢房的前墙，这一推断符合当地民众传说；二是大殿前院的南墙，理由是这段残墙的两端及以南被破坏较甚，没有发现南厢房的山墙和后墙，也就无法确定它是真正的“南厢房的前墙”。根据大殿东侧残存有踩踏活动形成的土地硬面及院南侧较长的残墙根基，推测大殿前边的院子呈东西向长方形，宽约18.5米，长度最少应有20多米（图九；图版一〇，1～3）。

（2）大殿后院

大殿基址的西侧发现铺地砖，在发掘探方内南北长8.8米，东西宽1.5～3米。采用单砖平卧铺设，仅有少数的完整青砖，多数用残破的青砖无规律地铺设，初步判断应是前后殿之间的院落地面铺砖，有局部缺失铺地砖的以土填平，也就是在铺地砖损坏之后未做维修，直接填土踩踏后形成硬面。此处的铺砖地面再往西为南水北调渠线界外的耕地，没有再行发掘，无法确定当地村民说的“原寺庙有前、中、后三座大殿”之中其他殿宇的平面布局。从发掘的铺砖平面看，在其西边有一直径约0.45米的柱洞，可以预见SF1的西边确实还有高大建筑的存在（图一〇；图版一〇，4）。

（3）其他院落及房屋

SF2　位于圣泉寺大殿基址的东南角约9米处（SF2西侧近2米处有一眼饮用水的水井），仅存一条南北向的砖墙残段。砖墙发现于第2层下，墙的南、北两端均被扰坑破坏，仅残存一层，残长约4.1米，宽0.7米。砖墙的内外壁皆是单砖顺向砌筑，两砖之间用破碎砖块填塞。

古代一些贫民房屋或面宽与进深较短小的房屋建筑，在始建时，若其地面之下的土质较硬，采取不再向下挖掘很深的墙基沟槽，找一平面就开始砌墙。最下边三至五层的砖（石）墙较宽，约0.7米；其上砖墙较窄，0.45～0.55米。房屋盖好之后，室内底层的三至五层砖垫细土夯实，再简单铺设地面，即人在室内的踩踏面，室内地面自然就比室外高出许多，雨水也就不易进到屋内。本次发现的残墙，应是属于此类建筑的砖墙基之残段。该墙的西边有一水井，故推测水井以东应有院落或房屋，此残墙应是院落或房屋的西墙。从其所处位置来看，应是圣泉寺一处附属建筑，编号为SF2（图一一；图版一一，1）。

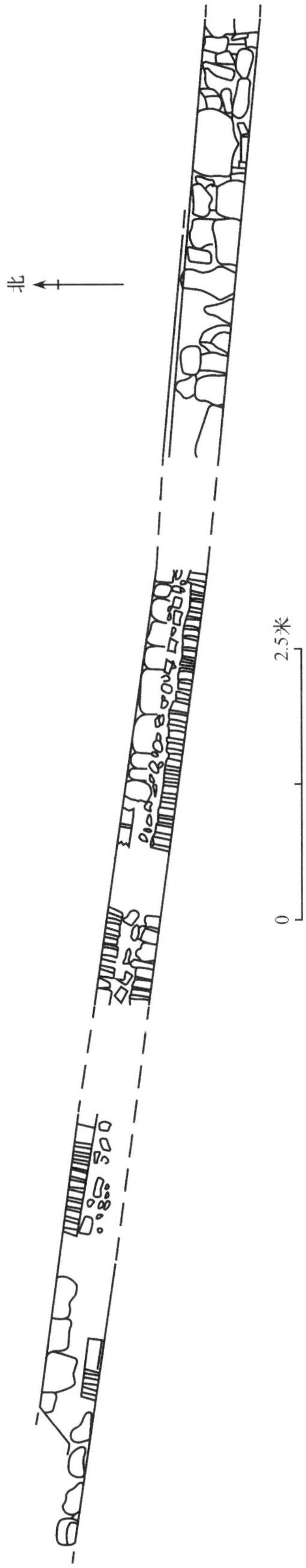

图九　SF1前院的南院墙残存墙根基平面图

图一〇　SF1后院残存铺砖地面平面图

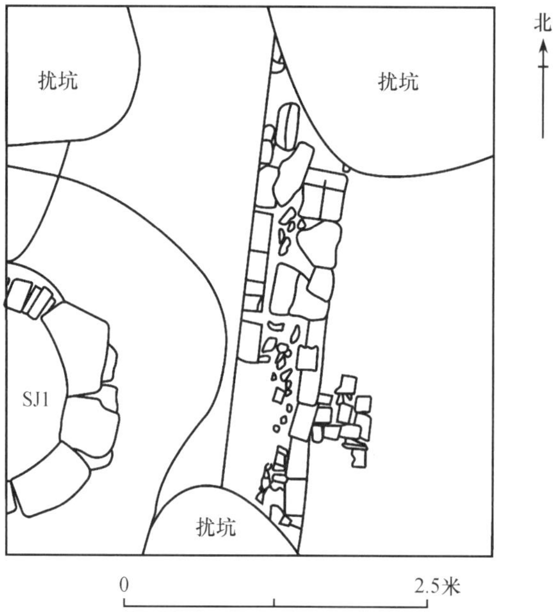

图一一　SF2砖墙基础残段

3. 水井

水井的下部为圆筒形土壁，其上为砖筑圆筒形，口部用两层砂质岩块加修砌筑。根据水井内的器物分析，水井的最早年代约在元明时期，最后废弃时间约在清代晚期，编号SJ1。

SJ1　可以确定为圣泉寺寺内饮用水的水井，位于圣泉寺大殿基址的东南角南侧约11米处。井口开口于第2层下，距现地表0.5米。在井的北边有两个开口于第1层下叠压的近代扰土坑。在掏挖井口的土圹时，打破了SM2墓道的一部分。

井口的土圹及砖筑井筒的平面皆呈圆形。筑井方法是先在平地向下挖出圆形土圹井筒，出现所需的水源之后，再用青砖靠土圹壁用砖自下向上砌筑成圆筒形，砖壁与井土圹之间以土及碎砖石填实。发掘时发现井口的土圹由于坍塌呈不规则圆形，直径3.7米左右；砖筑井筒的内径1.3～1.4米，外径约2米，砖筑井壁自上而下深4米以上。井壁砖的铺设为放射状平卧，砖的外部之间用碎砖石块挤塞。井筒的砖壁在深约2米以下呈渐缓扩大，最大直径达2.2米。

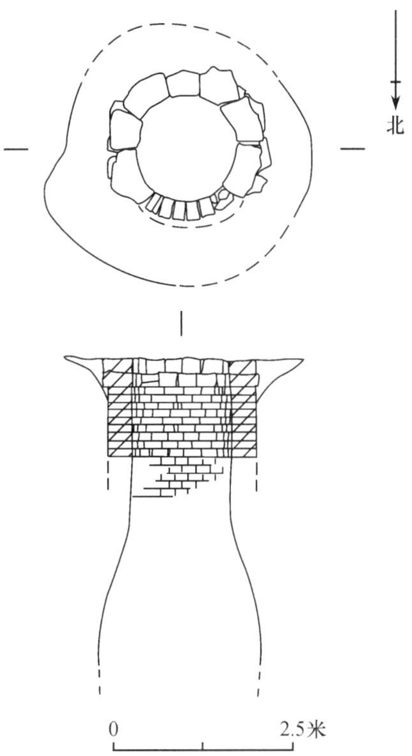

图一二　SJ平、剖面图

砖筑井口有部分残破，砖筑井口向上至地面约0.4米，使用两层砂质岩石错缝平铺砌筑，石块大小不等，长0.26～0.6米，宽0.4～0.6米，厚0.15～0.25米。根据砖筑井口残破情况以及井口正好是地层第2层与第3层的交界处来分析，砖砌井筒为一个时代，在其上加筑的两层砂质岩石为二次增高加固压实的部分。经过砖筑井底再向下铲探，得知还有2.15米才能到底。由此可以测出，自石筑井口向下至井底总深约6.5米。从二次维修过的痕迹可看出其废弃时间应距今不远。砖壁底部的井内再往下2米多，含沙粒较大，有沉淀的细泥，应视为在多次淘井或干旱缺水时向下挖掘找水源时所形成的。没有发现人类遗落井内的遗物及动物的残骨，视为最后一次淘井距现今也不会太久远（图一二；图版一一，2）。

该井废弃之后，在自口向下约2米的井内出土遗物共24件，残碎较甚，不能复原。除1片绿釉瓦之外，皆为瓷器，其中黑釉瓷缸6片、缸胎料黑釉瓷罐4片、黑釉瓷罐2片、黑釉瓷碗4片、外黑内白釉瓷碗4片、白釉瓷碗3片。以上器物除2件清代瓷碗之外，余皆为元明时期遗物。由此分析，水井的最后废弃时间约在清代晚期。

4. 道路

在圣泉寺大殿的北边不足5米处，发现一条土路，编号SL1。

SL1　道路随自然地形呈自西向东缓慢降低，即距地表西浅东深。路宽2～2.3米，残长约40米，距现地表最深处0.8米左右（在路中间有一段距地表深1.1米）。路土为黄灰色，内含红烧土颗粒、少量的钙质结核。路面横向较平，路两侧的地势呈南侧高、北侧低。路土来源多由雨水搬运，个别地段堆积土略厚、较软，其内包含物比较杂，不太纯净。在路的东段距地表逐渐变浅，被现在的路面所叠压或打破。再向东有一条自然冲沟，其内有一座石拱桥（编号SQ1），早期的道路应是自桥而过跨越自然冲沟，便可进入距寺院最近的南城村。由于寺院的东、南、北三面皆是自然冲沟，这条道路与石桥就成了早期寺院和东、南、北三面村落连接的通道，其时代应在元明时期（图一三）。

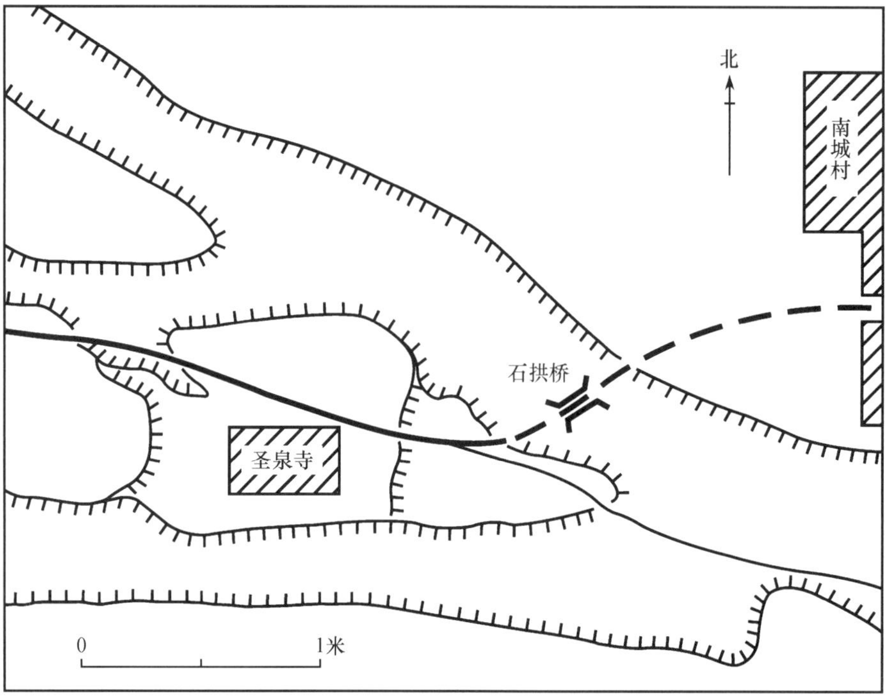

图一三　SL1平面走向示意图

5. 石拱桥

石拱桥位于圣泉寺遗址东向微偏北约100米，南水北调工程渠段NSBD・K33+150处，编号SQ1。

圣泉寺遗址的南、北两侧皆有自然冲沟。其中圣泉寺遗址西北方向有两条自然冲沟，自西向东到圣泉寺遗址西北约70米处，两沟汇流平面呈“>”形，至圣泉寺遗址正北已经是一条宽约60米的沟了，自此向东南延伸；圣泉寺遗址南边也有一条自西向东、西浅东深的自然冲沟，在寺院遗址的东边约160米处，与西北向来的沟合二为一，再向东渐渐消失于南城村西，或在村西向南消失。石拱桥就坐落在两条自然冲沟汇合处西北约60米处（位于寺院北沟之内），呈西南至东北向。现在桥洞已接近被泥土淤积满，仅暴露拱券最高处的六块梯形拱券石，拱券两侧顶部居中部的券石各浮雕一巨大的龙子蚣蝮（亦称“吸水兽”）。拱桥两肩无设置小型石拱券，为单一拱石桥。拱券石之上铺有出檐石桥板。在桥两侧边的石桥板拱檐还设置有“┌─┐”或“﹁”形勾头石（现地表暴露出的结构中，北侧有两块，南侧有一块），北侧两块之间除浮雕吸水蛟龙之外，还有五块出檐桥板石。这种做法主要是用勾头石把两侧边券紧紧地拢住，起固定保护作用，大大减小了边券外倾的可能性。

桥体所用石质为灰色砂岩，部分颜色稍偏红色。个别地方显现出用白灰砂浆黏接。桥面白灰砂浆已经剥落，暴露出桥石。桥面石砌筑平面呈长方形，通长约10米，宽不足5米。桥两端的引路渐缓升高，但均已破坏，桥面、两侧及引路皆长满灌木、荆棘。桥面及桥侧多处有散乱落下的砌桥石及残块，但是不见望柱、栏板等建筑的残件或碎块。其时代下限约在元代（图版一二）。

我们组织人员铲除灌木及荆棘，平整土地。在布方工作的时候，遭到当地居民的阻拦。至2010年4月9日，包括圣泉寺遗址在内的考古工地全部停工。4月27日夜晚，南水北调渠线内的施工方动用机械在石拱桥旁边倒土垫路，我方获悉之后前去制止，无效。由于石桥原就建造在接近于自然冲沟的沟底，在其上叠压土较易，建筑水渠施工方的机械直接将石拱桥破坏，并用土将其掩埋于地下，未能揭露该桥全貌。

6. 灰坑、灰沟

本次发掘灰坑2个，灰沟2条。

（1）灰坑

灰坑2个。均在第2层下开口，向下打破生土，其形状基本相同，平面皆为长方形，竖穴式。口大底小，四壁自上而下向内收，平底，形制较规整。按照所处位置，自南向北分别编号为SH1（位于发掘区南部）、SH2（位于发掘区中部偏北）。

SH1　发现于ST0202中部偏西，其东北侧为SM2，东南侧为SJ1，向北距圣泉寺大殿约10米。现存上口长1.7米，宽1米；坑底长1.5米，宽0.8米；深0.3米（图一四）。坑内堆积上下一致，均为黄褐色五花黏土，土色比较单一，含有少量草木灰及红烧土颗粒（块）。出土遗物均为残片，其中有釉陶瓦3片、泥质灰陶罐2片、夹砂陶罐口沿1片、瓷缸1片、黑釉瓷碗2片（碗内壁下部及底呈桃心无釉）、外黑内白釉瓷碗5片、白釉瓷碗1片。该坑无发现使用痕迹，用途不详。根据出土器物分析，该坑废弃后才作为灰坑使用。但是现存深度较浅，其原上口部应该是于第1、2层土形成时或形成之前被破坏掉了，初步判断该灰坑原在元明时期就已经形成。

SH2　发现于ST0406的北部，在圣泉寺的前院，向西距圣泉寺大殿约4米。现存上口长1.5米，宽1米；坑底长1.3米，宽0.8米；深0.5米（图一五）。坑内堆积上下一致，为一次性回填，灰褐色五花土，土色比较单一，含有少量草木灰屑。出土遗物有泥质灰陶盆1片、方唇厚沿黑釉（偏酱色）瓷缸2片、缸胎料黑釉瓷盆底部1片、缸胎料黑釉瓷罐口沿1片、黑釉瓷碗10

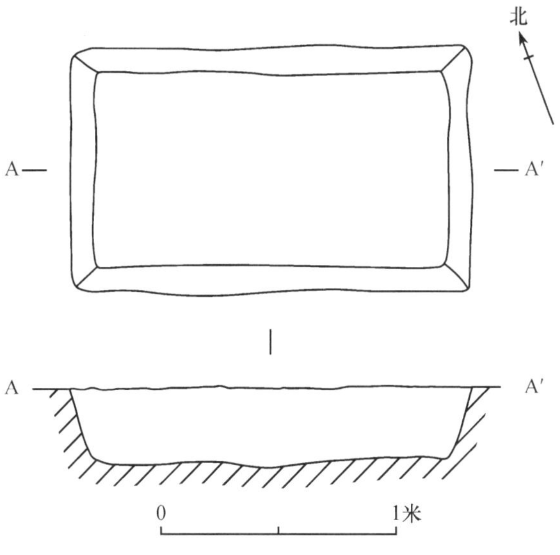

图一四　SH1平、剖面图

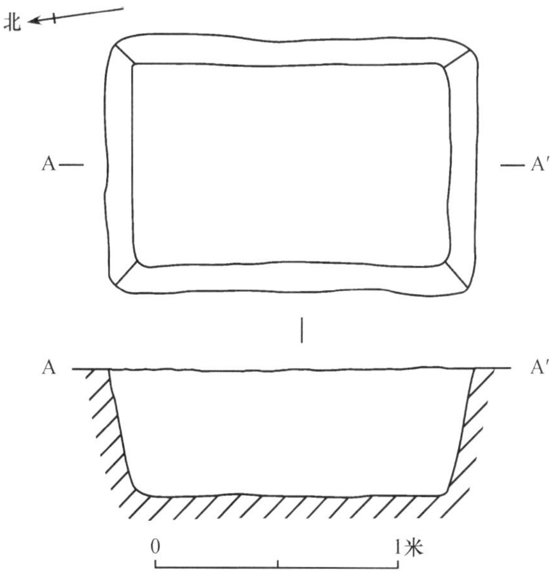

图一五　SH2平、剖面图

片（其中有4个内底刮釉）、外黑内白酱色釉旋涡纹绘瓷碗1片等生活器物残片。该坑无发现使用痕迹，用途不详。根据该坑现存深度较浅及出土器物分析，该坑废弃后才作为灰坑使用。其原上口部应该是于第1、2层土形成时或形成之前被破坏掉了，初步判断该灰坑原在元明时期就已经形成。

（2）灰沟

灰沟2条。为上下叠压关系，发现于ST0504和ST0604之内，向南距圣泉寺前院的南墙较近，向西距圣泉寺大殿前墙不足10米。均在第2层下开口。两条灰沟形状基本相同，平面皆为不规则长条形，自上而下呈打破关系，分别编号为SG1、SG2。本次只发掘了探方之内的部分，压于探方以外的部分未做扩方清理（图一六）。

SG1　向下打破SG2、第3层和生土。为了保持大殿基址的整体性，并考虑到工期紧张等

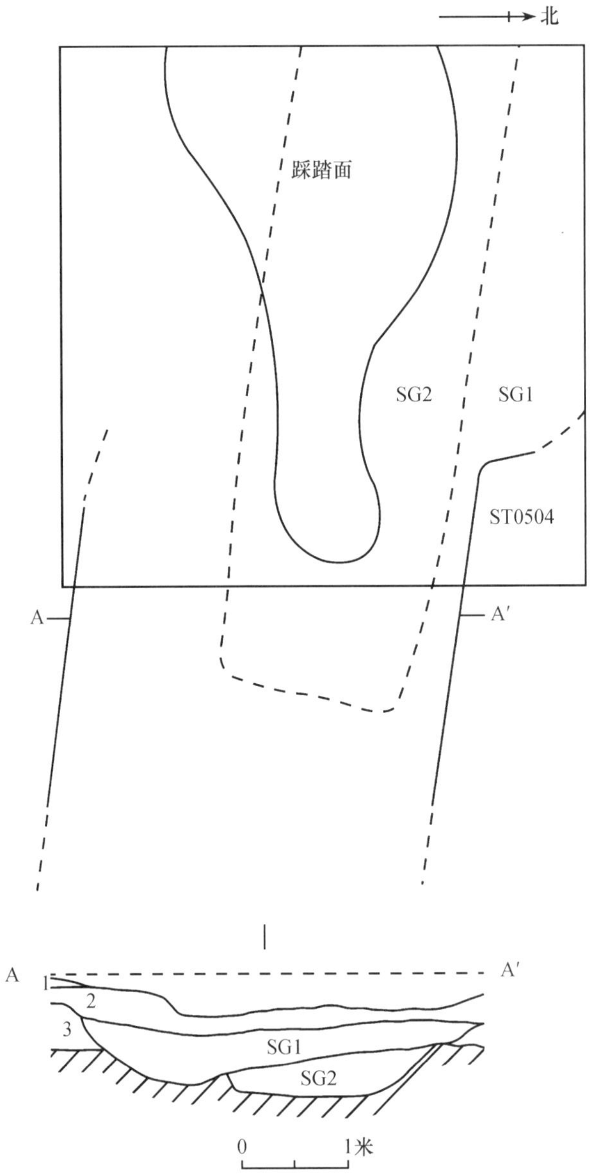

图一六　SG1、SG2平、剖面图

因素，没有做大面积的清理工作，该沟的整体形状不详，按照现存状况来分析，其平面可能为一条不规则长条形。该沟斜壁锅底，现发掘长7米，宽3.8米，深0.2～0.45米。沟内堆积上下一致，均为黄褐色土，土色比较单一，含有少量草木灰、红烧土颗粒及白灰砂浆残块等。出土遗物以生活用具为主，建筑构件极少，共有约96片（块）。残碎较甚，不能复原。其中泥质灰陶器21片，看出器形的有盆7片、罐2片、瓦2片、滴水1片；釉陶器10片，看出器形的有绿釉瓦2片、脊饰2片；夹砂陶器4片，看出器形的有罐3片；瓷器61片，其中黑釉34片、酱釉4片、外黑内白釉13片、白釉8片、白地黑绘1片、青花釉1片，能看出器形的有碗21片、盆3片、罐13片、缸8片、瓮2片、长嘴灯1片。SG1无发现使用痕迹，从出土器物分析，该沟应是在翻修或新建寺院时才当作灰沟使用。现存深度较浅，该沟的原上部应该是于第2层土形成时或形成之前被破坏掉了。初步判断SG1可能为明代时期形成。

SG2　上部被SG1打破，向下打破第3层和生土。平面呈一长条形，壁面上大下小斜曲略显缓弧，底略平。现发掘其上口长6.1米，宽1.82米，现存深0.24米。沟内堆积上下一致，均为红褐色灰土，土色比较单一，含有少量草木灰及红烧土颗粒。有少量砖瓦等建筑构件的残片。SG2无发现使用痕迹，用途不详，废弃后才作为灰沟使用。现存深度较浅，从已发掘部分观察，该沟的原上部被SG1完全破坏掉了，但从出土遗物来看，其形成的时代应和SG1相差不远，因此开口层位推定为第2层下。

7. 墓葬

墓葬2座。呈东南至西北向，间距560米，分别编号为SM1、SM2。其中SM1为单墓道、穹隆顶、平面呈椭圆形的砖室墓，SM2为单墓道、平面呈圆形的砖室墓。

SM1　位于南水北调工程渠段NSBD・K32+580处，圣泉寺遗址南偏东约570米。该墓在南水北调工程施工时发现，我们进行了抢救性发掘。墓葬开口于距地表0.4米深的第2层下，其形制由椭圆形砖室、甬道、墓道三部分组成，墓室遭受过严重盗扰。方向190°。

墓道位于墓室的南侧，平面为南北向近似长梯形，土坑竖穴式，长2.8米，宽1.05～1.2米（北宽南窄），深0.9～1.94米。壁面较直。墓道底呈近墓室处深、向远端渐缓变浅的坡形。在墓道远端的开口层面之上，用单砖平铺成横向长条砖槽，清理出来时，残存长0.6～0.7米，外宽0.54米，内宽0.22米，高0.05米，仅有一层砖。砖长0.3米，宽0.15米，厚0.04米。从位置和形状分析，推测该砖槽为祭祀所用。

甬道上为券形顶，直壁平底，无铺地砖，砖墙厚0.15米，用平砖顺向砌，从甬道地面起16层砖墙后起券，形成墓门。甬道宽1.2米，券顶内高1.25米，进深0.44米。甬道外侧券形顶的上端原应有砖砌门楣，已经缺失。甬道口无发现封门砖。

砖室，顶为圆形穹隆顶，直壁平底。墓底距地表深约2.2米，墓室底平面呈椭圆形，直径1.96～2.4米，墓底没有铺地砖。墓顶部已破坏坍塌，墓底至残存墓顶高2.16米，其中墓壁高1.16米，墓顶残存高1米。在墓底的北半部有砖砌棺床，呈东西向用半截砖平铺一层，棺床长2.4米，宽1.2米，残存高0.045米。在墓室的北壁中部留有一龛，龛下沿向下距棺床0.54米，龛高0.55米，宽0.45米，进深0.16米。在墓室的西壁有一砖雕灯台造型，灯台向下距棺床面高1.05

米，距甬道的西边为0.5米，灯台凸出的砖长0.11米，宽0.145米，厚0.045米。

墓室的砌筑共使用了三种不同尺寸的砖：第一种为素面，残长15厘米，宽13厘米，厚4.5厘米；第二种带有雕刻，即仿木构斗拱砖，发现于甬道顶部上侧和墓室的东壁、北壁，数量不多，残长8～13厘米，宽15厘米，厚4～5厘米；第三种砖面粘有白灰，残长10～20厘米，宽16厘米，厚6厘米。按照使用砖的数量来看，第一种砖居多。由此推测，该墓主人应是经济条件低下的百姓，从别处捡来残砖凑合使用，此墓若是子女所筑，也算是孝子所为。

由于该墓早期被盗扰，棺床之上葬具及人骨架的痕迹无存，仅在墓室内扰土中发现腿骨、肋骨、下颌骨（缺牙齿）等残碎片。根据散乱的骨骼，推测墓主为一男性，年龄不详。在墓室内扰土中发现1枚天圣元宝铜钱，距南壁1米、西壁1.5米，距墓口1.8米。根据墓葬形制及开口层位，推断SM1年代的下限为元代（图一七）。

SM2　位于南水北调工程渠段NSBD·K33+120，圣泉寺大殿基址的东南角南侧约8米处，墓葬口部被距地表0.75米深的近现代扰土坑打破。其形制由平面呈圆形的砖室、墓道两部分组成。墓室上部无存，室内砌砖全部被揭取，遭受过严重盗扰。方向140°。

墓道位于墓室的东南侧，平面呈长方形，其远端被SJ1打破。两侧壁较垂直，墓道底部为近墓室处深、向远端渐缓变浅的坡形。残存长1.2米，宽0.8米，深0.58～0.66米。墓道与墓室连接处距墓室的内底高出0.6米，形成一个小的垂直断面。

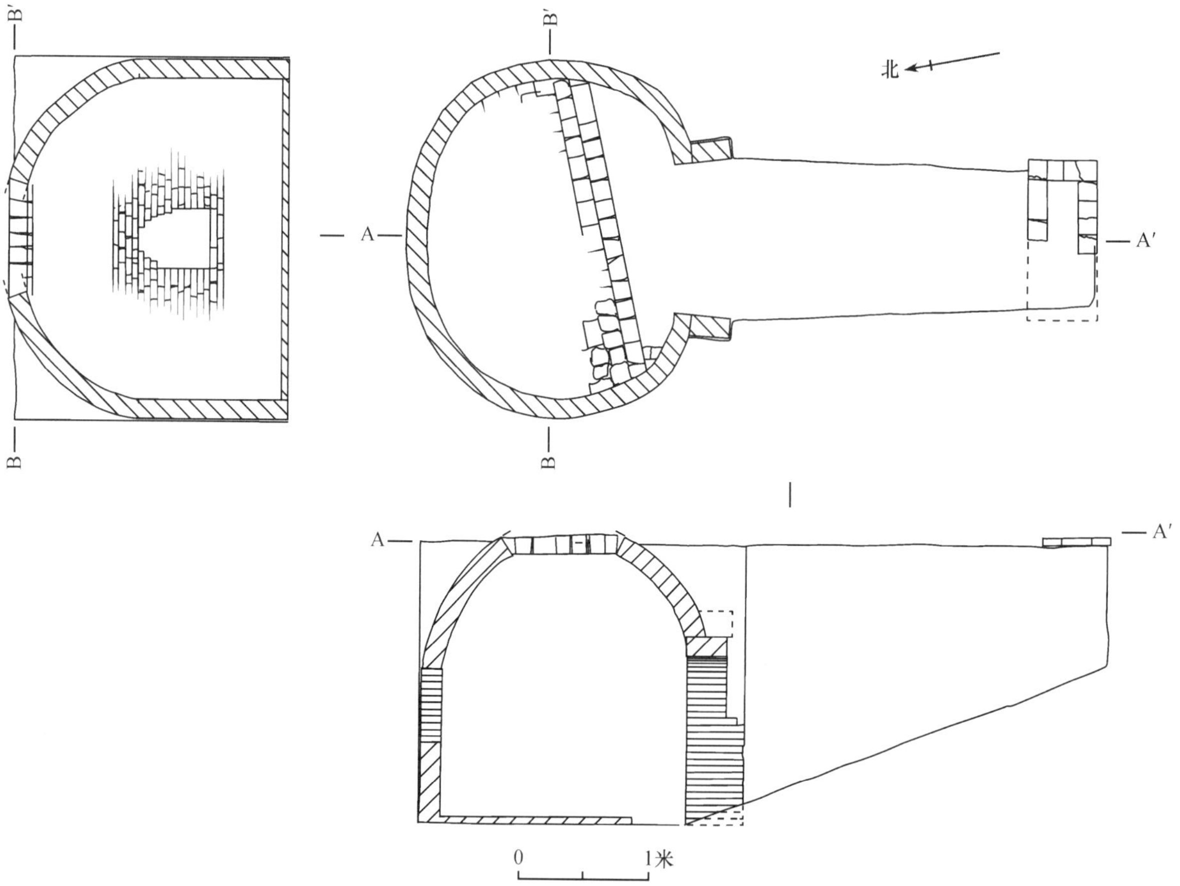

图一七　SM1平、剖面图

墓室土圹的上部全被破坏，残存口径2.24米，残存深1.4～1.6米，底径2.07米。墓室内砌砖全部被揭取，回填土之内的碎砖块也极少，仅在墓底遗留有一圈宽约0.2米、圆形内直径1.8米、多为大半截砖的印痕。墓底的中部被破坏，高低不平。土圹局部的壁面残留有砌砖印痕，由此推测，SM2为一座圆形砖室墓。葬具、人骨架及随葬品均已无存。在破坏扰乱的回填土中，没有发现葬具、人骨及随葬品的碎屑或痕迹，推测该墓是在葬具与人骨被迁出后，墓室才遭到多次毁坏。

砖室墓废弃之后，北侧圣泉寺的杂物将其墓穴逐渐填平，本次发掘出土的器物残片约40片。其中陶器除砖之外还有15片，可看出器形的有板瓦、瓦当、釉陶筒瓦等建筑构件以及盆、罐、锅等生活用具；还有瓷器25片，可看出器形的有黑釉碗、罐，缸胎黑釉缸、罐，外黑内白釉碗，白釉碗等；另外还有夹砂器残碎片5片。其时代最晚的器物为外黑内白釉、内底刮釉呈圈形的清代瓷碗，由此推测该墓最后一次被破坏的时间是在清代。

根据墓葬形制及开口层位等，推测SM2为宋金时期单墓道圆形砖室墓（图一八）。

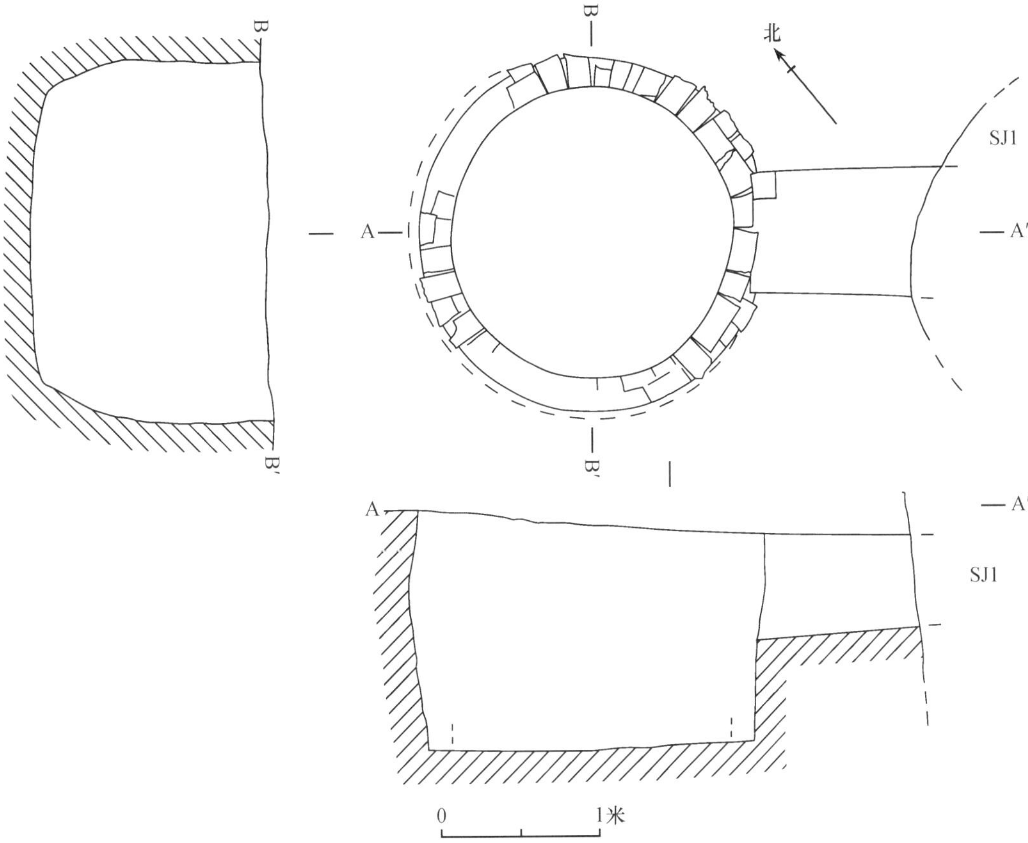

图一八　SM2平、剖面图

三、遗　　物

圣泉寺遗址范围内的遗物来自两方面：其一是通过本次发掘所获取的遗物，如24个探方之内的第1～3层包含的器物，以及灰坑、沟、墓葬、井内出土的器物；其二是在发掘范围内布方之后、清理的近现代扰沟、扰坑（这些扰沟、扰坑有的打破了地层第1或2层）中出土的典型器物，但是这些器物无法记录在地层编号及遗迹单位之内，记录者就将这类器物作为采集进行了登记。

清理的近现代扰沟、扰坑出土的器物（指作为采集器物，仅在此简述，下文不再详说），混合于沙土与垃圾经过多次搬运形成的堆积之中，皆为残碎品。以建筑构件为主，生活用具及其他器物次之。以泥质灰陶为主，其他胎质较少。其中灰陶器有双面绳纹板瓦、单面绳纹板瓦、凸素面凹布纹板瓦及筒瓦、绳纹罐等，红陶器有素面瓮、罐等。瓷器有青釉罐、青釉瓶、黑釉罐、黑釉泥条系、圆形三爪垫饼支烧的白釉碗等。除多数为近现代器物之外，也有少数隋唐宋元时期的遗物，例如一件釉陶神像头，色彩浓重，造型姣好。

本次出土的文物共104件。发掘现场出土遗物以建筑构件的砖、瓦为最多，其次是生活用品，其他类较少。可分为陶器、瓷器、铜器、骨器、铁器等，现按器类分述如下。

1. 陶器

35件。发掘现场出土最多的是灰砖、釉陶瓦（琉璃瓦），生活用具及其他类较少。陶质大部分为泥质陶，夹砂陶极少。陶色以红陶、灰陶为主，其中瓦类数量为红陶略胜于灰陶。制造方法多采用模制，轮制、手工极少。器表的装饰除瓦当、滴水、脊饰均有模制图案之外，其他多为素面。由于残碎较甚，完整的器物比较少。可划分为建筑构件、生活用具及其他用品。

（1）建筑构件

21件。分别有砖、筒瓦、板瓦、筒瓦当、滴水瓦、脊饰等。烧造技法有灰质陶与红质陶之分，灰质陶为原色，红质陶施以蓝、绿、黄、黑、白等釉色。

砖　1件。其长宽厚度不一，完整者极少。ST0301③：02，胎为泥质灰陶。长条形，一角残缺，一面的中部略残，可复原。一面较平，另一面略显粗糙不平。两面都遗留有不太明显的顺向细绳纹。长28.9厘米，宽13.4～14厘米，厚约4.6厘米（图一九，1）。

筒瓦　4件。根据有、无瓦舌的区别，可分为二型。

A型　1件。无瓦舌，釉陶瓦（琉璃瓦）。ST0304①：01，胎为泥质红陶。有两处残缺，可复原。筒状纵向解剖断开的1/2。两长边微显制坯胎时的内侧切痕，一头为原厚度的方形齐头（瓦首），另一头为内壁削薄一段之后呈体态薄状的方形齐头（瓦尾）。凹面饰布纹，凸面满施翠蓝色釉。内壁及厚方形齐头处残留有黏接剂之白灰。长28厘米，宽14.7～15厘米，壁厚1～1.8厘米（图一九，2；图版九，1）。

B型　3件。有瓦舌。ST0505②：01，釉陶瓦（琉璃瓦），胎为泥质红陶。存有瓦的前部残段，不能复原。两长边有制坯胎时的内侧切痕，现存的一头有完整的瓦舌。凹面饰布纹，凸

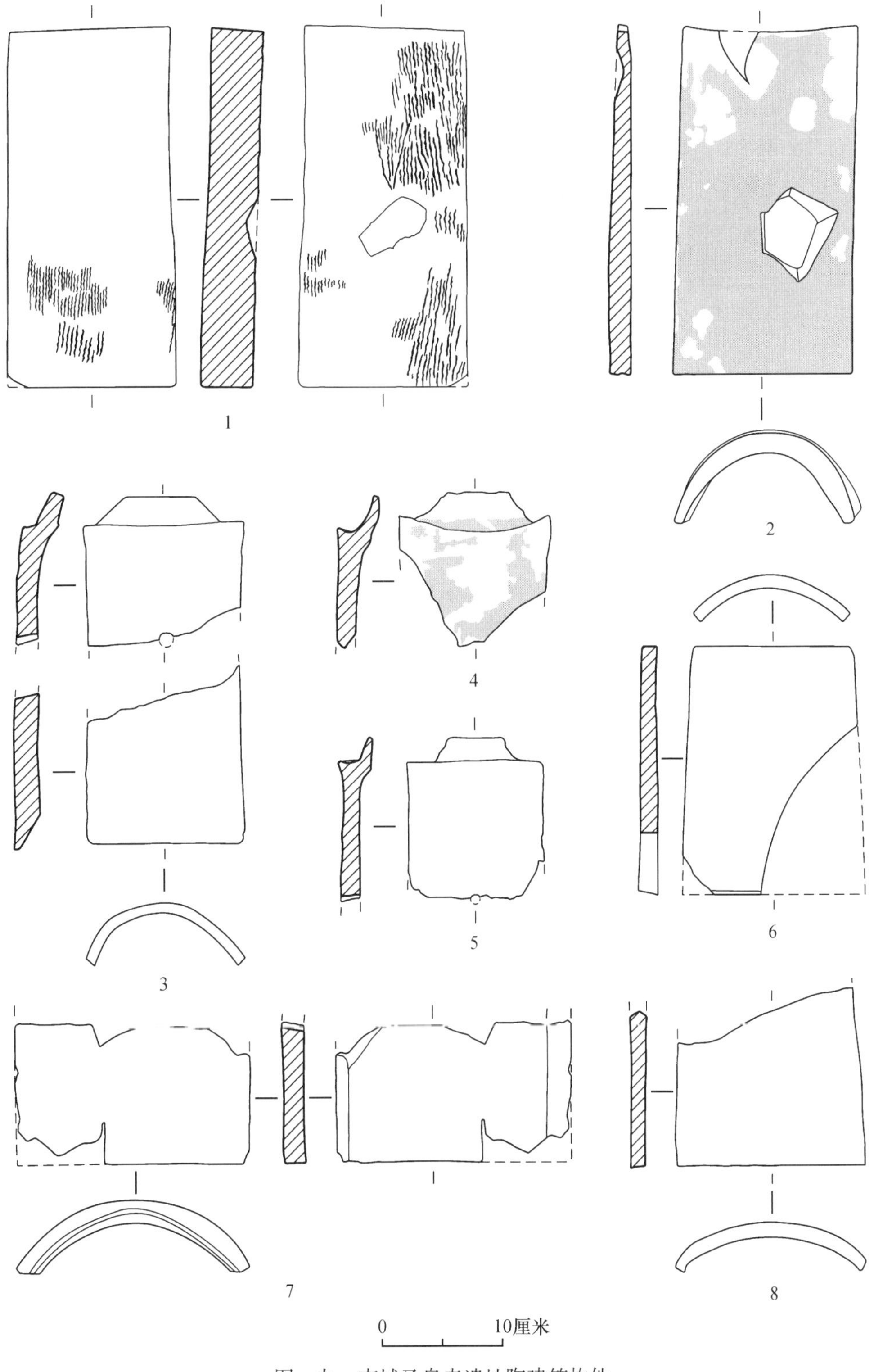

图一九　南城圣泉寺遗址陶建筑构件

1. 砖（ST0301③：02）　2. A型筒瓦（ST0304①：01）　3～5. B型筒瓦（ST0107①：02、ST0505②：01、ST0107①：03）
6、8. B型板瓦（ST0107①：04、ST0107①：05）　7. A型板瓦（ST0504①：06）

面除瓦舌之外满施翠绿色釉。部分地段残留有黏接剂之白灰。舌长2.4厘米，残存总长12.4厘米，宽12.5厘米，壁厚1.7厘米（图一九，4；图版九，2）。ST0107①：02，胎为泥质灰陶。存有瓦的前部及后部两段，不能复原。两长边有由内向外的切痕，现存的一头有完整的瓦舌，在整体的大约中部有一直径1厘米的穿孔（用作固定筒瓦时穿插瓦钉、丁稳或神兽之用）。凹面饰布纹，凸面为素面。部分地段残留有黏接剂之白灰。舌长1.9厘米，前段残存长12.2厘米，后段残存长14.5厘米，宽13.3厘米，壁厚2厘米（图一九，3）。ST0107①：03，形体略小，胎为泥质灰陶。存有瓦的前部残段，不能复原。两长边有由内向外的切痕，现存的一头有完整的瓦舌，在整体的大约中部有一直径0.8厘米的穿孔（用作固定筒瓦时穿插瓦钉、丁稳或神兽之用）。凹面饰布纹，凸面为素面。部分地段残留有黏接剂之白灰。舌长1.7厘米，残存长13.4厘米，宽11.5厘米，壁厚1.7厘米（图一九，5）。

板瓦　3件。根据形体的大小、桥形圆弧高低的差别，可分为二型。

A型　1件。釉陶瓦（琉璃瓦），个体较大，横向呈桥形，圆弧略高。ST0504①：06，胎为泥质红陶。仅存有靠近瓦首的残片，不能复原。两长边有制坯胎时的内侧切痕，瓦首一端靠凹一侧有两条细凹弦纹。凸面为素面，部分地段残留有黏接剂之白灰。凹面的地纹为布纹，靠瓦首处的一端施有棕黄色釉，釉泽较亮。残存长11.5厘米，瓦首宽约19.6厘米，壁厚2厘米（图一九，7；图版九，5）。

B型　2件。灰陶瓦，个体略小，横向呈桥形，圆弧较低。ST0107①：04，胎为泥质灰陶。靠瓦首处残缺较甚，可复原。两长边有由内向外的切痕，瓦首的端面为凹面长、凸面短的斜状抹角方形头，瓦尾的端面为抹角方形头，瓦首较厚，向瓦尾方向渐薄。凸、凹两面皆为素面，凹面制作略粗糙，凸面的部分地段及凹面靠瓦尾约1/2处残留有黏接剂之白灰。长20厘米，瓦首宽约15.2厘米，瓦尾宽13.3厘米，壁厚1.2～1.6厘米（图一九，6）。ST0107①：05，存靠近瓦首的残部，不能复原。两长边有制坯胎时的内侧切痕，瓦首的端面为方形头。凸面为素面，部分地段残留有黏接剂之白灰。凹面饰有布纹。残存长14.1厘米，瓦首宽16厘米，壁厚1.6厘米（图一九，8）。

筒瓦当　7件。筒瓦当是由筒瓦与瓦当两部分组成的，有的学者称为“勾头瓦”[5]，其瓦当有圆形或半圆形。本次出土的筒瓦当，在瓦当的背面靠周边约1/2处连接筒瓦的一端。现存的筒瓦没有完整者，仅残存有连接瓦当的一段（筒瓦形制同上文筒瓦B型，以下文字以介绍瓦当为主），瓦当呈圆形，其正面主纹饰均为云龙纹。根据瓦当构图的不同，可分为六式。

Ⅰ式：1件。ST0504①：01，夹砂红陶，翠蓝釉（琉璃瓦）。残存约1/2，不能复原。当面中部大面积凸塑一条盘旋舞动的龙，龙头在上方朝向左，龙的间隙填有卷云纹，云龙纹外侧便是较宽素面的边廓。直径约12.2厘米，边廓宽1.6厘米，边廓厚约1.6厘米，瓦当连接筒瓦残存通长8.4厘米（图二〇，7；图二一，6；图版九，4）。

Ⅱ式：1件。ST0207：01，大殿（SF1）基础槽内出土。泥质灰陶。瓦当边廓残缺，可复原；连接的筒瓦残留甚少，不能复原。当面中部大面积凸塑一条盘旋舞动的龙，龙头在上方，朝向右，龙的间隙填有卷云纹，云龙纹外侧便是较宽素面的边廓，从断面看，塑龙较边廓凸出。直径约12厘米，边廓宽1.7厘米，边廓厚1.6厘米，瓦当连接筒瓦残存通长2.8厘米

（图二〇，4；图二一，3）。

Ⅲ式：1件。ST0207：02，大殿（SF1）基础槽出土。泥质灰陶。瓦当连接的筒瓦缺失，瓦当残存约1/2，不能复原。当面中部大面积凸塑一条盘旋舞动的龙，龙头在中部朝向右，龙的间隙填有卷云纹，云龙纹外侧便是较宽的边廓。直径约11.8厘米，边廓宽1.1厘米，厚0.9～2.3厘米（图二〇，5；图二一，5）。

Ⅳ式：1件。ST0107①：09，泥质灰陶。瓦当连接的筒瓦缺失，瓦当残存约1/2，不能复原。当面中部大面积凸塑一条盘旋舞动的龙，龙头在上方朝向右侧，龙纹图案的细部不太清楚，龙的下边填有水波纹，龙水纹外侧施一周凸起的双环形弦纹，边廓面较宽。瓦当的中部向后微显缓凸。直径约12.2厘米，边廓宽1.4厘米，边廓厚1.6厘米，瓦当的中部厚2.4厘米（图二〇，1）。

Ⅴ式：2件。ST0207：03，大殿（SF1）基础槽出土。泥质灰陶。瓦当稍有残缺，可复原；筒瓦仅留有少许，不能复原。当面中部大面积凸塑一条盘旋舞动的龙，其中一爪持有龙珠，龙头在上方朝向左，龙的间隙填有卷云纹，云龙纹外侧有一周圆形凸棱，边廓较宽。直径12.2厘米，边廓宽1.6厘米，边廓厚1.5厘米，瓦当连接筒瓦残存通长10.5厘米（图二〇，6；图二一，2）。SG1：01，泥质灰陶。瓦当残存约2/3，不能复原。当面中部大面积凸塑一条盘旋舞动的龙，其中一爪持有龙珠，龙头在上方朝向左，龙的间隙填有卷云纹，云龙纹外侧有一周圆形凸棱，边廓较宽。直径12.2厘米，边廓宽1.5厘米，边廓厚1.8厘米，瓦当连接筒瓦残存通长11.6厘米（图二〇，2）。

Ⅵ式：1件。ST0107①：01，胎为泥质灰陶。瓦当残存约1/2，瓦当连接的筒瓦仅留有少许，均不能复原。当面中部大面积凸塑一条盘旋舞动的龙，龙头在上方朝向左，龙的间隙填有卷云纹，图案不太清楚，云龙纹外侧有一条环形凹槽，边廓较宽，廓面施一周凸起的联珠纹。直径12厘米，边廓宽1.3厘米，边廓厚1.2～2.5厘米，瓦当连接筒瓦残存通长6.8厘米（图二〇，3）。

滴水瓦　2件。由板瓦与滴水两部分组成。传统板瓦式样的瓦，在一端带有下垂的边，这种下垂的边有多种样式，通常称为“滴水”。本次出土的滴水均为三角形，其中一个边连接板瓦，两个侧边呈花边形，正前面主纹饰均为云龙纹。ST0207：04，大殿（SF1）基础槽出土。泥质灰陶。滴水面保存较为完好，所连接的板瓦仅存一段，不能复原。滴水面与板瓦从侧面看，滴水面呈向下、前方倾斜。滴水面近周边随着弧曲设置一凸起线，凸起线的框外有曲形周廓，框内凸塑一条腾云驾雾的回首飞龙。板瓦残存长7.7厘米，宽16厘米，壁厚1.6厘米；滴水面上下最长处8.9厘米，横向最宽处16.8厘米，壁厚1.5厘米（图二〇，8；图二一，1）。ST0207：010，出土地点及造型、纹饰都与ST0207：04大体相似，滴水面上下最长处9.2厘米，横向最宽处13.8厘米，壁厚1.5厘米（图二一，4）。

脊饰　4件。指横脊或垂脊之上的装饰。出土有整体呈两个“工”字形横向连接形状、空心砖式的脊残块，脊的两侧边有凸起的装饰，如动物（龙、鸱吻、鸱尾）、花饰等；也有不知装饰在脊上还是插入于筒瓦上的动物（神兽）、法器的残块。这些脊饰多为釉陶，胎质有泥质红陶、夹砂红陶及夹砂白陶，由于残碎较甚，无法知其原来的形状（图版八，2～4）。发现的泥质灰陶脊饰极少，其中一件盛开的葵花纹脊饰可以复原。

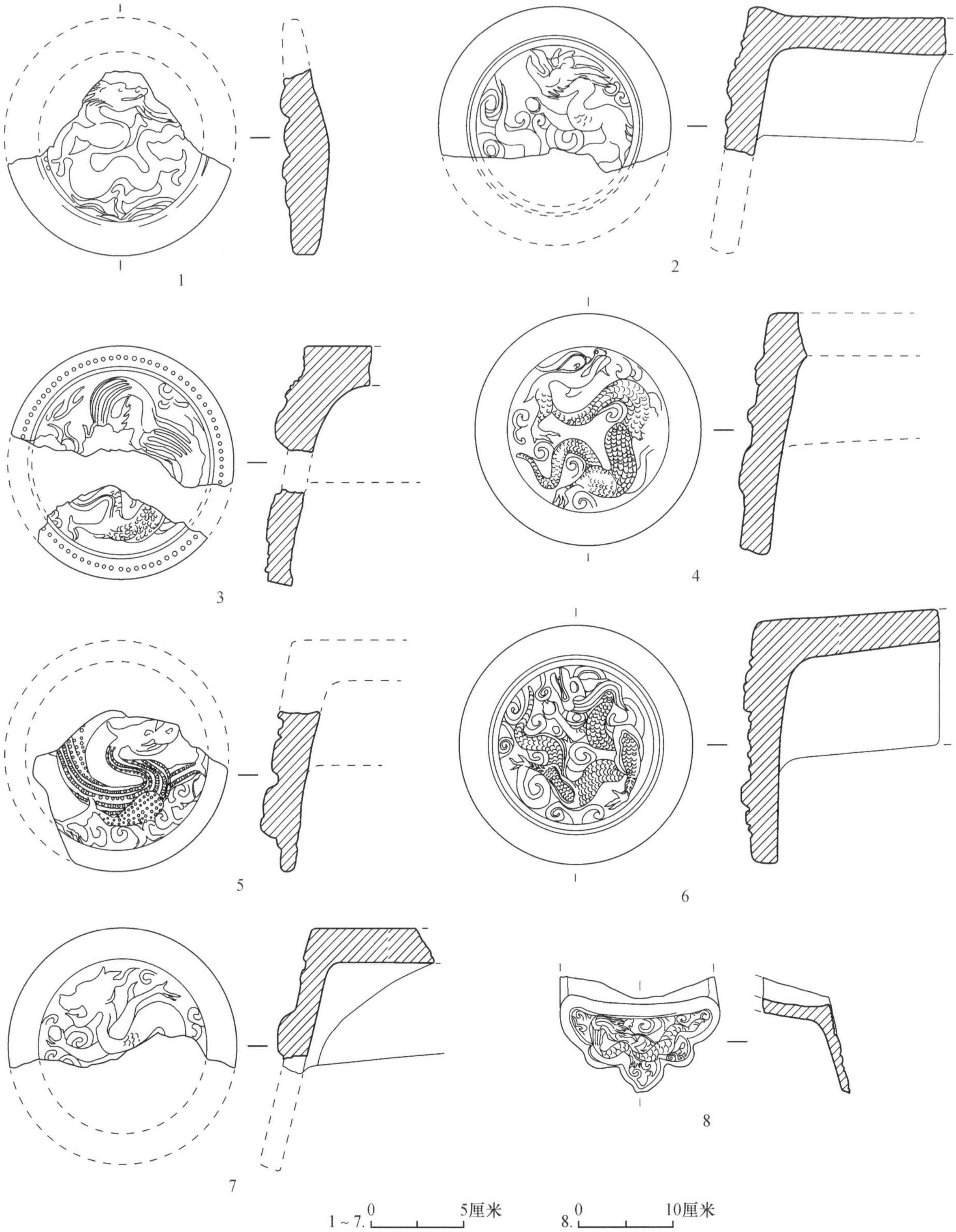

图二〇　南城圣泉寺遗址陶建筑构件

1. Ⅳ式筒瓦当（ST0107①：09）　2、6. Ⅴ式筒瓦当（SG1：01、ST0207：03）　3. Ⅵ式筒瓦当（ST0107①：01）　4. Ⅱ式筒瓦当（ST0207：01）　5. Ⅲ式筒瓦当（ST0207：02）　7. Ⅰ式筒瓦当（ST0504①：01）　8. 滴水瓦（ST0207：04）

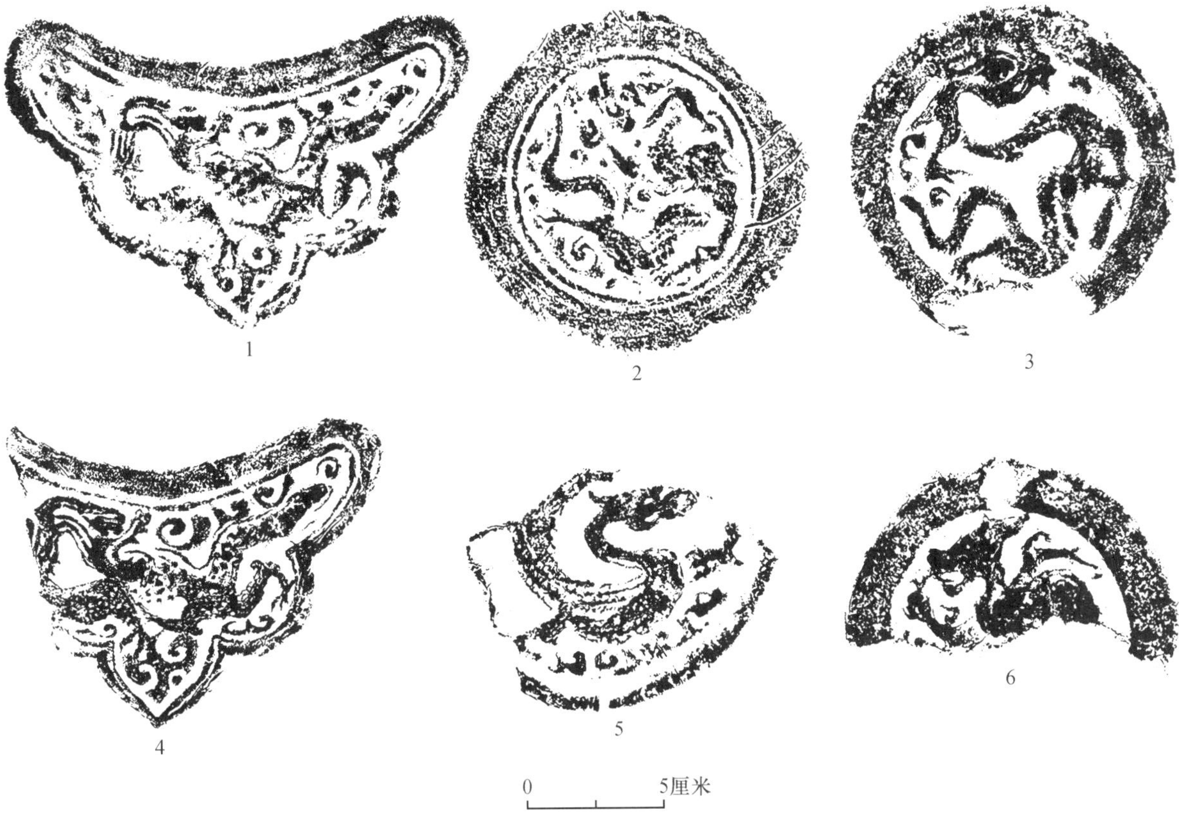

图二一 南城圣泉寺遗址陶建筑构件拓片

1、4. 滴水瓦（ST0207：04、ST0207：010） 2. Ⅴ式筒瓦当（ST0207：03） 3. Ⅱ式筒瓦当（ST0207：01）
5. Ⅲ式筒瓦当（ST0207：02） 6. Ⅰ式筒瓦当（ST0504①：01）

釉陶龙纹脊饰 3件。ST0306①：01，残存釉陶脊饰的龙的右眼、角的局部，不能复原。夹砂红陶，凹处无釉，凸面除龙的眼施白珠施黑、头上角施白釉之外，通体施绿釉。残存前后长7.2厘米，上下残高4.8厘米，最厚（断面）处2.2厘米（图二二，1；图版八，5）。ST0306①：02，残存釉陶脊饰的龙的口部，不能复原。泥质红陶，通体分两次施釉，先满施白釉，第二次只在高凸处涂抹绿釉，留有凹处的白色线条，使细部结构更清晰。残存前后长7.5厘米，上下残高5.7厘米，最厚（断面）处2.3厘米（图二二，2；图版八，6）。ST0305：02，出土于ST0305的扰坑内。残存釉陶脊饰的龙首局部，不能复原。一面较平，一面为凸塑龙体，两面皆施绿釉，釉色脱落严重，现存大部分为绿釉。夹砂红陶，胎内原料有白色颗粒。残存前后长5.9厘米，上下残高6.9厘米，最厚（断面）处1厘米（图二二，3）。

灰陶葵花纹脊饰 1件。ST0207：05，大殿基础槽出土。残缺，大体上能复原，花朵下整体呈空心砖式的脊，仅存一残块，部分地段遗留有黏接剂之白灰。花朵中心的花盘中部凸起，饰有旋转凹凸纹，花盘外有敞开的四片大花瓣，大花瓣之间各有两片略小的花瓣，花瓣面有坑点式米粒状（麻点纹）点缀。花瓣间最大直径21厘米，花盘直径9厘米；空心砖式的脊残存横向长19厘米，高（上下宽）24.2厘米，残存厚（断面）7.2厘米；花与残存脊的通厚（断面）11厘米（图二二，4；图版八，1）。

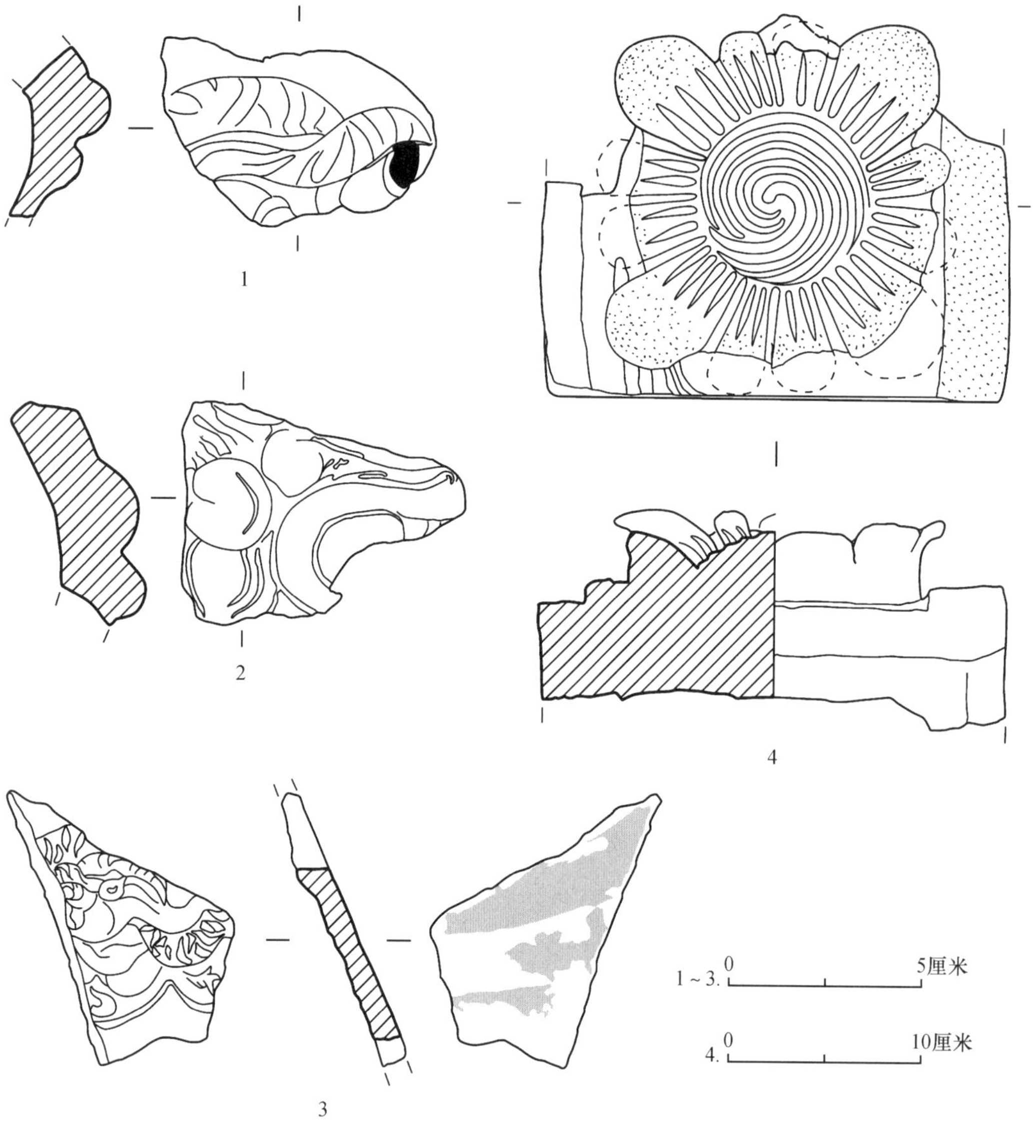

图二二　南城圣泉寺遗址陶脊饰

1～3. 龙纹（ST0306①：01、ST0306①：02、ST0305：02）　4. 葵花纹（ST0207：05）

（2）生活用具

12件。生活用具以灰陶居多，红陶较少。除几件夹砂器（砂锅）之外，均为泥质陶。器表大部分为素面。残碎较甚，没有可复原器物，主要有盆、罐、锅等。

盆　7件。根据口沿的差别，可分为二型。

A型　3件。向外宽折沿。ST0504①：02，泥质灰陶。存口部残片，不能复原。向外折沿，沿面略向下方倾斜，口稍微向内敛，现存腹壁略直，再向下向内缓收，外壁表面略显不平。内口沿下有一周不太明显的凹纹。口径约38厘米，残存最小可复原腹径34.4厘米，残存高5.8厘米（图二三，6）。SG1：02，泥质灰陶。存口部残片，不能复原。向外折沿，沿面微弧曲并略向下方倾斜，口部略直，沿下腹壁明显向内收。口径约34.4厘米，残存最小可复原腹径30.6厘米，残存高2.7厘米（图二三，5）。ST0504①：03，泥质灰陶。存底部残片，不能复

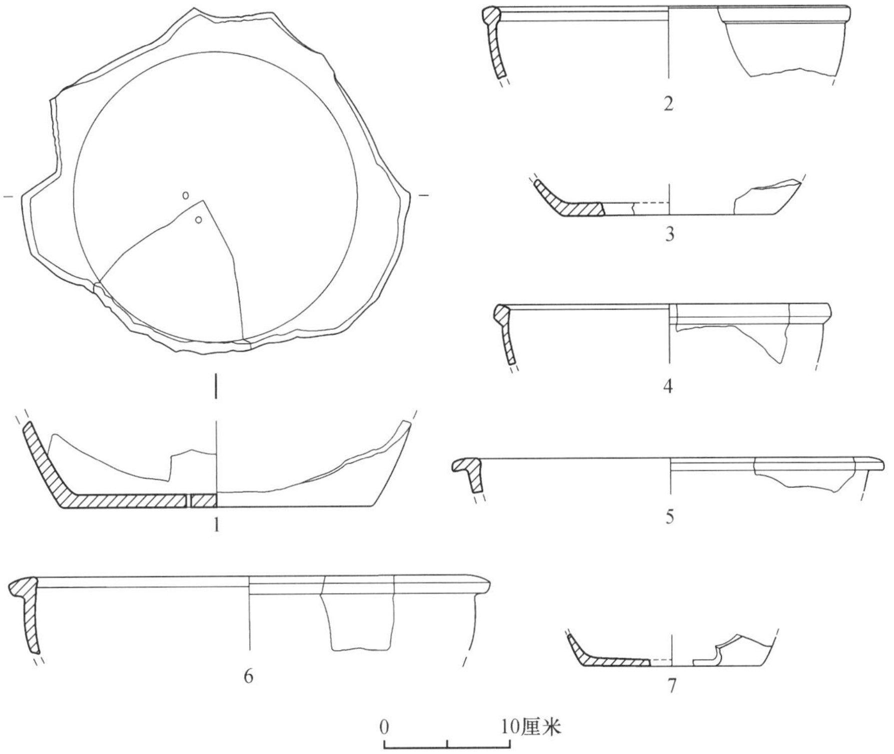

图二三　南城圣泉寺遗址陶盆

1、5、6. A型（ST0504①：03、SG1：02、ST0504①：02）　2～4、7. B型（SG1：04、ST0604①：01、SG1：03、ST0106①：01）

原。腹壁斜曲下部向内收，大平底。残裂开处有进行修复的对称穿孔。底径24.5厘米，残存最大可复原腹径30.7厘米，残存高6.7厘米（图二三，1）。

B型　4件。外凸唇，个体略小。SG1：03，泥质灰陶。存口部残片，不能复原。口部略直，唇外凸，唇上面略弧近似方形，沿下腹壁明显向内收，腹壁较薄。口径约27厘米，残存最小可复原腹径24.5厘米，残存高4.6厘米（图二三，4）。SG1：04，泥质灰陶。存口部残片，不能复原。唇上面呈弧圆，唇部内外凸并各有两条不太明显的环形棱线，敛口，腹壁略薄，内外壁面有拉坯轮旋形成的横向不平状。口径约29厘米，残存最小可复原腹径26.8厘米，残存高5.6厘米（图二三，2）。ST0604①：01，泥质红陶。存底部残片，不能复原。腹壁斜曲自上而下向内收，大平底。内底有多条不太明显的数周轮旋形成的同心圆凹弦纹。底径约16.8厘米，残存最大可复原腹径21厘米，残存高2.4厘米（图二三，3）。ST0106①：01，泥质红陶。个体较小，腹壁、底较薄，存底部残片，不能复原。腹壁自上而下斜曲向内收，平底。外壁施有白衣，内底遗存有深绿色彩釉。底径约14厘米，残存最大可复原腹径16.2厘米，残存高2.4厘米（图二三，7）。

罐　2件。ST0604①：02，胎质坚硬，夹砂灰陶（砂器、砂罐）。存罐的口、腹部残片，不能复原。口沿略向外折呈敞口，抹角方唇，短领略显外斜，深腹，壁弧曲，腹中部外鼓。领下部的内外皆有一环形凹弦纹。口径约21.6厘米，残存最大可复原腹径25.2厘米，残存高13.4厘米（图二四，4）。ST0202：01，出土于ST0202的扰坑内。泥质灰陶。存腹中下部及底部残片，不能复原。腹壁、底均较薄。深腹，腹壁中段向外鼓，腹下部向内斜收，平底。底径19厘米，残存最大可复原腹径30.8厘米，残存高13厘米（图二四，5）。

锅　3件。炊具，胎质坚硬，皆为夹砂灰陶（砂器、砂锅），仅存有口部残片，不能复原。ST0504①：05，唇面呈半椭圆形，口微敛，缓弧肩，腹壁略向外鼓，肩部有一不太明显的环形凹弦纹。口径约20.6厘米，残存最大可复原腹径21.2厘米，残存高6厘米（图二四，3）。ST0504①：04，直口，外凸唇，唇上面呈不太明显的尖棱，肩部缓折，腹壁较薄，腹下部向内收。口径约21厘米，残存最大可复原腹径22.2厘米，残存高5.4厘米（图二四，2）。SG1：05，口沿上部向外折，敛口，近似方唇，弧圆肩，腹壁弧曲，腹部向外鼓。口径约16厘米，残存最大可复原腹径22.6厘米，残存高3.6厘米（图二四，1）。

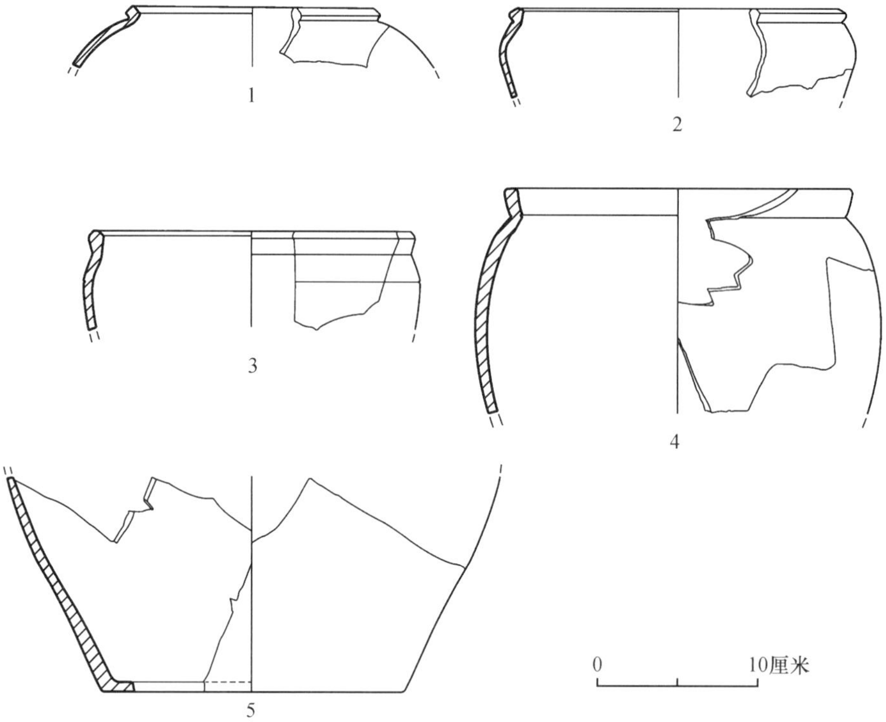

图二四　南城圣泉寺遗址陶器

1～3. 锅（SG1：05、ST0504①：04、ST0504①：05）　4、5. 罐（ST0604①：02、ST0202：01）

（3）其他（陶塑）

仅有陶色子、陶塑神像2件。

色子　1件。是一种游戏用具或赌具，唐代名曰“骰子”，唐代及其之后骰子逐渐就叫“色子”了。色子呈正方体，六面分别刻有一至六个圆形点状浅坑，质地有木、骨、石、陶、瓷等。ST0306①：2，泥质灰陶。完好，呈近似正方体。边棱略微呈斜边，六面分别有一至六个圆形点状浅坑。边长1.4～1.5厘米（图二五，2；图版一三，4）。

多彩釉陶塑神像　1件。NCS采集：1，泥质红陶，外表施绿、黄、黑、白等釉色。神像头为模制，脖颈为一锥形，插于衣领之内，应是身首分制而后合成的制作方法。仅存头部及肩的一部分，其下失，不能复原。头戴文官帽，眉弓微凸，横向椭圆形双眼黑白分明，目视前方，

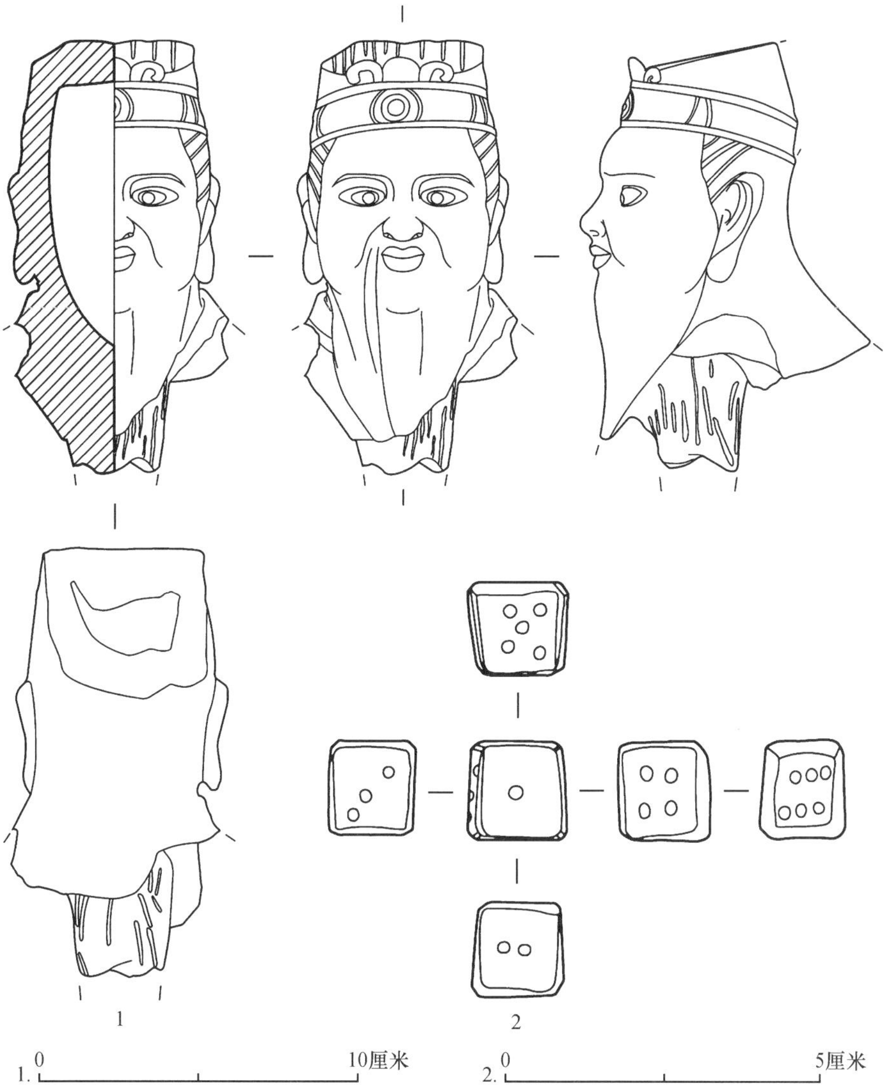

图二五　南城圣泉寺遗址陶塑

1. 多彩釉陶塑神像（NCS采集：1）　2. 色子（ST0306①：2）

凸鼻厚唇，大耳下垂，腮胡美须，五官端正，面相严肃。残存袍领略显厚重。残存高13厘米，左右最大宽6.8厘米，前后最大宽9.2厘米（图二五，1；图版一三，1）。

2. 瓷器

56件。皆为生活用品，可划分为饮食用具（39件）、盛储器（15件）及其他用品（2件）。

（1）饮食用具

39件。生活用具的碗为最多，约占瓷器总数的70%。深色釉居多，浅色釉较少。素面者居多，装饰纹饰者较少。瓷胎居多，缸胎较少。残碎片居多，能复原的极少。器形有碗、盘、蒜臼等。

碗　35件。依据碗外壁所施釉色可分为黑釉碗（18件）、白釉碗（9件）、酱釉碗（3件）、青花釉碗（5件）等。

黑釉碗　18件。由于残碎较甚，划分型式较难，现分为内外施黑色釉与外黑内白色釉两种。

内外黑釉碗　11件。从胎质又可分为含多色原料颗粒的粗胎与不含任何原料颗粒的细胎。

粗胎碗　8件（图版一四，1、2、4）。ST0307①：01，存口部残片，不能复原。圆唇，口部近上下垂直，腹外壁近口部略向外缓鼓。内外施黑色釉均不到底，釉面布满细小的棕色雨丝、水滴状（口沿与外壁较多，内壁较少），釉泽较明亮。含有较明显白、黄、黑色颗粒的灰色胎。口径17厘米，残存宽6.5厘米，残存高4.5厘米（图二六，1）。ST0107①：07，存口腹残片，不能复原。圆唇，口部近上下垂直，腹壁缓曲。内外施黑色釉，口沿面偏棕色釉。内外壁上部（口部内外侧）的釉面布满棕孔，由于釉厚形成橘皮状，釉泽较亮。含有较明显白、黄、黑色颗粒的灰色胎。口径约18厘米，残存宽6.2厘米，残存高3.2厘米（图二六，2）。ST0305：05，圣泉寺大殿基础槽出土。存口腹残片，不能复原。小圆唇，敞口，腹壁缓曲。内外施釉皆留有似桃心形露胎，釉呈黑色略偏暗棕色，釉泽微亮。含有较明显白、黄、棕色颗粒的白偏红色胎。残存横向宽6.4厘米，残存高4.8厘米（图二六，3）。ST0301③：01，存口部残片，不能复原。圆唇，敞口，腹壁斜曲，外壁有不太明显的轮旋瓦垄状。外壁施棕色护胎釉，口沿内外及内壁施黑色釉，釉面棕孔状棕色斑点，釉泽较亮。含有比较少量白、黄、棕色颗粒的灰色胎。口径约21厘米，残存宽5.25厘米，残存高4.6厘米（图二六，4）。SH1：01，存足及下腹部残段，不能复原。腹壁向下内收，腹下内壁及内底缓圜状，圈足，足壁上厚下薄。内外施釉皆留有似桃心形露胎，釉呈黑色，色泽明亮。胎质较硬，含有较明显白、黄、棕色颗粒的灰白色胎，微偏土黄色。足径5.6厘米，残存最大腹径10.9厘米，残存高3厘米（图二六，5）。ST0305：03，圣泉寺大殿基础槽出土。存足及下腹部分残段，不能复原。腹壁至内底缓圜状，圈足，外底中心有轮旋凸起（“鸡心凸”）。内外施釉皆留有似桃心形露胎，釉呈黑色，色泽暗淡无光。烧造火候偏低，胎质较硬，含有较明显白、黄、棕色颗粒的白色胎，微偏淡红色。足径5.8厘米，残存最大腹径10.6厘米，残存高2.9厘米（图二六，6）。SH1：02，存足及下腹部分残片，不能复原。腹壁至内底缓圜状，内底中心有一不太明显、较平的直径约4.7厘米的圆形微凸，圈足。内外施釉皆留有似桃心形露胎，釉呈黑色，色泽明亮，釉面有不太明显的棕孔。胎质坚硬，含有较明显白、黄、棕色颗粒的灰白色胎。足径6.2厘米，残存最大可复原腹径12.9厘米，残存高3.4厘米（图二六，7）。SH2：01，存足至下腹部分残段，不能复原。腹壁至内底缓圜状，圈足，足壁上厚下薄，外底中心有轮旋凸起（“鸡心凸”）。内外施釉皆留有似桃心形露胎，并在桃心形露胎的中心留有直径2.2厘米的圆形釉，釉呈黑色，略偏深棕色，色泽较亮。胎质坚硬，含有较明显白、黄、棕色颗粒的灰白色胎。足径6.4厘米，残存最大可复原腹径10.9厘米，残存高2.9厘米（图二六，8）。

细胎碗　3件。SJ1：01，个体较大，存足部残片，不能复原。连接底的壁残存太少，圈足，足壁高且直，内底平微显向下缓弧，外底平。内外满施黑釉，微偏棕色，足端施釉后再擦掉而呈为“裹足刮釉”；内底施釉之后再刮釉，平面呈圈形，中心仍然留有大面积的圆形釉。白色胎，微偏淡土黄色。足径9.6厘米，残存高3.4厘米（图二六，10）。SM2：01，存口部残片，不能复原。敞口，圆唇，壁较薄，外壁面有不太明显的轮旋凹凸不平。内外施黑釉，

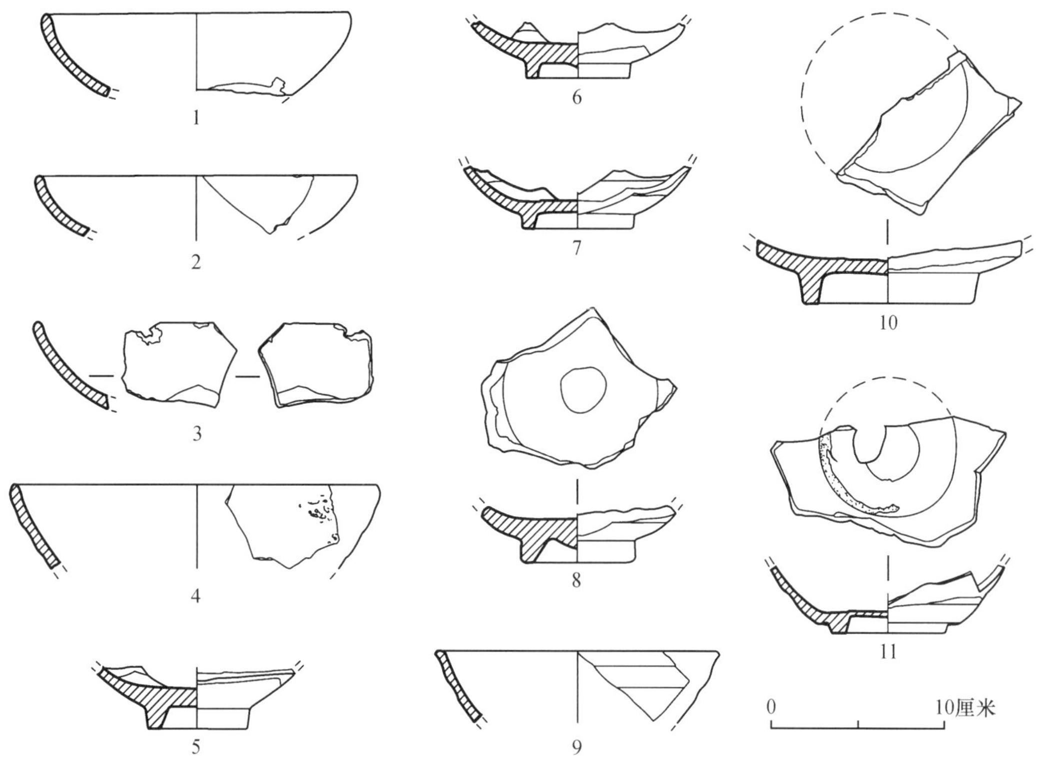

图二六　南城圣泉寺遗址内外黑釉瓷碗

1～8. 粗胎碗（ST0307①：01、ST0107①：07、ST0305：05、ST0301③：01、SH1：01、ST0305：03、SH1：02、SH2：01）

9～11. 细胎碗（SM2：01、SJ1：01、SJ1：02）

内外釉面微显棕孔，内面棕孔浅，外面棕孔深。淡黄色胎。口径约15.9厘米，残高3.85厘米（图二六，9）。SJ1：02，存足及下腹部残片，不能复原。外壁近足跟处有折，内壁与内底结合处缓折，平底，圈足，外底略显“挖足过肩”。内外施黑釉，微偏棕色，外壁下部施釉留有桃心形露胎；内底施釉之后再刮釉，平面呈圈形，中心留有圆形面积的釉。灰白色胎。足径6.48厘米，残存最大可复原腹径13.4厘米，残存高3.6厘米（图二六，11）。

外黑内白釉碗　7件。从支烧方法看，又可分为沙堆支烧法与刮釉叠烧法（图版一四，6）。

沙堆支烧法　2件。ST0304①：05，存足部残片，不能复原。腹壁缓曲，平底，圈足。外壁施釉不到底，釉色偏棕色，釉泽明亮。内底的釉面及足端皆残留有支烧的沙堆。灰白色胎。足径7.3厘米，残存最大可复原腹径12.3厘米，残存高2.4厘米（图二七，1）。SH2：03，存足部残片，不能复原。腹壁残留特少，圈足，足端外边轮旋时刮削去一部分，棱角成为抹角。内底平且中部微显缓弧，外底中心有不太明显的轮旋凸起（“鸡心凸”），圈足。外部施釉约1/2到足的外壁面，釉色偏棕色；内底白地酱黄色绘一单线条涡纹。釉泽较亮。内底的釉面及足端皆残留有四个支烧时细沙与碱掺和在一起的沙堆痕。淡土黄色胎。足径6.3厘米，残存高2厘米（图二七，2）。

刮釉叠烧法　5件。ST0504①：08，个体较小，存整体的近1/4，可复原。敞口，小圆唇，浅腹，腹下部微显外弧，平底，圈足，足端呈方形。外壁施黑釉，部分地显棕色，足及外底无釉；口唇及内部施白釉，内底施釉之后再刮釉，平面呈玉璧形，中心所留圆形釉面积较小。白

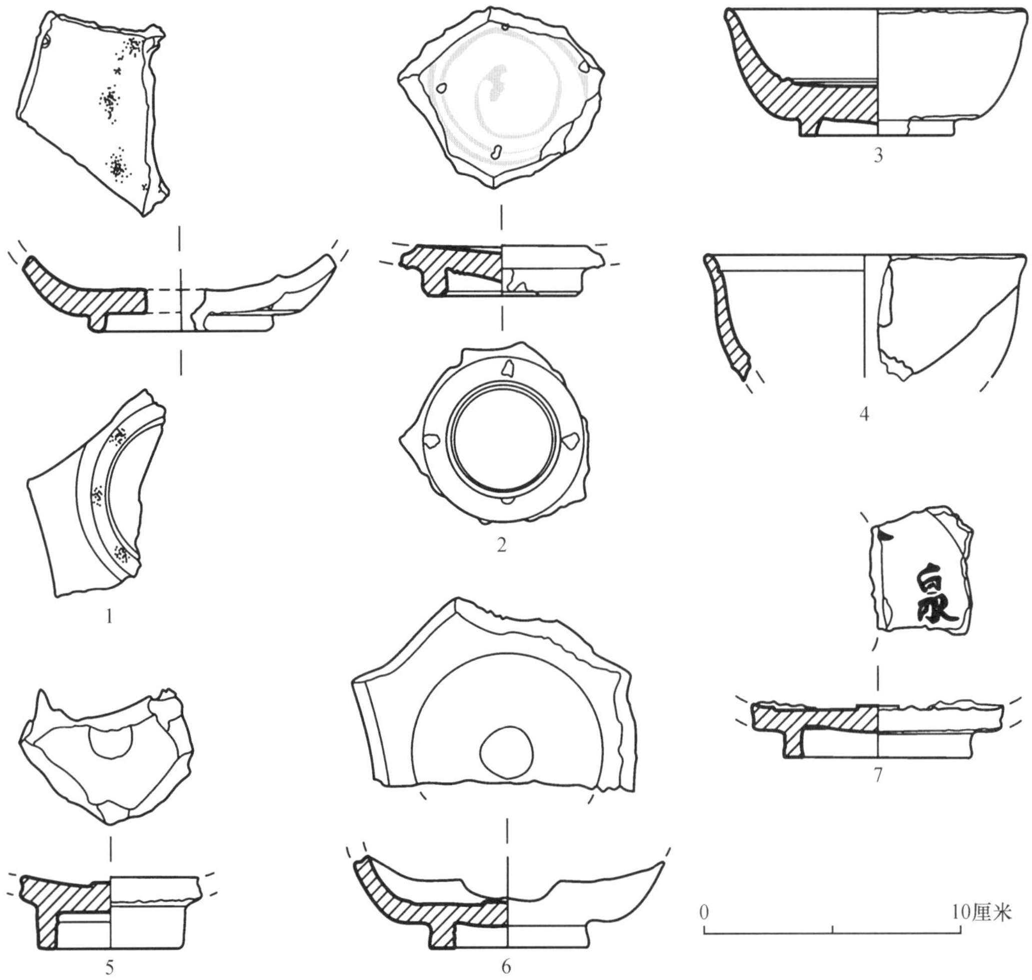

图二七　南城圣泉寺遗址外黑内白釉瓷碗

1、2. 沙堆支烧法（ST0304①：05、SH2：03）　3～7. 刮釉叠烧法（ST0504①：08、SG1：08、SJ1：04、SG1：09、ST0304①：02）

色胎。口径11.8厘米，足径6厘米，高4.8厘米（图二七，3）。SG1：08，存口部残片，不能复原。敞口，小圆唇，唇内略向下有一周不太明显的凹环纹。外施黑釉，略微泛棕红色，唇部及内壁均为白釉。白色胎。口径约12.4厘米，残高4.6厘米（图二七，4）。SG1：09，存足及下腹部残段，不能复原。外壁下部、内壁与内底连接处缓折，平底，圈足，足端呈方形。外部施满釉，呈黑里微透棕黄色，足端施釉后再刮擦掉而呈"裹足刮釉"；内底施釉之后再刮釉，平面呈圈形，中心留有小面积的圆形釉，近似一枚玉璧放置于碗底。白色胎。足径6.4厘米，残存最大可复原腹径12厘米，残存高3.5厘米（图二七，6）。ST0304①：02，腹壁残留特少及连接足部的残片，不能复原。形制、施釉技法类同SG1：09，只是造型稍小、胎体较薄，小巧玲珑，没有SG1：09显得那么厚重、大气。在内底无釉处残存有墨书"□（应是'圣'字，仅留一捺的末段）泉"二字。白色胎。足径7.3厘米，高2厘米（图二七，7）。SJ1：04，存足部残片，不能复原。平底，高圈足，足端呈方形。足内外壁施满黑釉，釉色微偏棕黄（外底无釉），足端施釉后再擦掉而呈"裹足刮釉"；内底施釉之后再刮釉，平面呈圈形，中心留有小面积的圆形釉，近似一枚玉璧放置于碗底。灰白色胎。足径5.6厘米，残存高2.7厘米（图二七，5）。

白釉碗　9件。由于残碎较甚，划分型式较难，现从支烧方法看，可分为沙堆支烧法与刮釉叠烧法两种。

沙堆支烧法　4件。ST0304①：04，存足部残片，不能复原。腹下部缓折，内底中部微显缓凹，外底平，矮圈足，足端呈方形。外壁施釉不到底，内底满釉，内外釉泽较差。内底釉面及足端皆残留有支烧的沙堆。白色胎，略偏淡土黄色。足径7厘米，残存最大腹径11.6厘米，残存高2.2厘米（图二八，1）。ST0107①：06，个体较小，存口、腹部残片，不能复原。敞口，圆唇，腹壁弧曲，腹下部与底部交接处缓折。外壁施釉不到底，釉泽较亮。灰白色胎。口径约8.2厘米，残高3.4厘米（图二八，2）。SM2：02，个体较小，腹壁残留较少及连接足部的残片，不能复原。平底，圈足，足壁上厚下薄，足端呈方形。外壁施釉不到底，内底釉面及足端皆残留有支烧的沙堆，釉泽明亮。淡土黄色胎。足径3.3厘米，残存高1.3厘米（图二八，3）。SG1：06，存足及下腹部残片，不能复原。腹下部缓折，腹外壁略显轮旋弦纹，内底中部微显缓弧，外底平，矮圈足，足端呈方形。外壁施釉不到底，内底满釉。内壁与底结合处白地棕色绘双环弦纹，内底中心绘有残缺不全的棕色线条图形（或草书文字，现存残缺不全）。釉泽明亮。内底釉面及足端皆残留有支烧的沙堆。灰白色胎。足径6.3厘米，残存最大腹径约10.2厘米，残存高2.3厘米（图二八，4）。

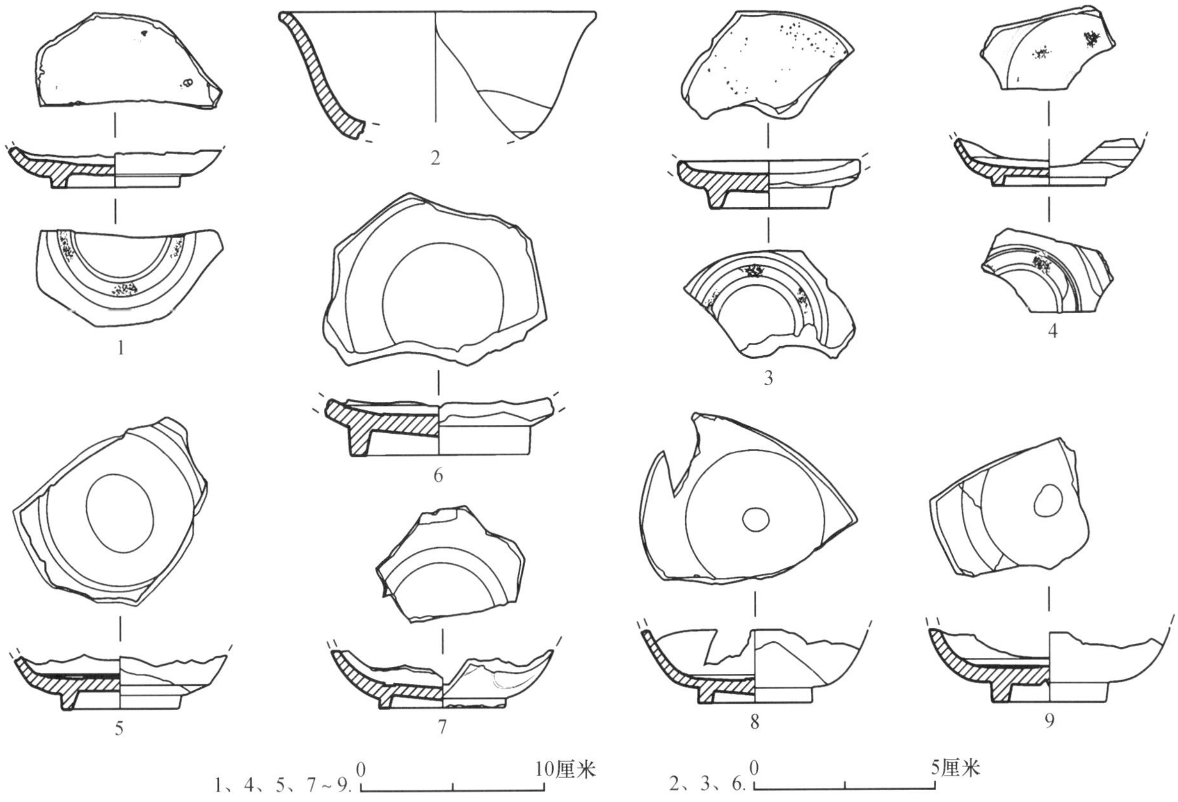

图二八　南城圣泉寺遗址白釉瓷碗

1～4. 沙堆支烧法（ST0304①：04、ST0107①：06、SM2：02、SG1：06）　5～9. 刮釉叠烧法（SG1：07、ST0504①：07、ST0107①：08、ST0604①：03、ST0604①：04）

刮釉叠烧法　5件。SG1：07，存足及下腹部分残片，不能复原。腹壁弧曲，腹下部与底部交接处缓折，平底，圈足。外壁施釉在下腹与足间留有近似桃心形露胎；内底施釉之后再刮釉呈圈形，中心所留圆形釉面积略大。灰白色胎，釉泽较亮。足径6.2厘米，残存最大腹径约11.6厘米，残存高2.8厘米（图二八，5）。ST0504①：07，个体略小，存足部残片，不能复原。腹壁残留较少，底较平，圈足。内外施白釉，釉色微偏黄，外壁施釉大部分接近足壁，内底施釉之后再刮釉呈圈形，中心所留圆形釉面积较大。白色胎，釉泽明亮。足径4.9厘米，残存高1.52厘米（图二八，6）。ST0107①：08，存足及下腹部残片，不能复原。弧曲壁，底微显向下缓弧，圈足，足的断面较薄，外底微显"挖足过肩"。内外施白釉，外壁施釉至圈足外壁的大部；内底施釉之后再刮釉，平面呈圈形，中心所留圆形釉的面积很大，釉泽明亮。外壁为白地深棕色花草纹绘，绘画残存太少，图意不知。白色胎。足径6.8厘米，残存最大腹径约12厘米，残存高3.2厘米（图二八，7）。ST0604①：03，存足及下腹部残段，不能复原。下腹部略向外弧圆，底较平，圈足。内外施白釉，外壁施釉在下腹与足间留有近似桃心形露胎；内底施釉之后再刮釉，平面呈玉璧形，中心所留圆形釉的面积很小。白色胎，釉泽明亮。足径6.1厘米，残存最大腹径约12.4厘米，残存高3.8厘米（图二八，8）。ST0604①：04，存足及下腹部分残片，不能复原。下腹部略向外弧圆，类似垂腹，腹内壁接近底时有一环形凸弦纹，底较平，圈足。内外施白釉，微偏淡黄色，外壁施釉至圈足外壁，内底施釉之后再刮釉，平面呈玉璧形，中心所留圆形釉面积很小，釉泽较亮。白色胎，略偏淡土黄色。足径6.2厘米，残存最大腹径约13.4厘米，残存高3.9厘米（图二八，9）。

酱釉碗　3件。SG1：011，个体略小，存口、腹部残片，不能复原。圆唇，口部略向外斜直，腹壁弧曲，残存处的外壁有一周轮旋凸弦纹。内外满施闪亮的酱色釉。白色胎。口径约8厘米，残存高3.4厘米（图二九，1）。SG1：012，存口、腹部残片，不能复原。敞口微外侈，缓曲壁。腹外壁的下部微显轮旋凹凸不平。内外满施酱色釉，腹内壁施釉偏黑色，腹外壁釉面有不规则浅淡黑色斑块，釉泽较亮。白色胎。口径约15.2厘米，残存高约3.5厘米（图二九，2）。SG1：010，存口、腹部残片，不能复原。圆唇，敞口微外侈，缓曲壁。外壁施酱色釉，口唇及内壁施白色釉，釉色略偏灰。釉泽明亮。白色胎。口径约17.6厘米，残存高约4.8厘米（图二九，3）。

青花釉碗　5件。从内底看，可分为刮釉呈圈形的叠烧法与内部满釉无叠烧迹象两种（图版一四，3、5）。

釉呈圈形的叠烧法　3件。ST0604①：1，仅存底部及下腹部的一部分，不能复原。下腹缓弧向内收，圈足，足端下部略比上部薄，平底。内外施淡蓝色釉，内底有圈形刮釉，外壁施釉至圈足外壁并残存有青花数笔，足端及外底无釉。釉面满有冰裂纹。白色胎。外底遗留有墨书"圣寺"二字。足径6.3厘米，残存高2.3厘米（图二九，4）。ST0705①：1，仅存底部1/2及下腹部的一小部分，不能复原。下腹缓弧向内收，圈足，足壁较直，平底。内外施淡蓝色釉，内底有圈形刮釉，白色胎。外壁施釉大部分至外壁与圈足结合处。足及外底无釉，外底现存的一半遗留有墨书"圣志"二字（根据ST0604①：1墨书"圣寺"，该墨书应是"圣寺志"）。足径5.4厘米，残存高2.9厘米（图二九，5）。ST0604①：05，存口、腹部残片，不能复原。圆

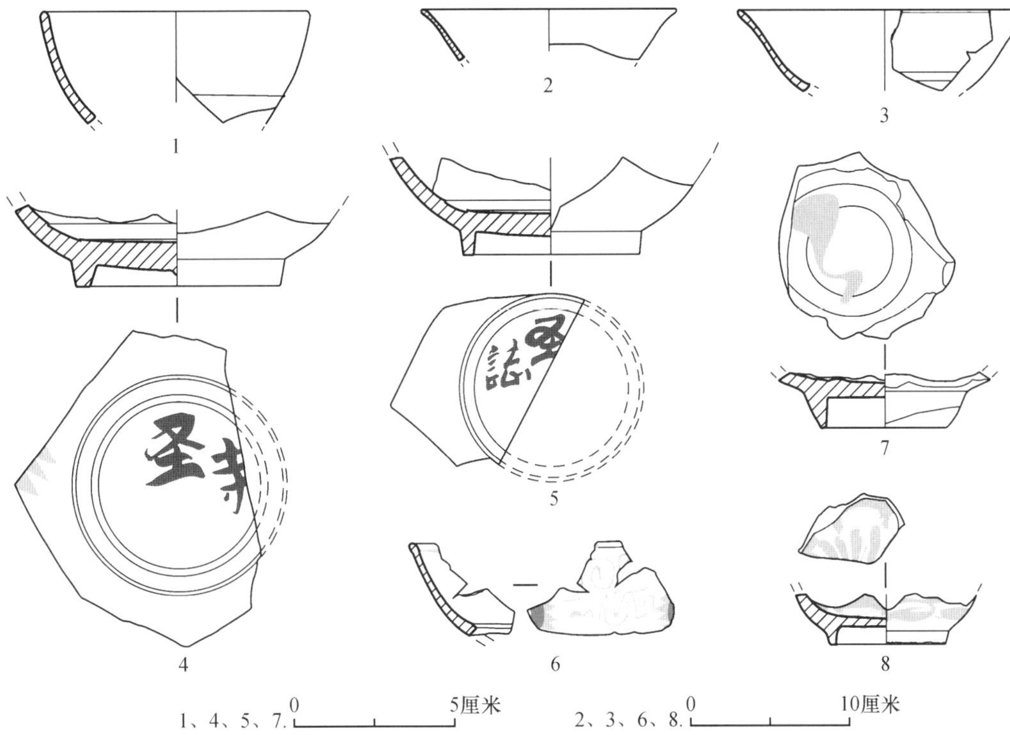

图二九　南城圣泉寺遗址瓷碗

1～3. 酱釉碗（SG1：011、SG1：012、SG1：010）　4～8. 青花釉碗（ST0604①：1、ST0705①：1、ST0604①：05、ST0202：02、ST0604①：06）

唇，敞口，腹部缓弧曲收，内底有圈形刮釉，内外壁为浅淡蓝色地青花绘，即底色为偏向白色的淡蓝色釉，青花绘为内外口沿下各有一条环形粗弦纹，外壁满绘缠枝花草纹。釉泽较亮。白色胎。残存横向宽8.7厘米，残存上下高5.6厘米（图二九，6）。

内部满釉无叠烧迹象　2件。ST0202：02，探方内上层扰坑出土。仅存足部，不能复原。平底，圈足，足较小，足壁上厚下薄。内外施淡蓝色釉，内底有类似“3”字形青花绘。釉泽明亮。灰白色胎。残存横向最大宽5.7厘米，足径4厘米，残存高1.8厘米（图二九，7）。ST0604①：06，存足与腹部残片，不能复原。弧曲壁，内底微显向下缓弧，圈足，足壁上厚下薄。内外为淡蓝色地青花绘，现存外壁及内部的青花绘为花草纹，内底可看出为一朵盛开的长瓣菊花。釉泽较亮（外壁明亮，内部次之）。灰白色胎。残存最大腹径约11.3厘米，足径7.3厘米，残存高3厘米（图二九，8）。

盘　3件。依据盘外壁所施釉色可分为酱釉盘和白釉盘。

酱釉盘　1件。ST0404①：01，存足与腹部残片，不能复原。腹壁仅存连接足的少许，浅腹，腹外壁近足处有一周折线。矮圈足，足端面较宽，内底微缓弧，外底“挖足过肩”。外部施深酱色釉，内部为白地深酱色绘，内壁下部残存有双环弦纹。深灰色胎，坚硬。内外均有沙堆支烧残迹。足径6.6厘米，残存最大腹径约9.6厘米，残存高1.9厘米（图三〇，1）。

白釉盘　2件。SJ1：03，存足连接下腹部残片，不能复原。腹壁缓曲，腹内壁中部有一不太明显的环形凸弦纹，内底微缓平，矮圈足，足端面呈方形。内外施白色釉，外壁施釉至下部近足跟处，足、外底均露胎无釉，内底施釉留有似桃心形露胎（这种露胎现象比较罕见）。整体生烧，釉泽暗淡无光。白色胎，偏火烧红色，质地不硬。足径7.4厘米，残存最大腹径约11.6厘米，残存高2厘米（图三〇，3）。ST0106①：02，存足与腹部残片，不能复原。腹略深，腹壁缓曲，腹内壁中部有一环形凸弦纹，内底微缓平，矮圈足，足端内着地外抬起。内外施白色釉，外壁施釉留有似桃心形露胎，釉泽明亮。白色胎，微偏黄色，较硬。内外均有沙堆支烧残迹。足径6.6厘米，残存最大腹径约14.4厘米，残存高3厘米（图三〇，2）。

蒜臼　1件。ST0604①：09，仅存口、腹部残片，不能复原。方唇，上厚下薄的宽平沿，形成口部微内敛。腹上部略垂直，向下呈缓弧曲、微向内收。口沿内外无釉，施白化妆土呈“白唇”。内壁露胎无釉，外壁施黑色釉，微泛棕红色。白色胎，坚硬。口径11.6厘米，残存最大腹径约11.2厘米，残存高4.25厘米（图三〇，4）。

（2）盛储器

15件。器形分别有罐、瓮、缸、器盖、瓶、盆等。

罐　6件。分为直领有系罐、斜矮领敛口罐二型。

A型　4件。直领有系罐。根据口沿的差别，可分为二式。

Ⅰ式：1件。敛口，凸圆唇罐。SH2：02，存口与肩连接处的残片，不能复原。在领肩之间设叶形或泥条双系，遗失。敛口，圆唇外凸，高领上部微向内斜，领中部微弧曲，所存肩部略弧。芒口，内外施黑色釉，外壁釉面有不太明显的棕孔。灰色粗胎，内含白、黄、黑等色彩颗粒（近似缸胎），坚硬。口径约14.6厘米，残存高4.8厘米（图三〇，5）。

Ⅱ式：3件。直口，圆唇罐。有四系和二系之分，均为深色釉。SG1：016，个体略大，存口及肩部残片，不能复原。圆唇，直口，高直领微显斜曲，弧圆肩，领与肩之间置四个象鼻形系，曲腹。芒口，内外施棕色釉。内壁施釉浅淡而色调深浅不匀；外壁施釉仅限于上腹部以上，其色调浓重而光泽明亮。白色胎，微泛淡土黄色，坚致。口径约17.8厘米，残存最大腹径约21.4厘米，残存高9.2厘米（图三〇，8）。SG1：017，存底及下腹部残片，不能复原。腹壁下部向里曲收，平底，隐圈足，内壁及内底有轮旋凸弦纹。所存腹外壁露胎无釉，仅在内底有散滴棕褐色釉（有一部分罐的内壁及内底施较薄的棕褐色）。白色胎，坚硬。足径11.6厘米，残存最大腹径约16.4厘米，残存高4.9厘米（图三〇，9）。ST0504①：09，个体较小，存口部残片，不能复原（四系还是二系不明，此类型罐二系较多）。圆唇，口微敛，矮直领微显向内斜曲，弧形肩，领与肩之间置两个象鼻形系。芒口，内外施棕褐色釉。内壁施釉很浅淡，外壁施釉略厚但不匀，釉泽光润。白色胎，坚硬。口径约11.4厘米，残存高3.4厘米（图三〇，6）。

B型　2件。斜矮领敛口罐。ST0604①：07，存口、腹部残片，不能复原。敛口，近似方形唇，唇内面留有棱角，唇外面抹角为弧圆形，弧圆肩。内外壁及口部满施棕与黑色釉，犹如黑色地釉之上像瀑布一样流淌着棕色釉（高凸处及棱角均为棕色釉）。白色胎，较硬。口径9.6厘米，残存最大腹径约12.5厘米，残存高4.9厘米（图三〇，7）。ST0604①：08，存口及肩部残片，不能复原。圆唇，直口，弧圆形肩。芒口，内壁施釉浅淡而色调深浅不匀；外壁施偏棕色的黑色釉，釉泽较亮。白色胎，坚硬。口径约9厘米，残存最大腹径约11.6厘米，残存高2.6厘米（图三〇，10）。

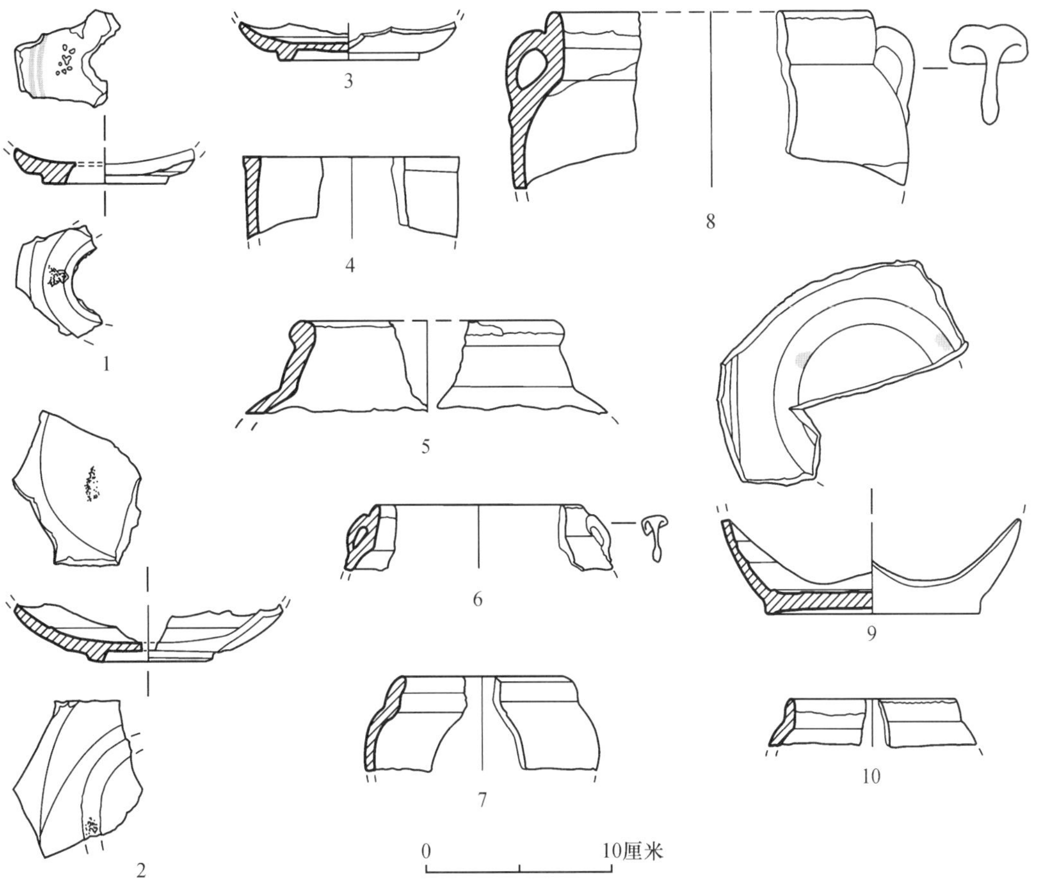

图三〇　南城圣泉寺遗址瓷器

1. 酱釉盘（ST0404①：01）　2、3. 白釉盘（ST0106①：02、SJ1：03）　4. 蒜臼（ST0604①：09）　5. A型Ⅰ式罐（SH2：02）　6、8、9. A型Ⅱ式罐（ST0504①：09、SG1：016、SG1：017）　7、10. B型罐（ST0604①：07、ST0604①：08）

瓮　1件。有并列两个系为一组的双组系瓮与并列两个系为一组的四组系瓮之分。SG1：013，存并列两个系及颈部残片，不能复原，亦不能辨别其为几组系瓮。微敛口，高领稍微呈弧形，缓圆肩，在颈肩之间现存有一组并列两个宽叶形系，系面有叶脉。内外施棕色釉，釉泽较亮。胎较粗，内含白、黄、棕等色彩颗粒，坚硬。颈径约42.1厘米，残存宽21.5厘米，残存高6.4厘米（图三一，1）。

缸　3件。存口部残片，不能复原。依据口部不同，分二型。

A型　2件。方唇缸。口部断面近似“「”形或呈“「”形。SH1：03，存口部残片，不能复原。口部断面近似“「”形。只是口沿外边略微向外弧圆凸，口沿内边向里凸，呈方形。口沿上面微缓凹一周，整体为抹角方唇。现存壁的下部延伸略显向外缓曲。口沿内外无釉呈芒口，因涂有白色化妆土也称“白唇”。腹壁内外施棕褐色釉，釉泽稍亮。浑浊偏红色的缸胎，内含白、黄、棕色颗粒，胎质坚硬。口径约51.6厘米，残存高8.4厘米（图三一，2）。SG1：014，存口部残片，不能复原。口部断面呈“「”形，敛口，抹角方唇，唇上面较平。口沿向外弧圆凸，口沿内边向里凸，呈方形。口下连接一段直壁。内壁釉下凸起粗胎的颗粒，外壁有斜向压印的条形纹。口沿内外无釉呈芒口，因涂有白色化妆土也称“白唇”。腹壁内外施深棕色釉，釉泽稍亮。偏浅红色的淡白色缸胎，胎内含白、黄、棕色颗粒，坚硬。口径约45.8厘米，残存高10.2厘米（图三一，3）。

B型　1件。圆唇缸。SM2：03，个体较小。存口部残片，不能复原。口沿上面呈抹角方形。口沿向内凸，呈近似方形。直壁略微缓曲，外部口沿下与壁结合处有轮旋式环形凹槽。口沿内外无釉呈芒口。腹壁内外施黑釉，釉色偏棕色，釉泽较亮。白色缸胎，微偏淡红色，胎内含白、黄、棕色颗粒，坚硬。口径34.4厘米，残存高6.6厘米（图三一，4）。

器盖　1件。盛储器的附件。ST0305：04，圣泉寺大殿基础槽出土。存外沿及曲拱形盖面部分的残片，不能复原。个体较小，矮子口，宽平沿，沿体内厚外薄，沿端呈缓圆，曲拱形盖面。阳面施酱色釉，釉泽较亮。浅土黄色胎，较坚硬。口径约5.4厘米，外边径约8.5厘米，残高2厘米（图三一，6）。

瓶　1件。ST0301①：01，仅存足与下腹部连接处的残片，不能复原。腹壁上大下小向内斜收，腹内壁的下部有不太明显的轮旋凹凸纹，隐圈足，平底。内壁露胎无釉，外部满施黑色釉，足端施釉后再擦去而呈“裹足刮釉”，釉面布满不太明显的棕孔。胎为内含棕、黄、白等色彩颗粒的缸胎，胎质坚硬。足径8.4厘米，残存最大腹径约13.6厘米，残存高5.6厘米

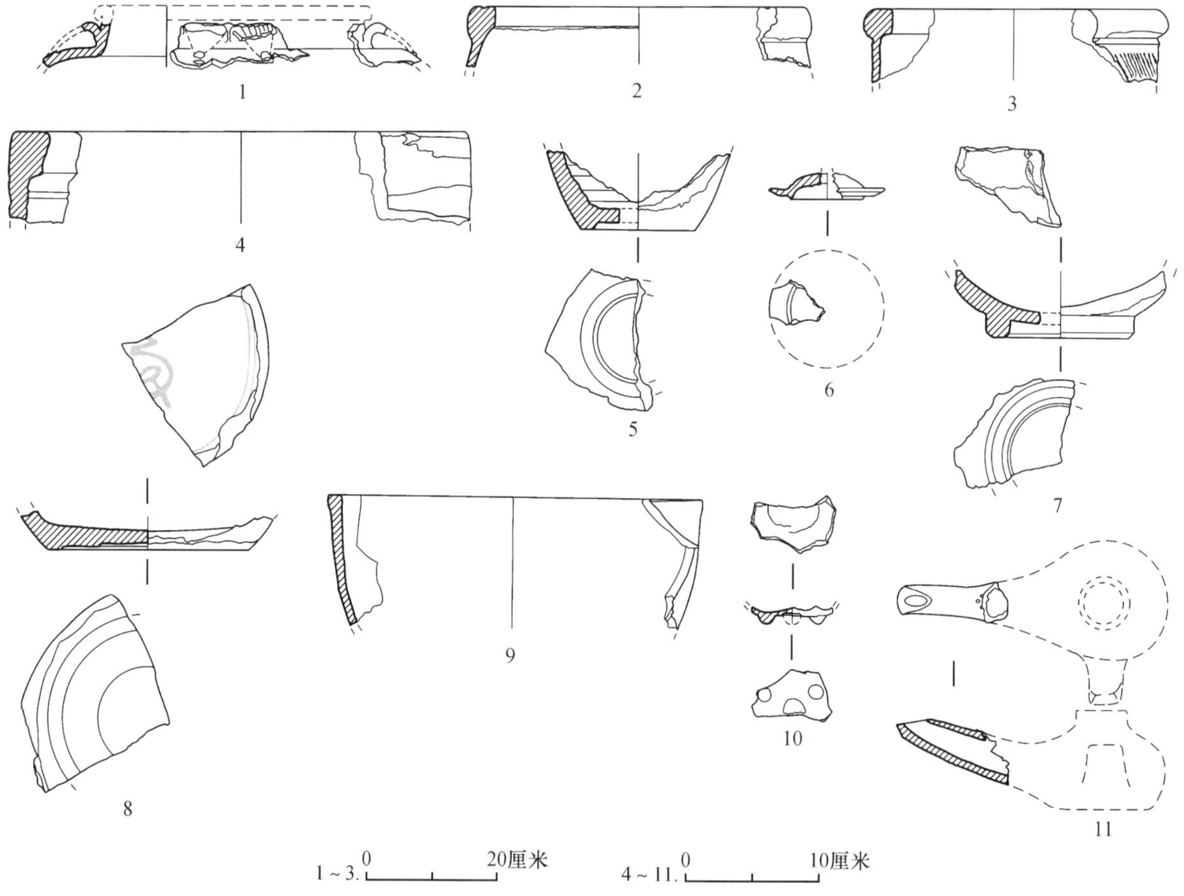

图三一　南城圣泉寺遗址瓷器

1. 瓮（SG1：013）　2、3. A型缸（SH1：03、SG1：014）　4. B型缸（SM2：03）　5. 瓶（ST0301①：01）　6. 器盖（ST0305：04）　7～9. 盆（ST0405②：01、ST0304①：03、ST0306①：03）　10. 炉（ST0504①：010）　11. 灯（SG1：015）

（图三一，5）。

盆　3件。釉色分别为内外黑釉、外黑内白釉和内外白釉。ST0405②：01，钵形盆。仅存足与下腹部连接处的残片，不能复原。腹壁弧曲，底微缓弧，圈足，足端内外沿刮成斜面。内外施黑色釉，外壁施半釉，釉面布满不太明显的棕孔。釉泽明亮。内底有叠烧时的粘连痕迹。壁体厚重，胎为内含棕、黄、白等色彩颗粒的缸胎，坚硬。足径11厘米，残存最大腹径约15.6厘米，残存高4.9厘米（图三一，7）。ST0304①：03，仅存足部残片，不能复原。内底中心微显缓凹，隐圈足，足壁上下较浅，外底有一台阶式同心圆似呈玉璧形。内部为白地酱色绘，在内底周边饰一组双环形弦纹，内底中心草书一“福”字（存局部）。外壁施深酱色釉，釉面有棕色落砂。内底釉泽较亮。白色胎，微泛淡土黄色，胎质坚硬。足径15厘米，残存高2.4厘米（图三一，8）。ST0306①：03，仅存口部、上腹残片，不能复原。方唇，口沿微敞，腹壁弧曲向下渐内收。内外满施白色化妆土，化妆土上施透明釉，最后将口沿处透明釉擦去暴露出白色化妆土，应是为便于覆烧、防止粘连所采取的措施。外壁釉面粘满棕色落砂。内壁釉泽明亮，隐约可见有冰裂纹。白色胎，微泛淡土黄色，胎质坚硬。口径28.2厘米，残存最小腹径约24.8厘米，残存高9.5厘米（图三一，9）。

（3）其他用品

2件。仅有个体较小的三足炉和流形长嘴棕釉灯各一件。

炉　1件。三足炉。ST0504①：010，个体较小，器壁较薄。存足及底部残片，不能复原。壁存较少，壁与底连接处呈缓弧状，内底中心略高，外底中心有一圆形（向上）的浅坑，外底设三个倒置小馒头形足。现残存部位皆为素面，缺失的上部有无釉色不明。白色胎，较坚硬。残存可复原腹径6厘米，残高1.3厘米（图三一，10）。

灯　1件。流形长嘴灯。SG1：015，存灯前部的长嘴残段，不能复原。嘴较长，流口俯视为椭圆形，流口与长嘴的上面有一组梅花形凸点纹装饰。除长嘴下部接近腹底的部分地段无釉之外，余均施棕色釉，其中下部的釉呈褐、棕两色花点状，釉泽较亮。白色胎，微泛淡土黄色，胎质坚硬。椭圆形的流口平面直径0.9～1.7厘米，长嘴残存长8.2厘米，最宽3.1厘米（图三一，11）。

3. 铜器

11件。其中有饰件、器物残块及铜钱三种。

饰件　2件。器形较小，在同一地点出土，皆呈中空的圆箍形。ST0202①：1，器体有一裂缝。器壁较薄，中孔一端大、一端小，断面为近似梯形、两竖边呈缓弧边。小孔径1.2厘米，大孔径2厘米，高1.3厘米（图三二，1）。ST0202①：1-1，呈筒形（管状），一端残缺，不能复原。器壁较薄，仅存在的一端有0.4厘米宽的凸箍。筒形外直径1.5厘米，凸箍外径1.8厘米，残存长1.8厘米（图三二，2）。

器物残块　1块。ST0301③：1，现存为不规则的多边形，近似平板状，周边皆为断面，整体器形不详。一面略微粗糙，一面微显光滑。在微显光滑的一面有一近似圆形、凸面较平的微凸起（直径2.1～2.2厘米），接近残边有两个异形微凸。平板厚1.2厘米，圆形微凸处厚1.5厘

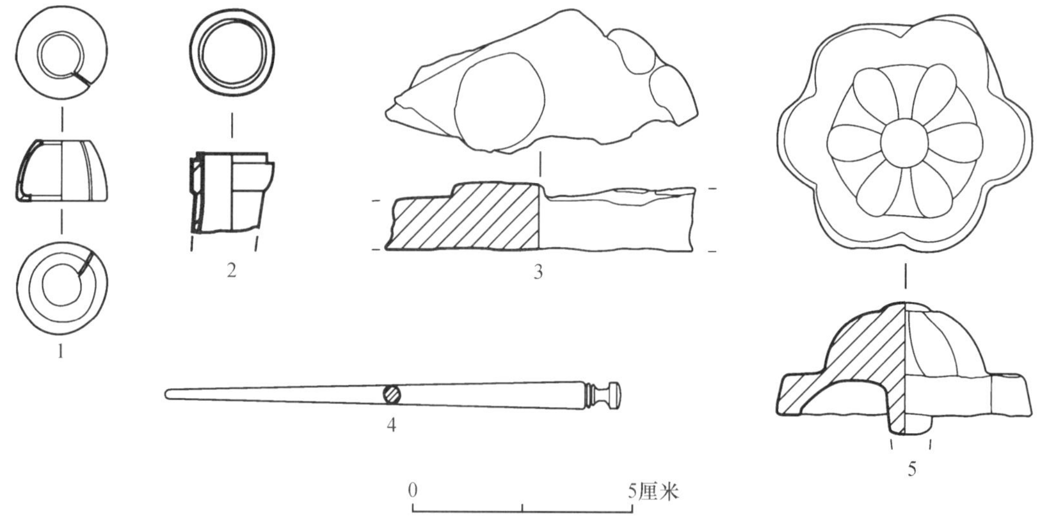

图三二　南城圣泉寺遗址器物

1、2. 铜饰件（ST0202①：1、ST0202①：1-1）　3. 铜器物残块（ST0301③：1）　4. 骨簪（ST0206①：1）
5. 铁泡钉（ST0307①：1）

米，残存最大长7厘米（图三二，3）。

铜钱　8枚（其中一枚保存极差，残损严重，钱文不清，也无拓片）。除一枚编号为SM1：1的铜钱（天圣元宝）发现于墓葬的墓室扰土内之外，余皆出土于发掘探方的地层之内；除一枚因锈蚀严重，其钱文难辨之外，余均可分辨出大致的钱文（表二）。

表二　圣泉寺遗址出土铜钱拓片登记表

顺序号	名称	编号	外径/厘米	重量/克	读法顺序	备注
1	开元通宝	ST0107①：2	2.5	3.76	上下右左读	唐代
2	天圣元宝	SM1：1	2.55	4.1	上右下左旋读	宋代
3	天启通宝	ST0107①：1	2.35	2.36	上下右左读	明代
4	嘉庆通宝	ST0207①：1	2.4	3.81	上下右左读	清代
5	道光通宝	ST0104①：1	2.2	3.89	上下右左读	清代
6	道光通宝	ST0307①：2	2.3	3.68	上下右左读	清代
7	道光通宝	ST0306①：1	2.2	3.63	上下右左读	清代

开元通宝　1枚。ST0107①：2，保存完好，钱文清晰。钱面、钱背均有周郭，周边郭较内郭宽，其中背面周边郭宽窄不匀。上下右左读。外径2.5厘米，重3.76克（图三三，1）。

天圣元宝　1枚。SM1：1，出自墓室内扰乱的回填土之中。保存较完整，钱文较清。上右下左旋读。外径2.55厘米，重4.1克（图三三，2）。

天启通宝　1枚。ST0107①：1，整体保存较好，但钱文模糊不清。上下右左读。钱文面的周边郭较内郭宽，背面较平无郭。外径2.35厘米，重2.36克（图三三，3）。

嘉庆通宝　1枚。ST0207①：1，整体保存较好，钱文较清晰。上下右左读。背面有满文。外径2.4厘米，重3.81克（图三三，4）。

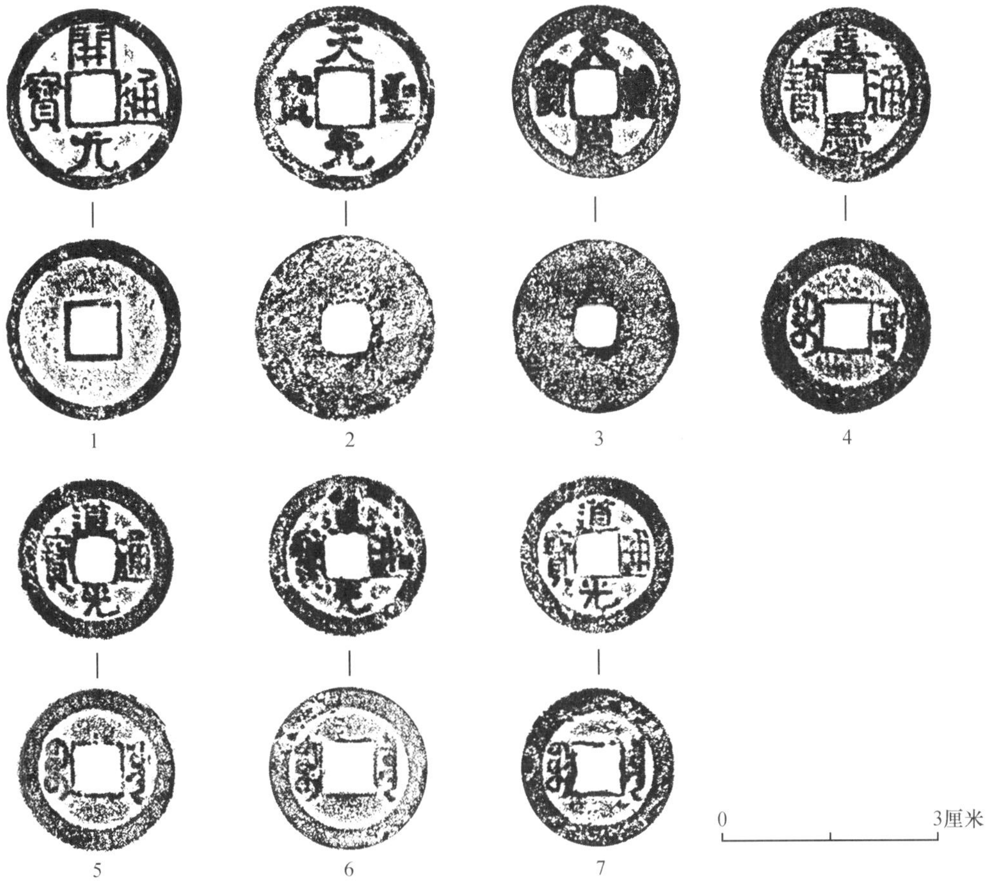

图三三　南城圣泉寺遗址铜钱拓片

1. 唐开元通宝（ST0107①：2）　2. 宋天圣元宝（SM1：1）　3. 明天启通宝（ST0107①：1）　4. 清嘉庆通宝（ST0207①：1）　5～7. 清道光通宝（ST0104①：1、ST0307①：2、ST0306①：1）

道光通宝　3枚。上下右左读。背面有满文。ST0104①：1，整体保存较好，钱文较清晰。外径2.2厘米，重3.89克（图三三，5）。ST0307①：2，整体保存较好，但钱文模糊。外径2.3厘米，重3.68克（图三三，6）。ST0306①：1，保存较好，钱文较清晰。外径2.2厘米，重3.63克（图三三，7）。

4. 骨器

簪　1件。ST0206①：1，完整，为发饰的一种。整体看呈长条锥形，簪首端为钉帽形，簪首与簪体接合部束颈，并有两周环形凹饰，向远端渐细，簪体的断面呈圆形。最大直径0.6厘米，长10.4厘米（图三二，4；图版一三，2）。

5. 铁器

泡钉　1件。ST0307①：1，用于木器或其他器物的固定、装饰，由钉帽与锥形钉体两部分组成。整体锈蚀较重，钉体残断缺失不能复原。钉帽造型可分为三层，钉帽的顶端（中心区）呈缓鼓圆形，中层近似半圆体的六瓣花饰，下层为内凹及连接中心锥形钉体、边缘呈凹凸状的六瓣团花。残存通高2.9厘米，团花最大直径5.8厘米（图三二，5；图版一三，3）。

第三章　北南城遗址

第一节　地理位置及地表现状

北南城遗址位于磁县南城乡北南城村北约250米处，其西南距圣泉寺遗址约620米，渠线标程为K33+750。发掘区中心坐标为北纬36°30′33.4″、东经114°21′50.6″，海拔86米。

调查发现北南城遗址面积较大，已超过南水北调中线渠线的宽度及所设置的“倒虹吸”的范围。本次发掘地点位于勘探所得的整体遗址的偏北部、南水北调中线渠线所设置的“倒虹吸”工程项目的西北部、《汉书·地理志》所称的洞水主河道（即现在牤牛河支流）西岸台地上（图三）。地势呈西高东低、北高南低的梯田，渠线周边皆为满目绿色的农作物。现南水北调中线工程规划渠线之内已不再农耕，部分地块的地表之上还有去年遗留的棉花及秋季庄稼的秸秆，在地表上可见有战汉至宋元时期陶质遗物。南水北调工程施工队的大型工程机械已经开始施工（图版一五、图版一六）。

第二节　地层堆积与遗存分期

北南城遗址在考古勘探的基础上，于2010年7月3日对其开始进行发掘，发掘工作的起点以发掘区西南角为基点，布正方向5米×5米探方32个，采用坐标法编号。至7月16日共发掘探方30个，发现灰坑27个、土井1眼、墓葬4座（表三、表四）。其中绝大部分遗迹为唐代初期，少量战国、汉代及唐末五代时期遗迹。为了获得完整遗迹，个别探方还进行了扩方。北南城遗址发掘面积共771.65平方米（图三四；图版一七）。出土文物130件。

一、地 层 堆 积

北南城遗址发掘地点的地层关系较为简单，大体上可分为一至二层，仅有一层者多居于发掘区西北部。第2层以下为黄白色生土。第1层为耕土层，由于受到南水北调施工方平整地表的扰动，现存的大多数厚度比较薄。第2层为文化层，发掘区西北部缺失此层。

下面分别以BT0205、BT0204东壁，BT0306、BT0206北壁，BT0201、BT0101北壁，

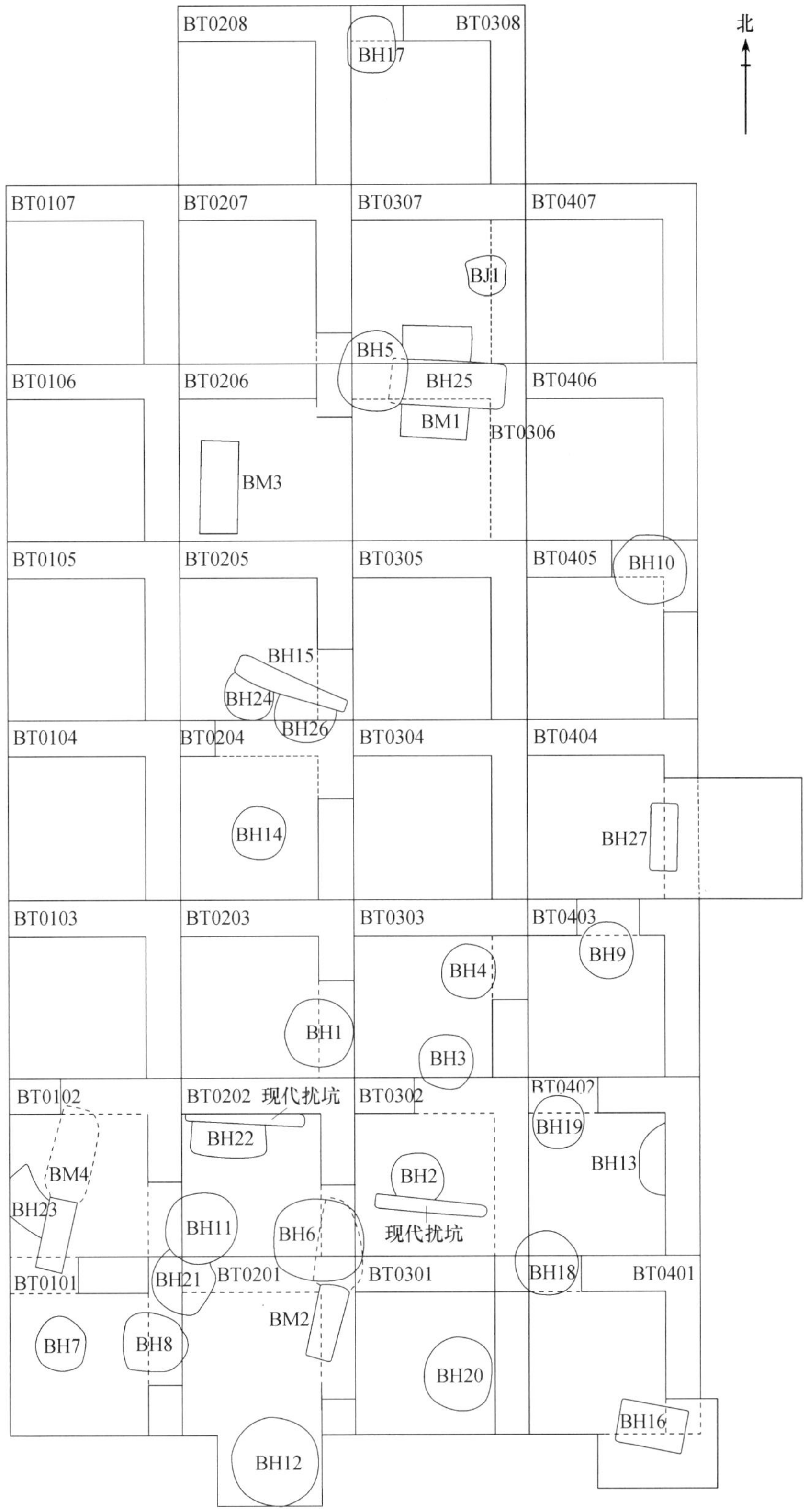

图三四　北南城遗址探方及遗迹总平面图

BT0401东壁四个典型剖面为例，介绍遗址的地层堆积情况。

BT0205、BT0204东壁（图三五，1）。

第1层：灰褐色黏土，厚10～14厘米。此层为耕土层，土质疏松，颗粒较大，富含植物根茎。内含杂物及陶片、瓷片等遗物，遍布全方。该层下缺失第2层。在BT0205、BT0204的第1层下发现有唐代的BH15、BH24、BH14三个灰坑，其中BH15为长条形，同时打破了BH24、BH26（BH26西部开口于第2层下，东部开口于第1层下）。

第1层以下为生土，中间缺失第2层。生土为黄白色，纯净较硬，无包含遗物。

BT0306、BT0206北壁（图三五，2）。

第1层：灰褐色黏土，厚8～13厘米。此层为耕土层，土质疏松，颗粒较大，富含植物根茎。内含少量的砖瓦碎片、瓷片等遗物。

第2层：黄褐色黏土，厚0～40厘米，土质较为疏松。BT0306的第2层在西端再向西延长100厘米处（已进入BT0206的东部）开始缺失，向东逐渐加深，至BT0406自西向东300厘米处厚度达到40厘米。第2层内含少量炭屑及红烧土颗粒，遍布全方。出土器物均为残碎片，其中有生活用具的红陶、灰陶残片，白釉、黑釉、白地黑花瓷片等。根据出土最晚时期的遗物分析，该地层应为元代时期。在BT0306的第2层下发现有BH5、BH25两个灰坑及BM1墓葬一座。其中唐代遗迹BH5同时打破了BH25、BM1，西汉早期的BH25又打破了战国时期的BM1。

第2层以下为生土，呈黄略偏白色，纯净较硬，无包含遗物。

BT0201、BT0101北壁（图三五，3）。

第1层：灰褐色黏土，厚5～16厘米。此层为耕土层，地表的东部较西部低约10厘米。土质疏松，颗粒较大，富含植物根茎。内含少量的砖瓦碎片、瓷片等杂物，遍布全方。

第2层：黄褐色黏土，厚15～33厘米，土质较为疏松。BT0201的第2层在西端再向西延长200厘米处（已进入BT0101的东部）厚15厘米，向东渐缓加深，至BT0201中部厚度达到33厘米。内含少量炭屑及红烧土颗粒，遍布全方。出土器物均为残碎片，其中有残碎红陶、灰陶片，白釉、黑釉、白地黑花瓷片等。根据出土最晚时期的遗物分析，该地层应为元代时期。在BT0201的第2层下发现有唐代末至五代时期的BM2及唐代的BH6、BH11、BH21、BH8、BH12五个灰坑。其中BM2打破了BH6，BH11打破了BH21。

第2层以下为生土，呈黄偏白色，纯净较硬，无包含遗物。

BT0401东壁（图三五，4）。

第1层：灰褐色黏土，厚6～12厘米，此层为耕土层。土质疏松，颗粒较大，富含植物根茎。内含少量的砖瓦碎片及瓷片等，遍布全方。

第2层：黄褐色黏土，厚30～55厘米，自北向南逐渐增厚，土质较疏松。内含少量炭屑及红烧土颗粒，遍布全方。出土有极少的陶、瓷残碎片，其中有红陶、灰陶及白釉、黑釉、白地黑花瓷片等。根据出土最晚时期的遗物分析，该地层应为元代时期。在BT0401的第2层下发现有唐代的BH16、BH18两个灰坑。

第2层以下为生土，呈黄色略偏白色，纯净较硬，无包含遗物。

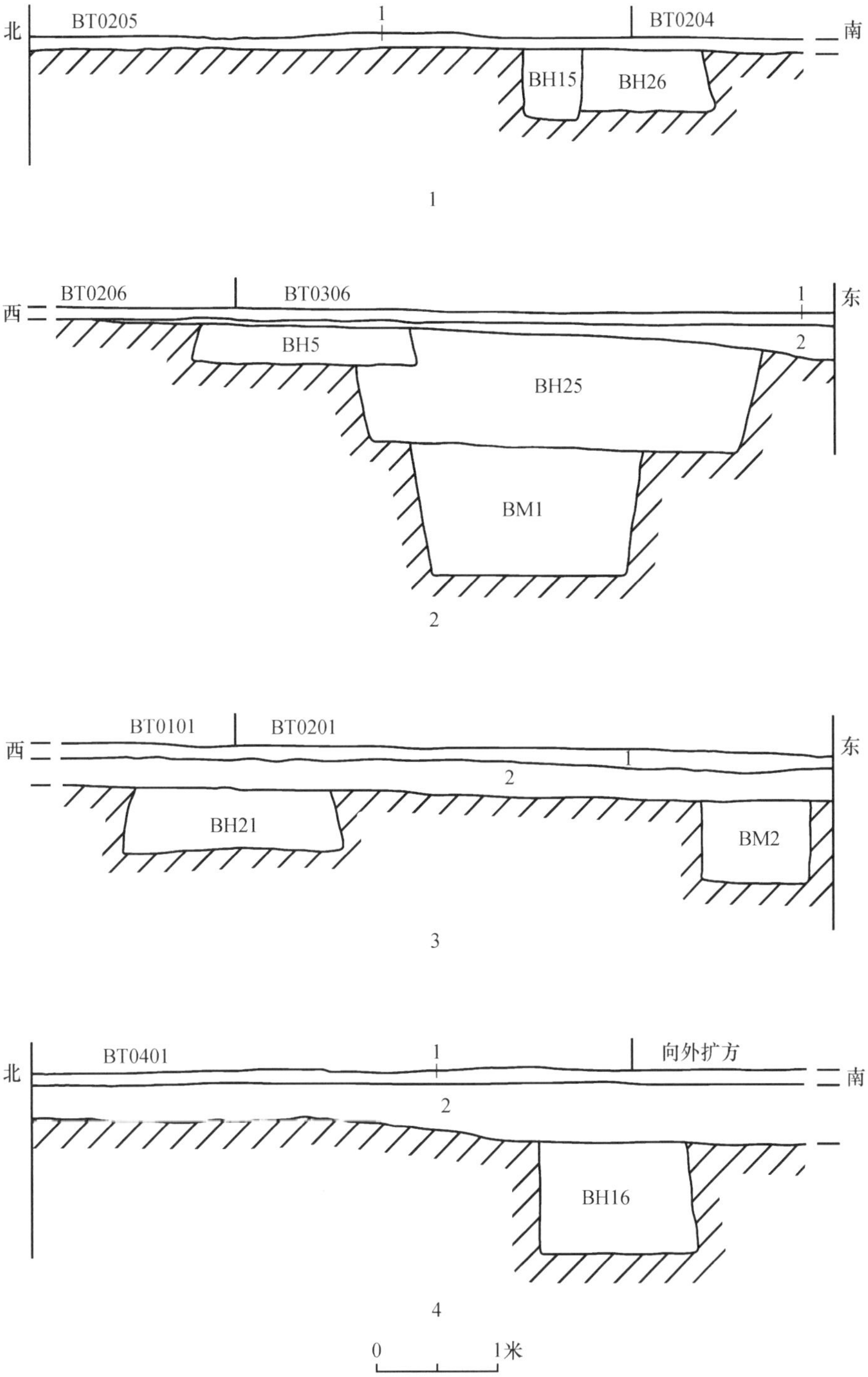

图三五　北南城遗址发掘区典型地层剖面图

1. BT0205、BT0204东壁剖面　2. BT0306、BT0206北壁剖面　3. BT0201、BT0101北壁剖面　4. BT0401东壁剖面

表三　北南城遗址灰坑、水井统计表

编号	所在探方	开口层位	上口形状	尺寸/厘米	出土遗物	时代
BH1	BT0203	第2层下	近圆形	直径190～200、深40～60	陶器150余块，绳纹砖、布纹瓦为主，少量陶罐、盆、钵、豆；黑釉瓷盏残片2片；兽牙1件	唐
BH2	BT0302	第2层下	近圆形	直径142～150、深约15	陶器17块，以绳纹砖、布纹瓦为主；另有5片瓷器，其中有碗、盆	唐
BH3	BT0303	第2层下	圆形	直径160、深20	10余块陶瓷片，以砖瓦为主	唐
BH4	BT0303	第2层下	近圆形	直径154～158、深10	陶器砖、瓦11块、盆2片；黑瓷1片	唐
BH5	BT0306	第2层下	近椭圆形	直径200～226、深约30	少量砖、瓦碎块，陶器有盆、罐、瓮	唐
BH6	BT0202	第2层下	椭圆形	直径230～262、深约80	陶器约150碎块，以建筑构件为主，生活用具有盆、罐等；另有兽骨残段	唐
BH7	BT0101	第2层下	近圆形	直径146～156、深24	泥质陶器68块，以砖、瓦为主，其中豆、盆、罐6片；夹砂陶盆、罐4片；少量泥质红陶	唐
BH8	BT0101	第2层下	近似桃形	直径166～184、深约180	陶器以砖、瓦居多，陶盆、罐、瓮及瓷器碗、瓶等；另有狗、猪、牛等兽骨（复合型坑）	唐
BH9	BT0403	第2层下	圆形	直径160、深85～90	少量绳纹砖、布纹瓦碎片及瓷器残片，另有1件残骨笄	唐
BH10	BT0405	第2层下	椭圆形	直径196～212、深约65	少量砖、瓦碎块及陶盆、罐残片；极少青釉瓷碎片和兽骨残片（复合型坑）	唐
BH11	BT0202	第2层下	近圆形	直径202～212、深约58	少量砖、瓦碎块及陶盆、罐、瓮和碎瓷片	唐
BH12	BT0201	第2层下	圆形	直径2.5、深约50	陶器25块，以砖、瓦为主，少量盆、罐碎片；瓷器3片；五铢铜钱1枚	唐
BH13	BT0402	第2层下	近圆形	直径约2、深约30	陶器20块，以绳纹砖、布纹瓦为主，陶器仅见盆、罐残片	唐
BH14	BT0204	第2层下	圆形	直径150、深约30	陶器约20块，有布纹瓦、盆等；铜器4件，其中开元通宝铜钱3枚，铜环1件	唐
BH15	BT0205	第1层下	近长条状	长340、宽40～68、深56～60	以砖、瓦为主，共25块，其中陶盆、罐、盏残片较少；另有1件石环；兽颌骨残段	唐
BH16	BT0401	第2层下	长方形	长200、宽120、深95	陶器126块，有砖、瓦、盆、罐、瓮、碗等；瓷器6片，以碗、钵为主；另有较多的动物骨头	唐
BH17	BT0308	第2层下	椭圆形	直径140～160、深约35	泥质灰陶65片，器形有盆、罐、壶、釜、鬲及绳纹板瓦、卷云纹瓦当，少量夹砂、夹蚌器物；另有动物骨骼残段	西汉
BH18	BT0401	第2层下	圆形	直径180、深55～60	陶器84块，以砖、瓦为主，有盆、罐、瓮、豆；瓷片有碗、盏残片3片；开元通宝铜钱1枚	唐
BH19	BT0402	第2层下	圆形	直径150、深约36	陶器82块，器形有砖、瓦、豆、盆、罐等	唐
BH20	BT0301	第2层下	近圆形	直径200～210、深66	少量砖、瓦残块，陶器有盆、环等	唐
BH21	BT0201	第2层下	近圆形	直径174～180、深45～50	陶器43块，器形以砖、瓦为主，另有豆、盆、罐；青、黑瓷片各1片	唐

续表

编号	所在探方	开口层位	上口形状	尺寸/厘米	出土遗物	时代
BH22	BT0202	第2层下	近长方形	长208～220、残宽98、深16	少量砖、瓦及盆、罐、钵等陶器13片，白釉碗片1片	唐
BH23	BT0102	第2层下	近长方形	残长180、宽104～114、深40	绳纹砖、布（绳）纹瓦及盘、盆、罐、瓮等75块；瓷碗及青瓷片、黄釉、黑釉瓷片7片	唐
BH24	BT0205	第1层下	圆形	直径140、深24	仅发现篦纹陶盆、同心圆纹陶罐等残器3片；骨簪1件	唐
BH25	BT0306	第2层下	长方形	长340、宽132、深90～95	少量砖、瓦碎块及篮纹圜底陶盆、罐、瓮、豆、壶等残片	西汉
BH26	BT0205	第2层下	圆形	直径约174、深50	以绳纹砖、布纹瓦为主及陶盆、罐共39块；黄釉瓷碗、罐残片3片	唐
BH27	BT0404	第2层下	长方形	长190、宽80、深230	出土少量绳纹板瓦残片，并有灰陶盆、罐、豆、鬲等残片	西汉
BJ1	BT0307	第2层下	圆形	直径残106～110、深约560	绳纹砖、布纹瓦及红陶、灰陶盆、罐、瓮等残碎片约70片；有动物骨骼残段	唐

表四　北南城遗址墓葬登记表

编号	墓向	形制	墓（甬）道/米	墓室/米	人骨架	随葬品/件	时代	备注
BM1	182°	长方形土坑墓		墓口长3.15、宽1.9～2，基底长2.8、宽1.5～1.6，深2～2.05	1具男性	陶器：鼎1、豆1、碗1、盘1、壶1	战国	扰乱，BM1开口于第2层下
BM2	195°	竖穴墓道洞室墓	长1.78、宽0.9、残深0.3～0.8	长2.44、宽0.74～1.3、高0.5～0.62	1具男性	瓷盘1、瓷碗1、陶罐1、开元通宝铜钱1	唐—五代	未扰，BM2开口于第2层下
BM3	2°	长方形土坑墓		长2.6、宽1.1、深0.96	1具男性	骨簪1	汉	未扰，BM3开口于第1层下
BM4	192°	竖穴墓道洞室墓	墓道口长2.06、宽0.8，墓道底长1.8，残深0.8～1.2	洞室底长2.54、宽0.8～1.26、高0.5～0.9	1具男性	瓷碗1、瓷盘1、陶罐1、铁簪1	唐—五代	未扰，BM4开口于第2层下
随葬品合计	陶器7件、瓷器4件、铜器1件、铁器1件、骨器1件，共14件							

二、遗存分期

“遗存”在此主要是指灰坑、水井、墓葬三类（图版一八，1）以及有时代特征的典型器物。通过梳理，遗存按照时代可分为战国至汉代、唐至五代两个时期。

1. 战国至汉代时期

遗迹可划分为墓葬和灰坑两类。墓葬2座，战国、汉代各一座。其中BM1为战国，其形制为墓口大于墓底，斜壁平底，近似“斗”形，随葬品为本地代表性战国时期随葬陶器组合：鼎、豆、壶、盘、碗。BM3为汉代，其形制为平面呈窄条长方形、直壁平底的竖穴土坑墓，随葬品仅有在头骨下的一件骨簪。

灰坑3个（BH17、BH25、BH27），均为西汉时期。灰坑内除含有少量草木灰、红烧土颗粒及建筑与生活用具之外，BH17还出土动物骨骼。从平面形状可分为椭圆形和长方形两种，其中BH17平面为椭圆形，直壁筒状平底；BH25和BH27平面为长方形，斜壁，底部不太平整。BH17出土遗物如绳纹板瓦、卷云纹瓦当、篮纹泥质灰陶盆、夹砂红陶釜等，均具有西汉时期特征。BH25出土遗物如绳纹板瓦、宽折沿篮纹圜底陶盆、高柄盘陶豆等遗物具有明显的战国晚期至西汉早期特征。BH27出土遗物有少量绳纹板瓦残片、肩饰一周附加堆纹的夹砂红陶黑衣鬲、夹砂灰陶矮裆粗绳纹鬲、夹砂灰陶罐、泥质折沿灰陶盆、高柄盘形陶豆和陶盖豆等生活器物残片，其中绳纹板瓦、泥质折沿灰陶盆、高柄盘形陶豆都与BH25出土遗物相近似，BH27的最晚时代亦同BH25。

2. 唐至五代时期

遗迹可划分为灰坑、水井和墓葬三类。灰坑24个，均为唐代。分为单体型坑、复合型坑两种。其中单体型坑22个，复合型坑2个。灰坑多数形制较规整，按坑口平面形状可分为圆形、椭圆形、长方形、长条形和近似桃形五种。圆形最多（16个），其他较少。灰坑内出土的青瓷碗、钵、高足盘等所具有的“胎体厚重，里外施釉，外部施釉不到底，器里留有三个较大的支钉痕”等特征，与隋代磁县贾壁窑的产品极为近似，还出土隋五铢钱，另外还出土大量的抹断绳纹的红陶盆及灰陶盆，这些造型及施釉方法带有隋代青瓷器遗风，初步推断该遗存应为隋晚期至唐代初期。总体来说，灰坑内出土时代最晚的绳纹砖、泥质红陶盆、红和灰陶桥形耳罐、泥质红陶碗、青黄釉瓷碗和盘以及开元通宝铜钱等，具有明显的唐代时期特征，多数灰坑的时代应为唐代初期，极个别坑的时代较早，到唐代再次利用了。大部分灰坑虽然大小深浅有异，但是在排列上比较有序，可以看出是有一定规划意识的。此次的发掘地点应为唐代初期的窖穴群所在地，而居住址应该还在西侧更高一点的台地上，那里已经超出南水北调渠线范围了，不过应相距不会太远，还有待以后更多的考古发现。

水井1眼，唐代。呈圆形筒状无砖石砌筑的土井，开口于第2层下。井内堆积有绳纹砖、泥质红陶盆等遗物，具有明显的唐代时期特征。井周边皆发现有开口于第2层下的唐代灰坑，判断该井的时代为唐代。

墓葬2座，唐至五代。编号BM2、BM4。两墓的形制均由竖穴墓道、洞室两部分组成，室内皆为单人葬，现存墓道开口于第2层下，方向192°～195°。随葬品保存基本完好，有白釉瓷盘、白釉瓷碗、泥质灰陶罐、铁簪及开元通宝铜钱等。根据墓葬的形制、随葬器物判断，两墓的时代为唐代末至五代时期。

第三节　战国至汉代时期遗迹、遗物

一、遗　　迹

遗迹可划分为墓葬和灰坑两类，墓葬2座、灰坑3个。

1. 墓葬

墓葬2座。呈东北至西南向分布于发掘区北部，间距不足5米，墓葬形制均为南北向长方形竖穴土坑墓。略宽者位居东北处，编号为BM1，时代为战国；略窄者位居西南处，编号为BM3，时代为汉代。

BM1　位于BT0306和BT0307两个探方的中部，开口于距地表0.25米深处、第2层下，墓室打破生土。平面略呈长方形，方向182°。墓口大于墓底，斜壁平底，近似“斗”形。墓葬西壁的中部被BH5（时代为唐代）打破，墓室的中部被BH25（时代为西汉早期）横向打破了上半部，在墓室平面的中部发现一个不规则长方形盗洞，由于坍塌严重，原尺寸不详。盗洞向下打破了东西向的BH25和整个墓室，在盗洞内发现了墓主的骨骼残块和随葬品的部分残片以及灰坑内的板瓦残块（图版一八，2）。

墓口呈长方形，北端略微宽于南端。墓口长3.15米，宽1.9～2米，墓底长2.8米，宽1.5～1.6米，深2～2.05米。

由于墓室遭受严重盗扰，葬具及人骨架均已不现原状，随葬品的原数及原位已不详。仅在盗洞内发现头骨1个和一些零散的肢骨，根据头骨初步判断，墓主为一男性，年龄在30岁左右。

随葬品仅存5件饮食用具，皆为泥质灰陶。其中在墓室的东南角发现1件口部向北倾倒的残缺陶鼎，编号为BM1∶1；在墓室的西南角发现1件口部向南倾倒的残陶豆，编号为BM1∶2；在陶豆的北侧有1件口部向下的残陶碗，编号为BM1∶3；在陶豆的东南侧有1件口部向上的残陶盘，编号为BM1∶4；在盗洞之中有1件残缺的陶壶，编号为BM1∶5。

根据出土的鼎豆壶盘碗的文物组合、墓葬形制及墓葬开口层位，判断BM1的时代为战国时期（图三六；图版二〇）。

BM3　位于BT0206的西部，开口于第1层下，距地表0.1米，打破生土。为一座平面呈长方形竖穴土坑墓，方向2°。直壁平底，墓室口长2.6米，宽1.1米，深0.96米。

墓室内置单棺，葬具腐朽严重，仅存黑色棺底板灰，木棺灰迹长1.7米，宽0.6米。棺内人骨架一具，头面部略向左侧偏，上身略仰，左上肢较直，右臂屈曲于小腹处，双腿向左侧弯曲，骨骼保存较好。根据头骨、牙齿、盆骨，判断墓主为一男性，年龄30～35岁。在头骨下有一件横置的残骨簪，编号为BM3∶1。

根据出土的文物、墓葬形制及墓葬开口层位，判断BM3的时代为汉代（图三七；图版二一，1、2）。

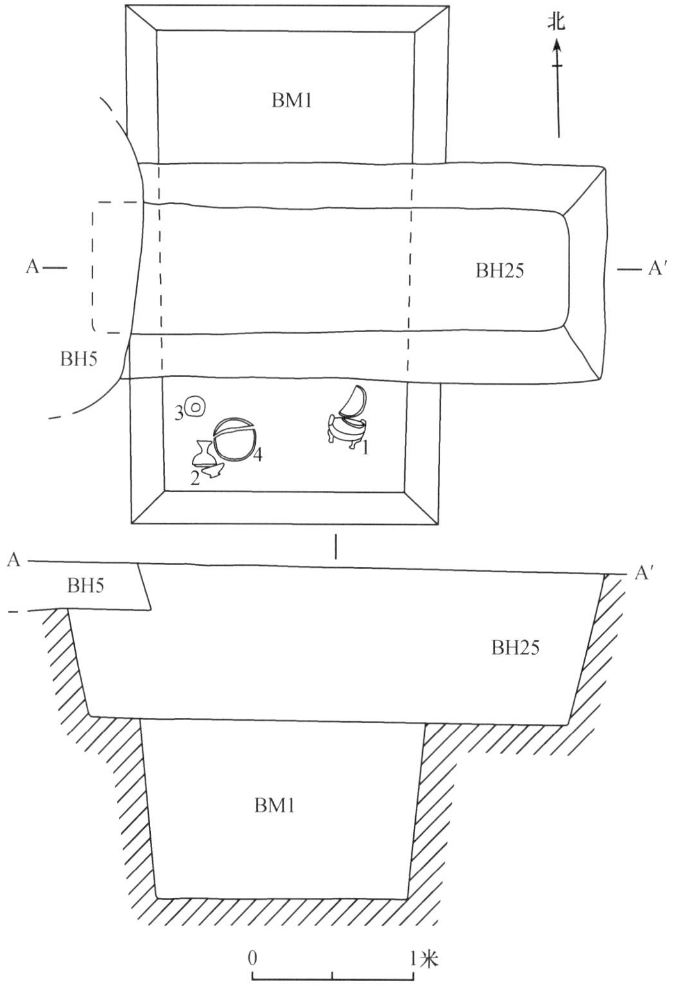

图三六　BM1平、剖面图
1. 陶鼎（BM1∶1）　2. 陶豆（BM1∶2）　3. 陶碗（BM1∶3）　4. 陶盘（BM1∶4）

2. 灰坑

灰坑3个。自北向南分别编号为BH17、BH25、BH27，其间距分别为8米、12米。三个灰坑均开口于第2层下，向下打破生土。从灰坑的平面看，口部平面形状有椭圆形1个、长方形2个；椭圆形灰坑的开口向下呈直壁平底，长方形灰坑为口部大于底部的斜（或微曲）壁平底。灰坑内除含有少量草木灰、红烧土颗粒以及建筑与生活用具之外，BH17还出土有动物骨骼。坑内出土最晚的遗物具有明显的西汉时期特征，故灰坑时代应为西汉时期。

（1）椭圆形直壁筒状坑

1个（BH17）。

BH17　位于发掘区的最北部，BT0308与BT0208两个探方之间。其形制较规整，直壁，平底，现存坑口与坑底尺寸相同，皆为南北方向，长约1.6米，东西宽约1.4米，深约0.35米。坑内堆积上下一致，均为黄灰色填土，较疏松，含有少量草木灰及红烧土颗粒（块）。出土遗物有少量绳纹板瓦残片及卷云纹陶瓦当，并有夹砂红陶釜、泥质灰陶折沿盆、罐等生活用

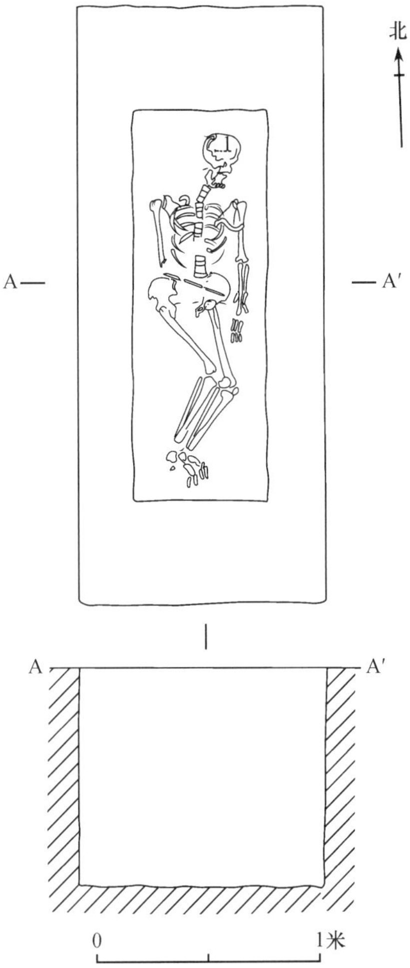

图三七　BM3平、剖面图
1. 骨簪（BM3：1）

具的残片，个别的宽折沿盆口沿面为压光、饰有多条环形弦状暗纹。器物表面以素面为主，还有少量的绳纹、卷云纹、篮纹、宽带式凹凸弦纹等。出土有少量的动物骨骼残段及残片，可辨识的有猪、狗之类。从出土的器物及土质土色分析，灰坑为一次性堆积（图三八，1；图版一九，1）。

（2）长方形斜壁竖穴坑

2个（BH25、BH27）。

BH25　处于发掘区的北部，BT0306与BT0307两个探方之间。BH25被BH5打破，BH25打破BM1。灰坑的平面呈东西向长方形，口部大于底部，斜壁，底部的西端略微高于东端，形制较规整。现存坑口东西长约3.4米，南北宽约1.32米；坑底东西长约2.94米，南北宽约0.8米；深0.9～0.95米。坑内堆积上下一致，均为黄褐色填土，较疏松，含有少量草木灰及红烧土颗粒（块）。出土遗物以绳纹板瓦残片为主，并有泥质灰陶盆、罐、瓮、豆、壶等生活器物残片（图三九；图版一九，2）。

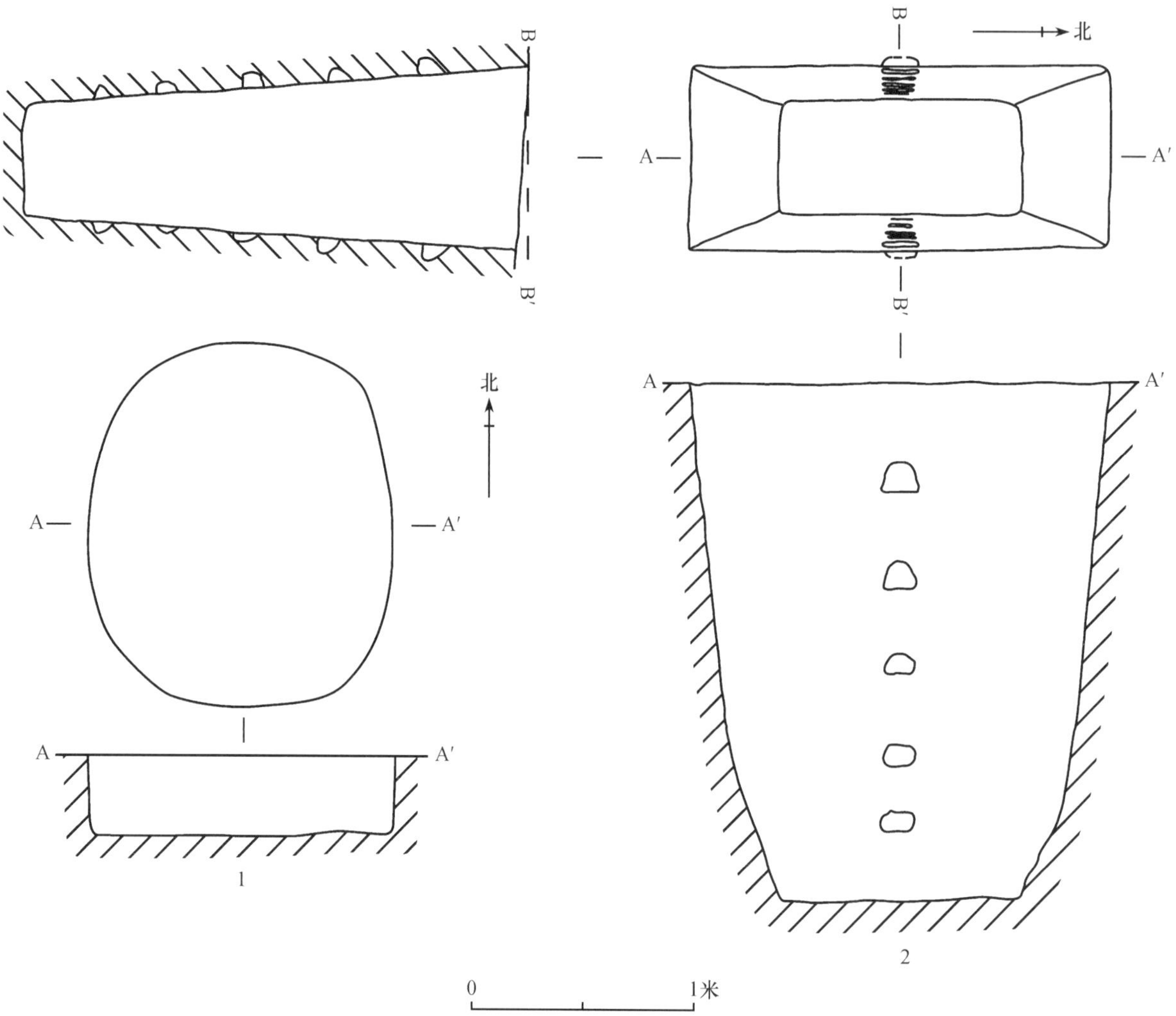

图三八　北南城遗址西汉灰坑平、剖面图
1. 椭圆形（BH17）　2. 长方形（BH27）

BH27　处于发掘区的东部，BT0404之内。灰坑的平面呈南北向长方形，口部大于底部，斜壁略曲，其中两短壁的斜度较大。底部约0.5米高的壁面不甚规整，微显弧曲，坑洼不平。灰坑底部较平，在东、西两长壁上各有五个基本对称的脚窝。现存坑口南北长1.9米，东西宽0.8米；坑底南北长1.1米，东西宽0.5米；深约2.3米。坑内堆积可分为两层，上层厚约0.4米，为黄褐色填土，略微发花，较疏松，含有少量草木灰及红烧土颗粒（块），陶片均出自该层；下层厚约1.9米，均为五花土，不含任何古代遗物，较纯净。出土遗物有少量绳纹板瓦残片，并有肩饰一周附加堆纹的夹砂红陶黑衣鬲、夹砂灰陶矮裆粗绳纹鬲、夹砂灰陶罐、泥质折沿灰陶盆、高柄盘形豆和盖豆等生活器物残片。该坑内的回填土近似五花土，加之形制、回填土的颜色及包含物的堆积，均和BM1较相似，推测该坑在当时应该是用于墓葬，不过因为某些原因在快挖好时废弃，并进行了不完全回填，这就是下层五花土的成因。废弃后才作为灰坑使用（图三八，2；图版一九，3）。

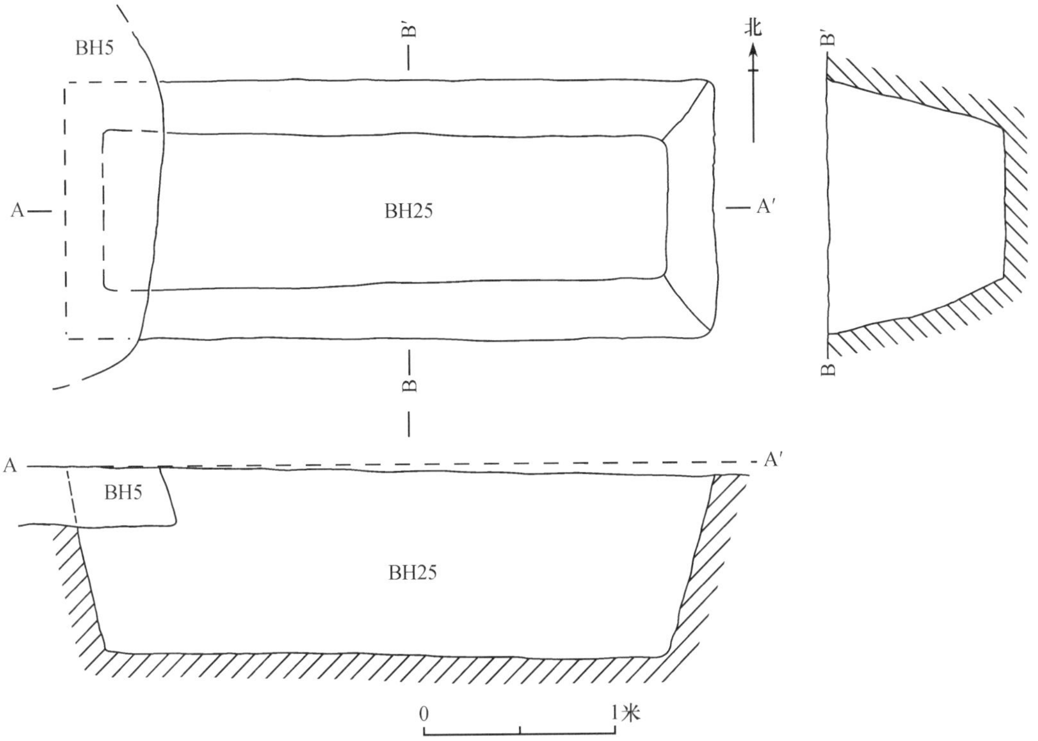

图三九　北南城遗址西汉长方形灰坑（BH25）平、剖面图

二、遗　　物

共计30件。主要包括墓内随葬品及灰坑的出土器物。其中2座墓内随葬品有泥质灰陶（5件饮食用具）和骨器（1件骨簪）2类计6件。现按照质地陶器、骨器分别叙述如下。

1. 陶器

29件。陶质以灰陶居多，红陶极少。大部分为泥质陶，夹砂陶仅限于炊具。器物以生活用具为主，建筑构件仅见有板瓦、瓦当。制造方法，除建筑构件的板瓦、瓦当以及极个别的小型器物、器物的柄与耳为模制之外，余多采用轮制，器物的个别部位或附属件则用手工制作。器表的装饰有绳纹、篮纹、弦纹、压印纹、刻划纹等（图四〇、图四一），另外有一件朱砂绘制的动物纹。主要有鬲、鼎、壶、盘、碗、釜、豆、盆、罐、瓮、瓦、瓦当等。

鬲　2件。BH27：01，仅存口肩部约1/2的残片，不能复原。夹砂黑衣红陶，薄胎，有烟熏火燎的黑灰色。折沿外卷，沿面较平，高颈，肩微向外弧，肩外壁有一周附加堆纹，其上有拍印压出的斜向绳纹；外壁饰竖向或斜向绳纹，附加堆纹往上颈部的绳纹在修整体形时已抹平，部分地段还隐约可见有绳纹的痕迹。口径约29.8厘米，残存高9.4厘米（图四二，1）。BH27：010，仅存足部残片，不能复原。夹砂灰陶，厚胎，矮裆，乳头状足。满饰大粗绳纹。胎质坚硬。残存横向宽10.6厘米，残存高10.2厘米（图四二，3）。

鼎　1件。BM1：1，盖鼎。泥质灰陶。盖、腹皆残缺，一足缺失大半，整体可复原。子母口，盖上附三个半圆形无銎纽，长方形双耳，耳面无穿銎，深腹，小平底，兽蹄三足。腹外部

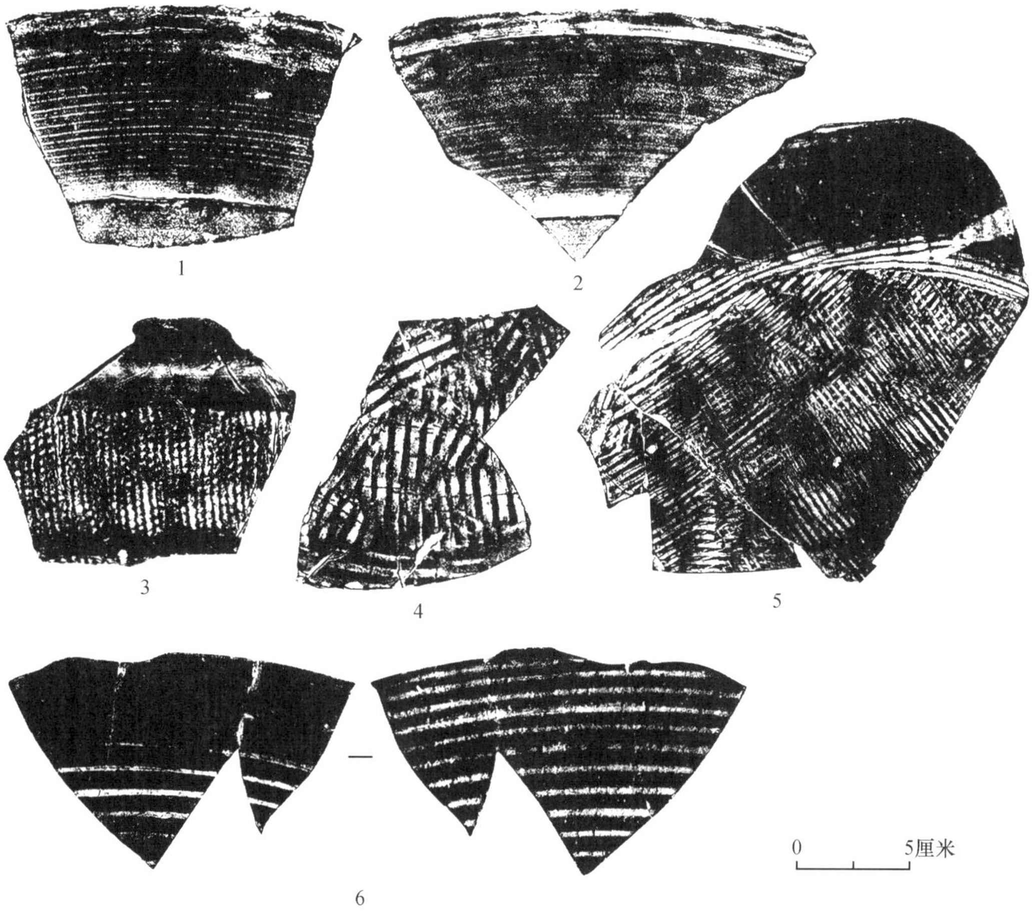

图四〇　北南城遗址战汉时期陶盆纹饰拓片

1、2. 盆口沿（BH17、BH5）　3. 盆外壁及口沿外壁（BH27）　4. 盆外底（BH25）　5. 盆外壁及外底（BH17）
6. 左图盆内壁、右图盆外壁（BH25）

有一周凹弦纹。盖径19厘米，口径17.8厘米，通高18厘米（图四二，2）。

壶　2件。泥质灰陶，皆残存口部，不能复原。依口沿不同分A、B二型。

A型　1件。BM1∶5，存口及颈部分，其下缺失，不能复原。方唇，口微向外敞，颈部向内弧曲。器壁较薄。外壁有朱砂绘制图案，用双线划分成多个方格形（现存两层，每层四个方格），方格内朱砂绘变形单足凤鸟纹。口径10厘米，残高12.1厘米（图四二，4）。

B型　1件。BH25∶03，存口部残片，不能复原。外折沿，沿面再向上凸，类似盘形口，内沿面有一周凸棱纹，颈部向内弧曲。外部口沿下有多条轮旋纹。口径13.2厘米，残高4.4厘米（图四二，5）。

盘　1件。BM1∶4，轮制，泥质灰陶。残碎，可复原。方唇，浅腹，腹壁外折、内弧曲，平底较厚，底的中部向上缓弧。口径26.4厘米，底径19厘米，高2.9厘米（图四二，6）。

碗　1件。BM1∶3，轮制，泥质灰陶。保存完好。圆唇，口内沿有一周不太明显的凸棱，腹壁弧曲，内底圜，外底平，外底边缘略显被抹去棱角。口径12.6厘米，底径5.6厘米，高4.2厘米（图四二，7）。

釜　1件。BH17∶01，轮制，夹砂红陶。残存口部残片，不能复原。圆唇，侈口，束颈，

图四一　北南城遗址战汉时期陶器纹饰拓片

1、2. 瓮（BH25）　3. 鬲（BH27：01，附加堆纹）　4～7. 罐（BH25）

圆肩。薄胎，有烟熏火燎的黑灰色。口径33.2厘米，残高7.2厘米（图四二，8）。

豆　8件。分A、B二型。A型为子母口，有盖，腹较深，其造型呈深腹盖豆。B型无盖，豆盘较浅，其造型呈浅盘豆。

A型　2件。深腹盖豆。仿铜礼器。泥质灰陶。附有盖，子母口，细柄，喇叭形足。BM1：2，盖、腹皆有残缺，整体可复原。盖的盖座（纽）为喇叭形，豆腹较深，内底缓圜形，足外缘弧圆。口外径16.3厘米，足径10.6厘米，盖口径16.7厘米，通高18.4厘米（图四三，1）。BH27：09，盖、柄、足皆缺失，仅存豆的口及腹部残片，不能复原。子母口，深腹，豆腹外壁有一周凹弦纹。口外径17.6厘米，残高7.6厘米（图四三，2）。

B型　6件。浅盘豆。泥质灰陶。根据豆盘腹部不同分二式。

Ⅰ式：3件。轮制，实用盘略深，细柄，喇叭形足。BH27：07，存豆盘残片，不能复原。盘唇略圆，折腹，腹上部向外微张，腹下部向内急收（盘内底缓弧）。口径15厘米，残高4厘米（图四三，3）。BH25：02，存豆盘残片，不能复原。盘唇略圆，缓折腹，腹上部缓曲，腹下部向内斜收（盘内底缓弧）。口径14厘米，残高4.4厘米（图四三，4）。BH19：02，存柱形柄及喇叭形足的大部，不能整体复原。柄最小直径3.4厘米，圈足径10.4厘米，残高8.6厘米（图四三，5）。

Ⅱ式：3件。轮制，实用盘较浅，细柄。BH27：08，存豆盘残片，不能复原。盘唇微尖，口外张，盘与底结合处略显外凸，盘内底向中心缓低。口径16厘米，残高2.6厘米（图四三，6）。BH19：01，存豆盘残片，不能复原。盘唇微尖，口外张，盘与底结合处呈缓折，盘内底较

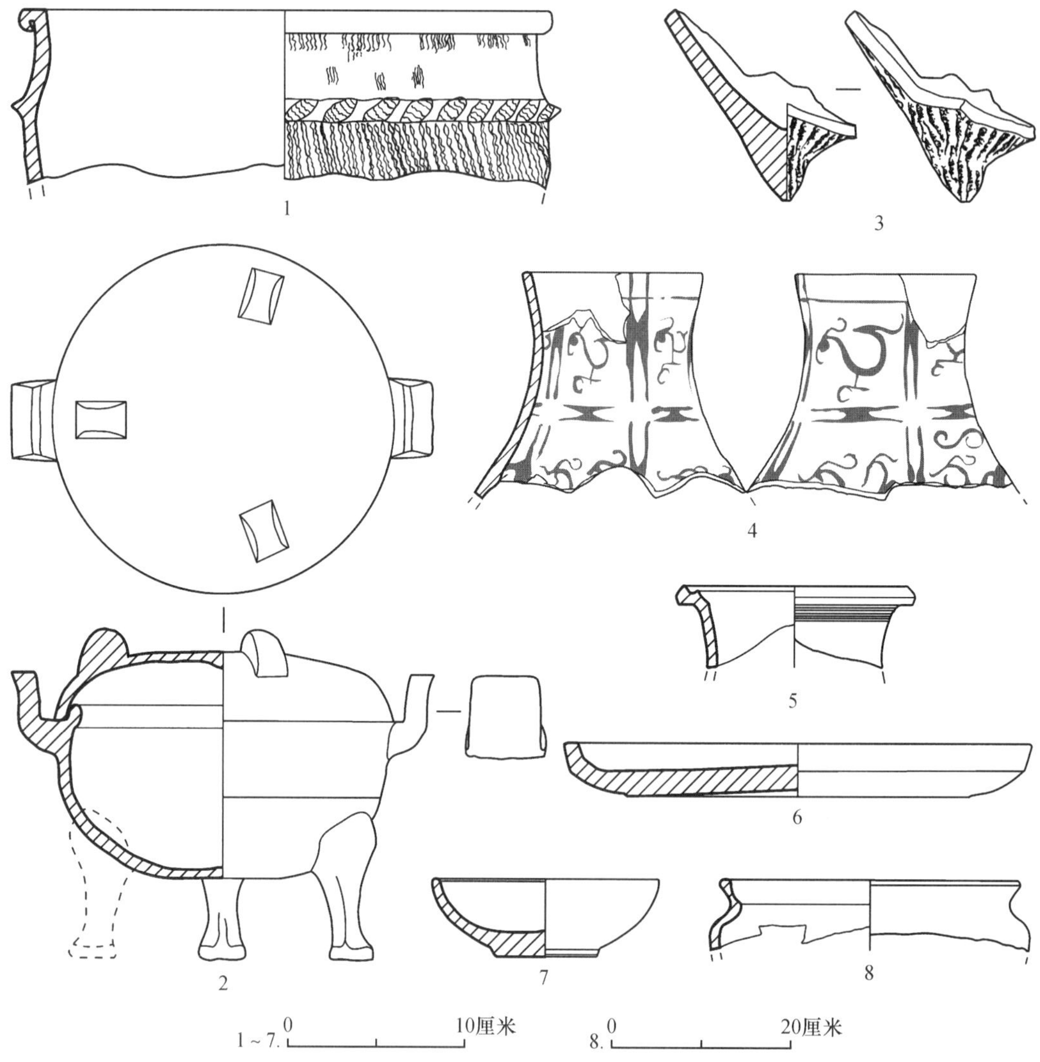

图四二　北南城遗址战汉时期陶器

1、3. 鬲（BH27：01、BH27：010）　2. 鼎（BM1：1）　4. A型壶（BM1：5）　5. B型壶（BH25：03）　6. 盘（BM1：4）　7. 碗（BM1：3）　8. 釜（BH17：01）

平。口径15厘米，残高4厘米（图四三，7）。BH19：03，存盘内底及柱形柄部分，不能整体复原。盘内底中心较平。柄最小直径2.6厘米，残高6.8厘米（图四三，8）。

盆　7件。全部为残片，除一件能复原之外，余皆不能复原。除两件略微显有夹细砂之外，余皆为泥质灰陶。根据口沿及腹部不同可分A、B、C、D四型。

A型　2件。侈口，大宽沿，沿外端翻卷，深腹，圜底。外壁下部及外底饰篮纹。BH25：1，残缺，可复原。方唇，腹呈上大下小形，腹壁微斜曲，缓弧形底。沿面饰多周密集的凸弦纹，外壁下部饰倾斜式篮纹，外底饰席编式篮纹。口径48厘米，底径24厘米，高23.4厘米（图四四，1；图版二一，3）。BH25：2，残缺，不能复原。双唇，腹呈上大下小形，腹壁薄厚不均匀，缓弧形底。沿面无纹饰，腹中部有数周瓦垄纹，外壁下部饰倾斜式篮纹，外底饰条编式篮纹。口径43.2厘米，底径27.6厘米，高19.2厘米（图四四，2）。

B型　1件。BH27：06，仅存口部残片，不能复原。弧曲形大宽沿外折，腹呈上大下小

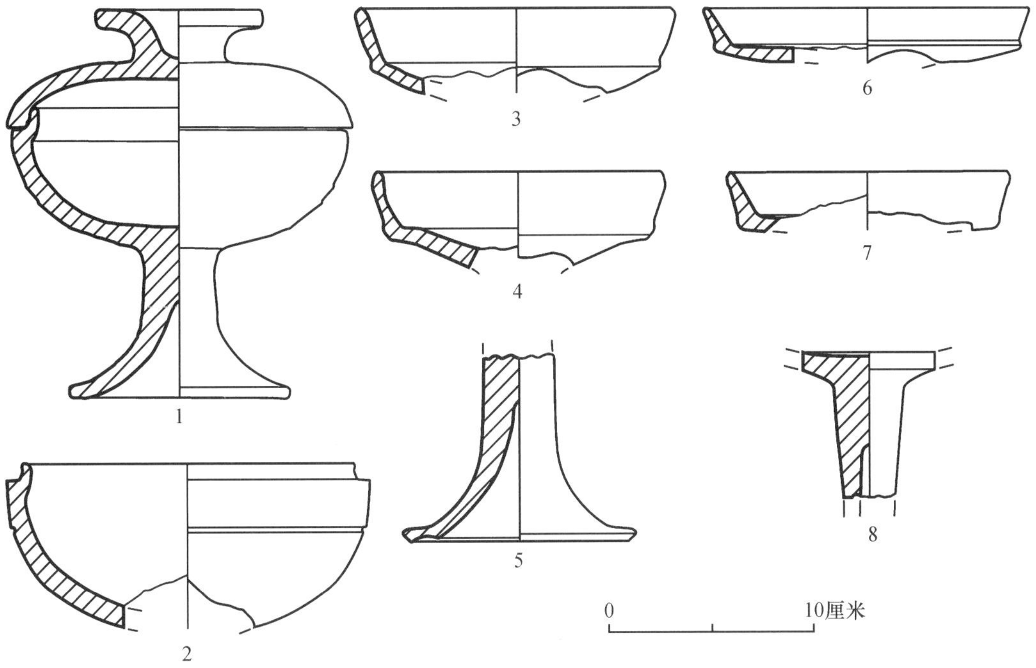

图四三　北南城遗址战汉时期陶豆

1、2. A型（BM1：2、BH27：09）　3～5. B型Ⅰ式（BH27：07、BH25：02、BH19：02）　6～8. B型Ⅱ式（BH27：08、BH19：01、BH19：03）

形，腹壁较薄，腹的内外壁均有轮旋瓦垄纹。口径44厘米，残高5.2厘米（图四四，5）。

C型　3件。仅存口部残片，不能复原。敛口，弧曲形外折沿，深腹，腹壁微向外弧。腹外壁饰横向绳纹。BH27：04，方唇，沿面饰多周凹弦纹。残存宽12厘米，残高10.6厘米（图四四，3）。BH27：05，小方唇，沿面饰两周凹弦纹，腹壁较薄。残存宽9.8厘米，残高7.8厘米（图四四，6）。BH17：02，圆唇，沿面自里向外略向下倾斜，沿面饰数周凹弦纹。残存宽9.2厘米，残高3.6厘米（图四四，7）。

D型　1件。BH25：01，形体似钵，仅存口部残片，不能复原。胎体较薄，圆唇，侈口，腹上部缓折，腹部斜曲渐向里急收。外壁饰有轮旋瓦垄纹。口径20.4厘米，残存高5.6厘米（图四四，4）。

罐　3件。仅存口部残片，不能复原。分为夹砂灰陶和泥质灰陶两种。根据口沿分三型。

A型　1件。BH27：02，夹砂灰陶。矮颈，方唇，外折沿，沿面自里向外往下略斜，口部微侈，直颈。外壁肩部向下饰绳纹。残片宽8.6厘米，残存高5.4厘米（图四五，1）。

B型　1件。BH27：03，夹砂灰陶。高颈，尖唇外凸沿，口侈，颈部微显弧曲。外壁肩部向下饰斜向绳纹。口径20.4厘米，残存高7.6厘米（图四五，2）。

C型　1件。形体近似瓮形，因个体不大，暂时划归为罐类。BH25：05，泥质灰陶。无颈，敛口，小圆唇，宽沿面稍弧，沿外缘尖凸。素面无纹饰。口径约27.2厘米，残存高2.4厘米（图四五，3）。

瓮　1件。BH25：3，个体较大。轮制，泥质灰陶。残存口部残段，不能复原。口沿向外翻卷，沿面较宽，敛口，直颈，肩部现存较少略显平。颈内壁、口沿面及肩外壁皆有轮旋密集

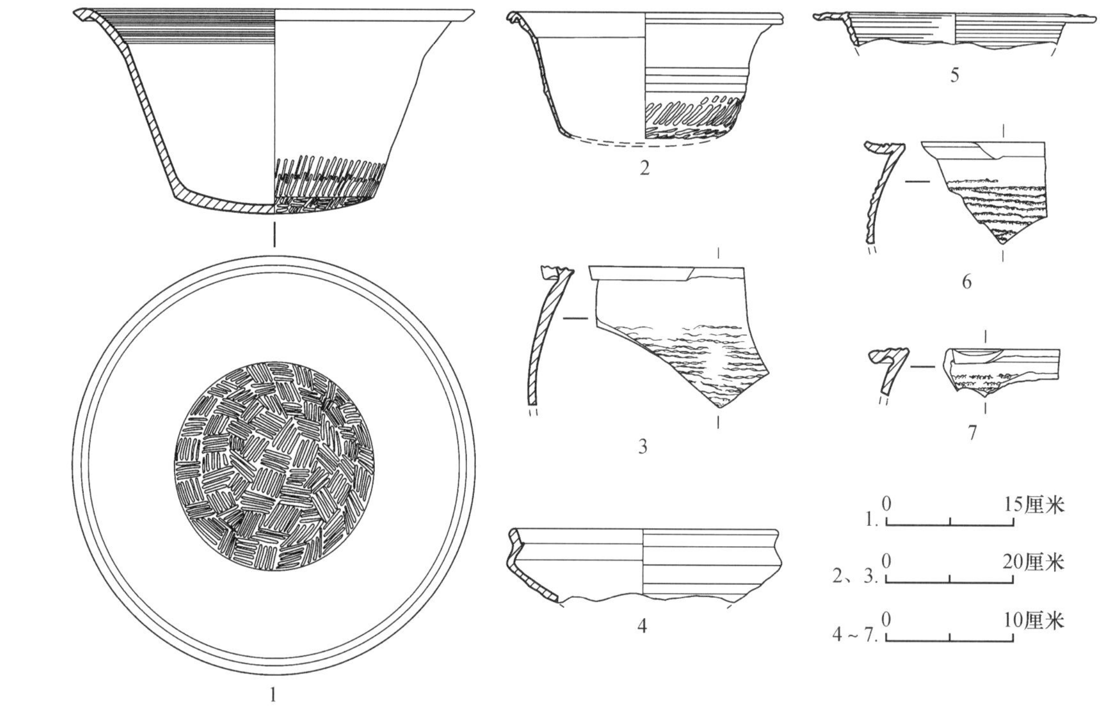

图四四　北南城遗址战汉时期陶盆

1、2. A型（BH25：1、BH25：2）　3、6、7. C型（BH27：04、BH27：05、BH17：02）　4. D型（BH25：01）　5. B型（BH27：06）

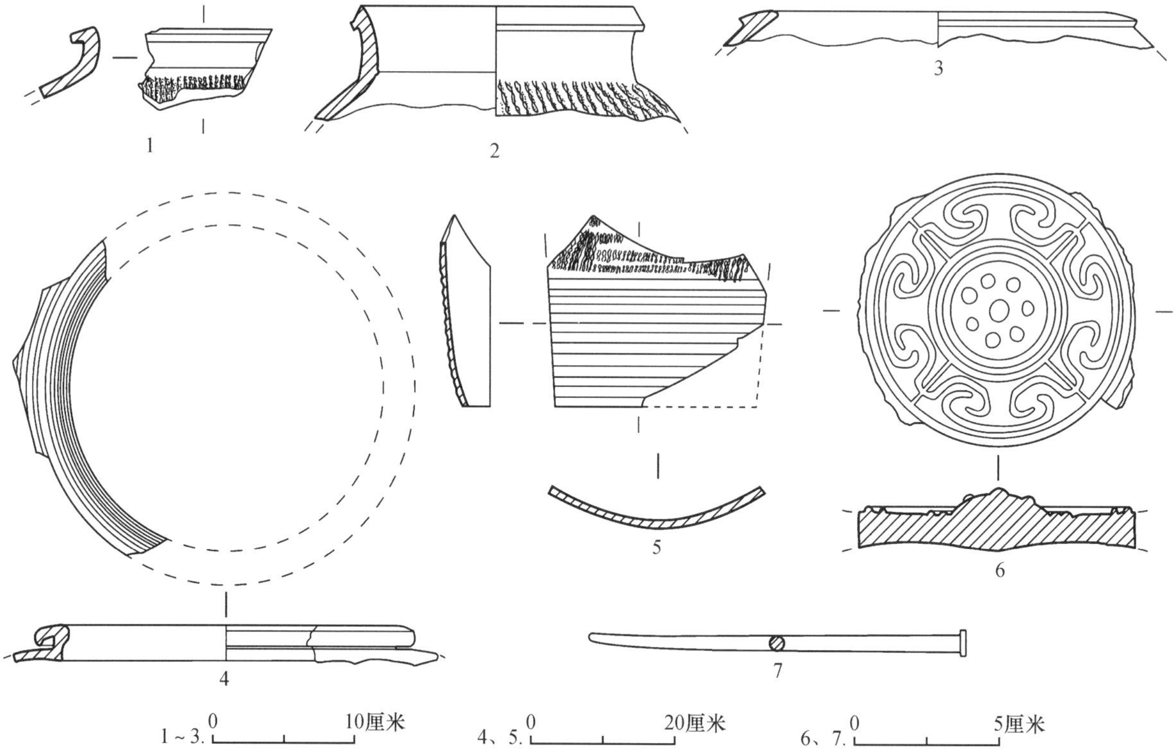

图四五　北南城遗址战汉时期器物

1. A型陶罐（BH27：02）　2. B型陶罐（BH27：03）　3. C型陶罐（BH25：05）　4. 陶瓮（BH25：3）　5. 陶瓦（BH25：04）　6. 陶瓦当（BH17：1）　7. 骨簪（BM3：1）

的细弦纹。口外径52.6厘米，口内径44厘米，残高5.3厘米（图四五，4）。

瓦　1件。仅见板瓦一种。BH25：04，泥质灰陶。从瓦的中部向瓦首一头缺失，仅存靠瓦尾一端的残片，不能复原。两侧有由内向外的切割痕，凸面靠瓦尾一头饰横向瓦垄纹，瓦垄纹向中部连接饰斜向绳纹（直至瓦首）；凹面靠瓦尾处修整为素面，偶有工具刻划痕，现存中部（直至瓦首）饰大米粒大小的麻点纹。瓦尾宽约28厘米，现存中部最大宽30.4厘米，残存长25.6厘米（图四五，5；图四六，1～7）。

瓦当　1件。BH17：1，泥质灰陶。呈圆烧饼形，模制。周边残缺，不能复原。瓦面中心区为一颗凸起的小馒头状圆形泡，该泡的弧面排列一圈略小的七个乳钉纹，其外有两条同心圆凸棱线，总览图案作仿莲蓬状。外区是在仿莲蓬状图案之外与两条外边（周）廓之间，由凸起

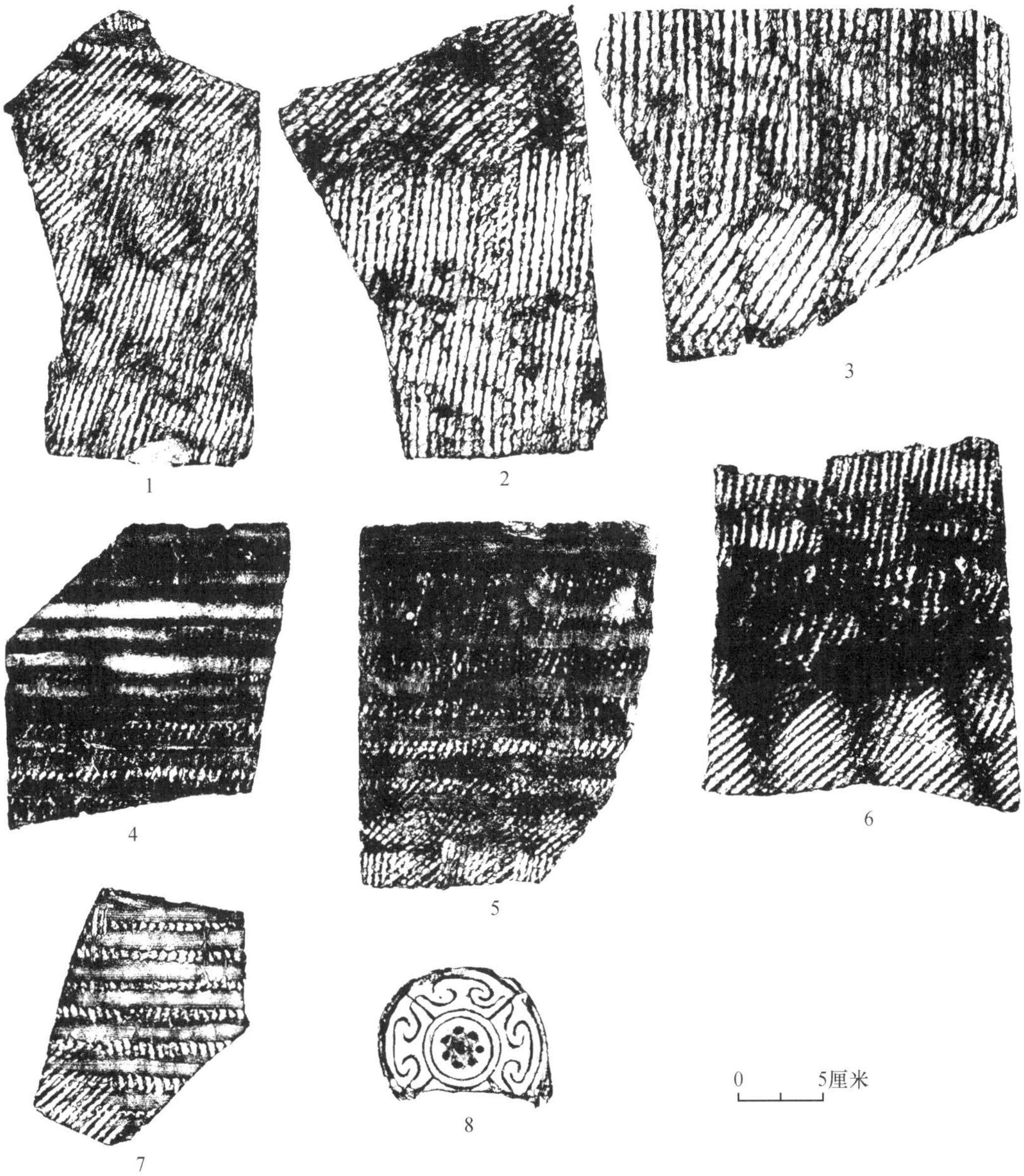

图四六　北南城遗址战汉时期陶板瓦、瓦当纹饰拓片

1～7. 板瓦凸面（BH25）　8. 瓦当（BH17：1）

的单线平分为四个界格，每格内饰一组勾连卷云纹（或称蘑菇形凸线卷云纹）。最外边的廓现存较少，缺失较甚。背面素面。残存最宽处10.8厘米，厚1～2.1厘米（图四五，6；图四六，8；图版二一，4）。

2. 骨器

1件。

骨簪　发饰的一种。BM3：1，断为两截，可复原。整体看类似一枚长钉子，簪头钉帽形，向远端渐细，整体的下部微显弧曲状，簪体的断面为圆形。簪头帽直径0.9厘米，簪体的最大直径0.6厘米，长13厘米（图四五，7；图版二一，2）。

第四节　唐至五代时期遗迹、遗物

一、遗　　迹

本次发现的遗迹有灰坑、水井和墓葬三类，灰坑24个、水井1眼、墓葬2座。

1. 灰坑

灰坑24个。多数集中于发掘区的南部，少数分散于发掘区的北部。全部清理完的灰坑22个，其余2个只做完探方内的部分，压于探方以外的部分未作扩方清理（图三四）。坑内包含物有绳纹砖残块、布纹瓦残片，少量泥质红陶、灰陶及瓷器等生活器物残片。器物的表面以素面较多，纹饰较少。其中有两个灰坑的壁面设置二层台，台面可铺设木板进行封闭或分隔成上、下两部分空间，应该是储藏类窖穴在废弃后才作为灰坑使用的缘由，我们将这些灰坑分成单体型坑、复合型坑两种。灰坑内除出土建筑与生活用具之外，BH8、BH16、BH15、BH6、BH1、BH10还出土有动物骨骼。

（1）单体型坑

22个。灰坑中均出土有不同数量的遗物，以陶器为大宗，其次为瓷器、铜器，余者如骨器、石器极少。按坑口平面形状可分为圆形（A）、椭圆形（B）、长方形（C）和长条形（D）四种。圆形最多，其他较少。绝大部分的坑口、壁、底都比较整齐，只有极个别的形制不甚规整。按坑口平面形状举例，分述如下。

A. 圆形坑

16个。坑口平面呈圆形。如果细分的话，还可分出圆形或接近于圆形。从壁面和底面还可分出三种：一是壁面自上而下向外倾斜呈袋状坑，这一类袋状形灰坑，其形制规整，原应是窖穴，废弃后才作为灰坑使用的，现存深度较浅，原始的口上部应该是在第2层土形成时或于形成之前被破坏掉了；二是壁面为垂直形呈筒状坑，这一类筒状形灰坑，除一个灰坑底部为缓弧形之外，多为平底或近似平底；三是壁面与底部无分界线，呈圜（锅）底形坑。依据出土遗物具有明显的唐代时期特征，如绳纹砖、泥质红陶盆、红和灰陶桥形耳罐、青黄釉瓷碗、开元通宝铜钱等，初步判断这16个灰坑的时代为唐代。

A-1. 壁面自上而下向外倾斜的袋状坑　9个（BH12、BH18、BH9、BH1、BH20、BH11、BH19、BH26、BH21）。现举例介绍如下。

BH12　位于发掘区的南端，BT0201之内。开口于第2层下，向下打破生土。坑的口部小于底部，壁面自上而下向外倾斜，比较浅，底较平。现存坑口直径约2.5米，坑底直径约2.7米，深约0.5米。坑内堆积上下一致，均为灰褐色填土，较疏松，含有大量草木灰及红烧土颗粒（块）。出土少量绳纹砖残块、布纹板瓦残片，泥质红陶碗、盆、罐、瓮，灰陶盆、罐及瓷器等生活器物残片。器物的表面以素面较多，纹饰有斜向绳纹、弦纹、带状菱形纹等。还出土有隋代五铢钱一枚。清理时于坑北边缘处发现两件方向呈东西向并排放置的陶瓮下半部，陶瓮底部接近坑底部，似为原地废弃的，但是在陶瓮底下未发现有明显的踩踏面（图四七，1）。

BH18　位于发掘区的东南部，BT0401、BT0402、BT0301、BT0302的结合部。开口于第2层下，向下打破生土。从断面看坑口沿一边高一边低，坑的底部略大于口部，壁面自上而下向外倾斜度不太大，坑比较浅，平底。现存坑口直径约1.8米，坑底直径约1.9米，深0.55～0.6米（坑口西高东低）。坑内堆积上下一致，均为灰黑色填土，较疏松，含有大量草木灰及红烧土颗粒（块）。出土遗物以绳纹砖残块、布纹板瓦、布纹筒瓦残片为主，并有泥质红陶盆、罐，灰陶盆、瓮及黑釉瓷盏、青黄釉瓷碗等生活器物残片。器物表面以素面为最多，纹饰有弦纹、同心圆纹、绳纹等。另出土有开元通宝铜钱1枚（图四七，2）。

BH9　位于发掘区的中南部东端，BT0403之内。开口于第2层下，向下打破生土。从断面看坑口沿一边高一边低，壁面自上而下向外倾斜，坑略深，平底。现存坑口直径约1.6米，坑底直径约2米，深0.85～0.9米（坑口西高东低）。坑内堆积上下一致，均为灰黑色填土，较疏松，含有大量草木灰及红烧土颗粒（块）。出土遗物有少量绳纹砖残块、布纹板瓦残片，泥质红陶盆、罐，红、灰陶桥形耳罐及青釉瓷碗、罐，还有黑釉、白釉瓷器等生活器物残片。生活器物表面以素面为主，有的饰凹弦纹、凸弦纹、暗弦纹等。另出土有残断骨笄一件（图四七，3；图版二四，1）。

BH1　位于发掘区的南部，BT0203之内。开口于第2层下，向下打破生土。从断面看坑口沿一边高一边低，壁面自上而下向外倾斜度较大，坑略浅，平底。现存坑口直径1.9～2米，坑底直径约2.1米，深0.4～0.6米（坑口西高东低）。坑内堆积上下一致，均为灰黑色填土，较疏松，含有大量草木灰及红烧土颗粒（块）。出土遗物以绳纹砖残块、布纹板瓦残片为主，并有泥质红陶宽折沿盆、肩部有带状菱形纹瓮及黑釉瓷盏残片，泥质灰陶宽折沿盆、篦纹罐、灰陶支钉；另有战汉时期的灰陶器，如器表饰篮纹、三角纹、锯齿纹的盆、罐残片；还有内含薄铁片的铁渣等。生活器物表面以素面较多，其中有两件磨光陶器，另有弦纹、指甲纹等纹饰。出土有极少的动物骨骼残片，可辨识的有羊的牙齿（图四七，4；图版二四，3）。

BH20　位于发掘区的南端，BT0301之内。开口于第2层下，向下打破生土。从断面看坑口较平，壁面自上而下向外倾斜，坑略浅，平底。现存坑口直径2～2.1米，坑底直径2.16～2.28米，深约0.66米。坑内堆积上下一致，均为灰黑色填土，较疏松，含有大量草木灰及红烧土颗

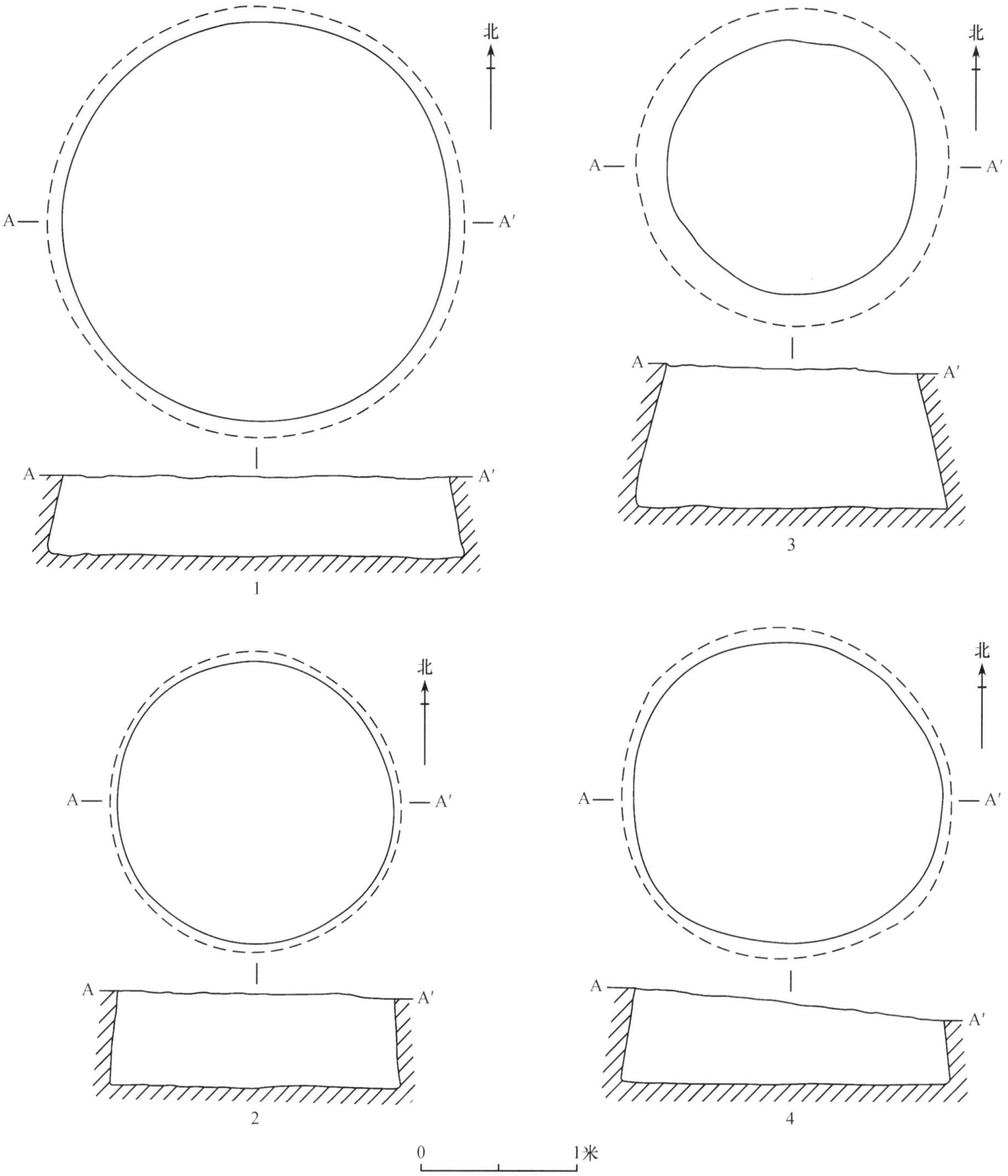

图四七　北南城遗址唐代圆形灰坑平、剖面图

1. BH12　2. BH18　3. BH9　4. BH1

粒（块）。出土遗物有较多的绳纹砖残块、布纹板瓦残片，并有泥质折沿红陶盆、折沿灰陶盆、桥形双系灰陶罐、灰陶瓮、灰陶环及瓷器碎片等。生活器物表面以素面较多，纹饰有弦纹、同心圆带状纹等。其中有一件可复原的泥质绳纹红陶盆，其外壁和盆底有墨书及人物头像（图四八，1）。

BH19　位于发掘区的东南部，BT0402之内。开口于第2层下，向下打破生土。坑口平面近似圆形，从断面看坑口较平，壁面自上而下向外倾斜，坑较浅，平底。坑口直径1.5～1.52米，坑底直径1.6～1.62米，深约0.36米。坑内堆积上下一致，均为灰黑色填土，较疏松，含有大量草木灰及红烧土颗粒（块）。出土遗物有少量的绳纹砖残块、布纹板瓦残片，泥质红陶盆、罐，泥质灰陶高柄浅盘豆、盆等生活器物残片（图四八，2；图版二四，2）。

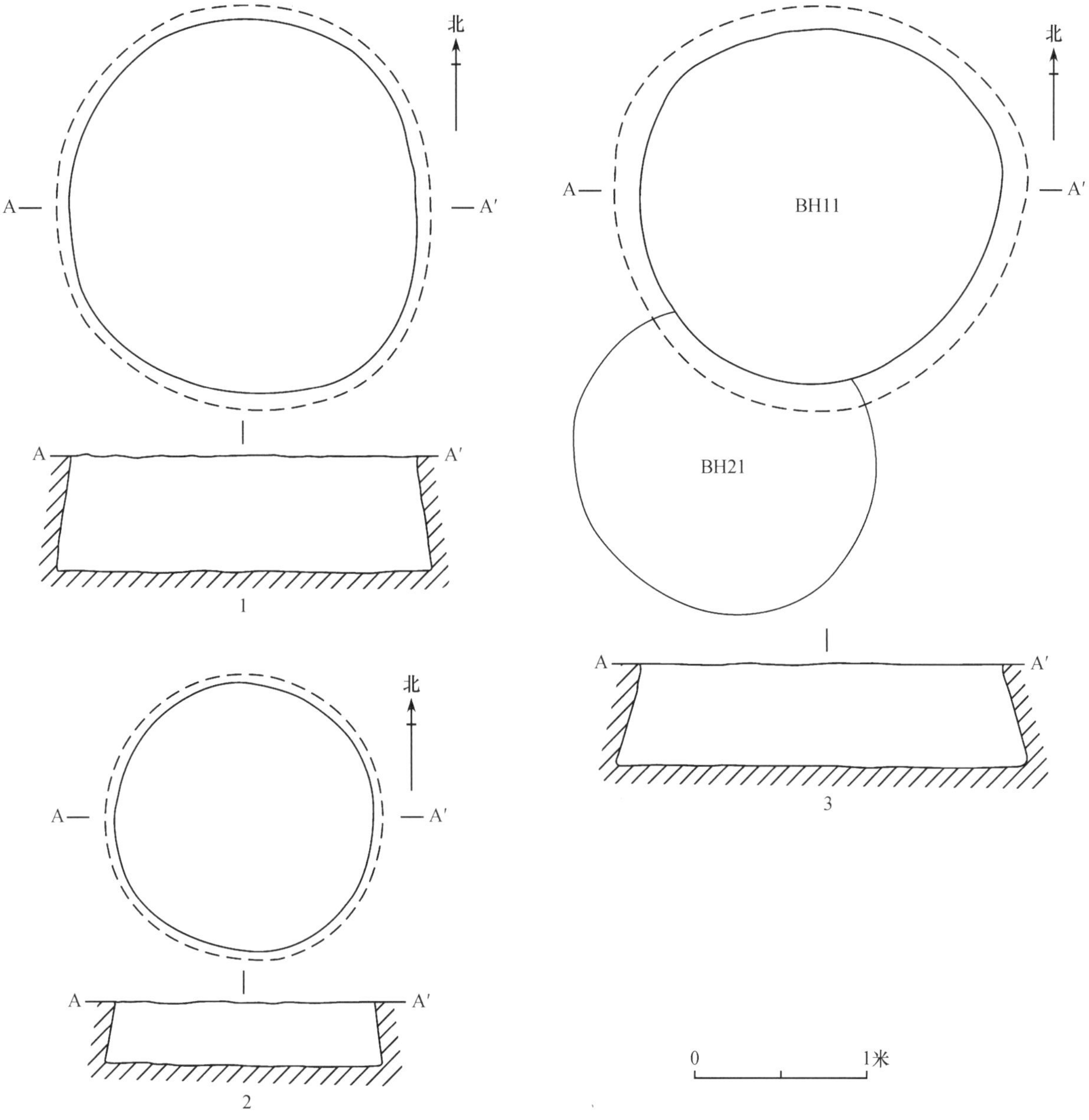

图四八　北南城遗址唐代圆形灰坑平、剖面图

1. BH20　2. BH19　3. BH11

BH11　位于发掘区西南部，BT0101、BT0102、BT0201、BT0202的结合部。开口于第2层下，向下打破BH21及生土。坑口平面近似圆形，从断面看坑口较平，壁面自上而下向外倾斜，坑底较平。现存坑口直径2.02～2.12米，坑底直径2.3～2.4米，深约0.58米。坑内堆积上下一致，均为灰黑色填土，较疏松，含有大量草木灰及红烧土颗粒（块）。出土遗物有较多的绳纹砖残块、布纹板瓦残片，泥质红陶盆、罐、瓮，泥质灰陶盆、罐、盖豆，夹砂灰陶罐及瓷器碎片等生活用具（图四八，3；图版二三，2）。

A-2. 壁面为垂直形呈筒状坑　6个（BH24、BH3、BH7、BH2、BH4、BH13）。现举例介绍如下。

BH24　位于发掘区的中部，BT0205之内，东邻BH26，北部近1/4被BH15打破。开口于第1层下，向下打破生土。从断面看坑口较平，坑较浅，平底。现存坑口直径约1.4米，深约0.24米。坑内堆积上下一致，均为灰黑色填土，较疏松，含有大量草木灰及红烧土颗粒（块）。出土遗物绝大部分为布纹板瓦、筒瓦残片，还有少量绳纹砖残块，生活器具有泥质灰陶盆、罐等残片，其中有一件口沿向外反卷的罐，其肩外壁面现存八周由凹状小三角形组成的带状纹，颈部残存刻划的卧状行书“李□”（第二字为“高”字头，一点一横一口又一残短横）二字，生活器物表面纹饰还有篦纹、同心圆带状纹等。另出土有残断骨簪一件（图四九，1；图版二三，1）。

BH3　位于发掘区的南部，BT0302与BT0303的结合部。开口于第2层下，向下打破生土。从断面看坑口较平，坑较浅，平底。现存坑口直径1.6米，深0.2米。坑内堆积上下一致，均为灰黑色填土，较疏松，含有大量草木灰及红烧土颗粒（块）。出土遗物有绳纹砖、布纹板瓦等建筑构件残块及泥质红陶盆和青釉、黑釉瓷器等生活器物残片（图四九，2）。

BH7　位于发掘区的西南部，BT0101之内，东邻BH8。开口于第2层下，向下打破生土。坑口平面近似圆形，从断面看坑口的北部略高于南部，坑较浅，底略平。现存坑口直径1.46～1.56米，深0.24米。坑内堆积上下一致，均为灰黑色填土，较疏松，含有少量草木灰及红烧土颗粒（块）。出土遗物有极少量绳纹砖残块、布纹板瓦残片，并有交叉状篮纹泥质灰陶盆、外壁墨绘条纹的红陶瓮及瓷器等生活器物残片（图四九，3）。

BH2　位于发掘区的南部，BT0302之内，南部近1/5被一条现代的长3.3米、宽0.45米的长条形坑打破。开口于第2层下，向下打破生土。现存坑壁较直，很浅，缓弧形底。坑口直径1.42～1.5米，底径约1.5米，深约0.15米。坑内堆积上下一致，均为灰褐色填土，较疏松，含有少量草木灰及红烧土颗粒（块）。出土遗物以绳纹砖残块、布纹板瓦残片为主，并有泥质红、灰陶盆、罐以及瓷盆、碗等生活器物残片。生活器物表面以素面最多，绳纹极少（图四九，4）。

A-3. 壁面与底部无分界线呈圜（锅）底形坑　1个（BH14）。

BH14　位于发掘区的中部，BT0204之内。开口于第2层下，向下打破生土。从断面看壁面与底部为一体，坑口在一个平面上，圜状底。现存坑壁（底）以上的原上部，应该是于第2层土形成时或形成之前被破坏掉了，所存的形制较规整。现存坑口直径约1.5米，深约0.3米。坑内堆积上下一致，均为灰黑色填土，较疏松，含有大量草木灰及红烧土颗粒（块）。出土

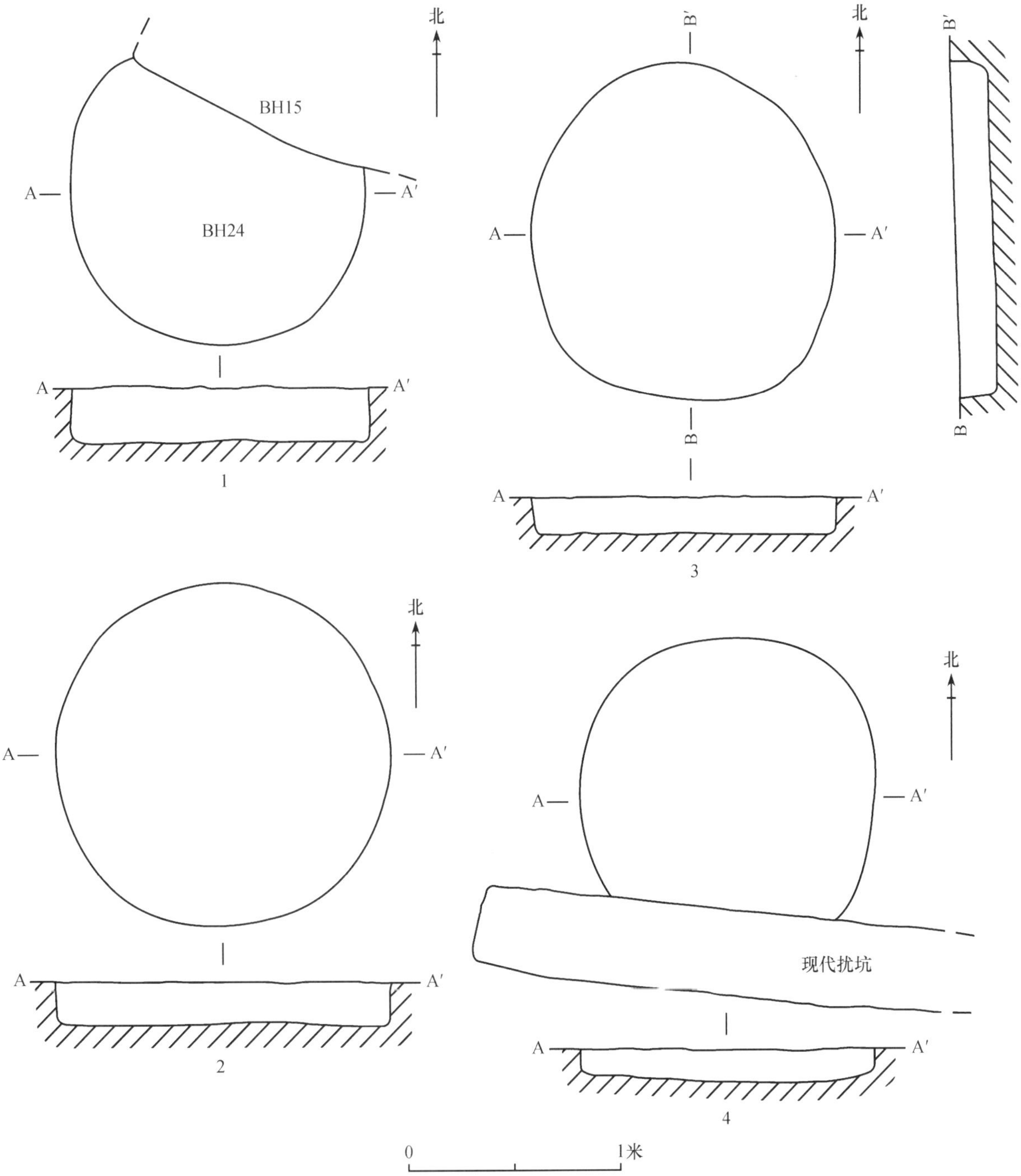

图四九　北南城遗址唐代圆形灰坑平、剖面图

1. BH24　2. BH3　3. BH7　4. BH2

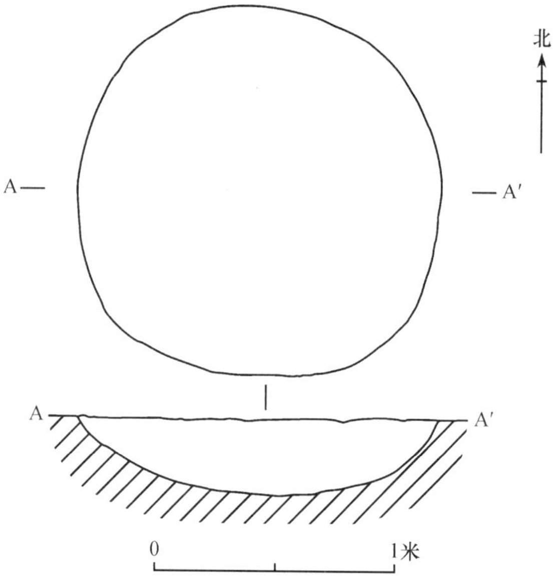

图五〇　北南城遗址唐代圆形灰坑（BH14）平、剖面图

遗物有少量绳纹砖残块、布纹板瓦残片，并有泥质红、灰陶盆、罐等生活器物残片。生活器物表面以素面较多，纹饰有绳纹、方格纹、篦纹等。还出有3枚开元通宝铜钱，1件铜环。该坑现存深度极浅，用途不详（图五〇；图版二四，4）。

B. 椭圆形坑

2个。坑口平面呈椭圆形，平底或近似平底，从壁面看自上而下向外倾斜呈袋状坑（BH5、BH6）。出土遗物有绳纹砖、泥质红陶桥形双系罐、灰陶折沿盆等，具有明显的唐代时期特征，初步判断两个灰坑的时代为唐代。这两个灰坑形制规整，应为一处窖穴，废弃后才作为灰坑使用。现存深度很浅，原上部应该是于第2层土形成时或形成之前被破坏掉了。

BH5　位于发掘区的北部，BT0206、BT0207、BT0306、BT0307的结合部，其东部与BH25、BM1有打破关系。该坑被叠压于第2层下，同时打破BH25、BM1的西壁及生土。平面为椭圆形，从断面看坑口沿一边高一边低，坑的底部大于口部，壁面自上而下向外倾斜度大，坑特别浅，底面同坑口一样，均是西高东低呈斜坡状。现存坑口直径南北约2.26米，东西约2米；坑底直径南北约2.3米，东西约2.2米；深约0.3米。坑内堆积上下一致，均为灰黑色填土，较疏松，含有大量草木灰及红烧土颗粒（块）。出土遗物以大量绳纹砖残块、布纹板瓦残片为主，并有泥质红陶盆、罐、瓮等生活器物残片。其中有的陶器边缘磨损较甚，根据形制、纹饰推测为战国两汉时期遗物，如粗绳纹板瓦、绳纹罐、卷沿及带状纹瓮等（图五一，2；图版二四，5）。

BH6　位于发掘区的南部，BT0201、BT0202、BT0301、BT0302的结合部。该坑被叠压于第2层下，向下打破生土，同时局部被BM2的洞室打破。平面为椭圆形，坑口沿在一条平行面上，坑的底部大于口部，壁面自上而下向外倾斜度大，坑略深，现存坑口直径东西约2.62米，南北约2.3米；坑底直径东西约2.9米，南北约2.6米；深约0.8米。坑内堆积上下一致，均为灰黑色填土，较疏松，含有大量草木灰及红烧土颗粒（块）。出土遗物有绳纹砖、布纹板瓦等建筑构件残片，并有泥质红陶折沿盆、束颈罐，泥质灰陶折沿盆、直领罐等生活器物残片。生活器物表面以素面最多，纹饰有绳纹、菱形纹、篦纹、同心圆纹、弦纹等。出土有较少的动物骨骼残段，可辨识的有羊的肢骨（图五一，1；图版二三，3；图版二四，6）。

C. 长方形坑

3个。坑口平面呈长方形，如果细分的话，还可分出直边长方形（BH16）和弧边长方形（BH22、BH23）。从壁面和底面看，有壁面自上而下向外倾斜呈袋状坑（1个）与壁面为略垂直的筒状坑（2个）之别。出土遗物有绳纹砖、泥质红陶盆、碗、桥形双系罐、泥质灰

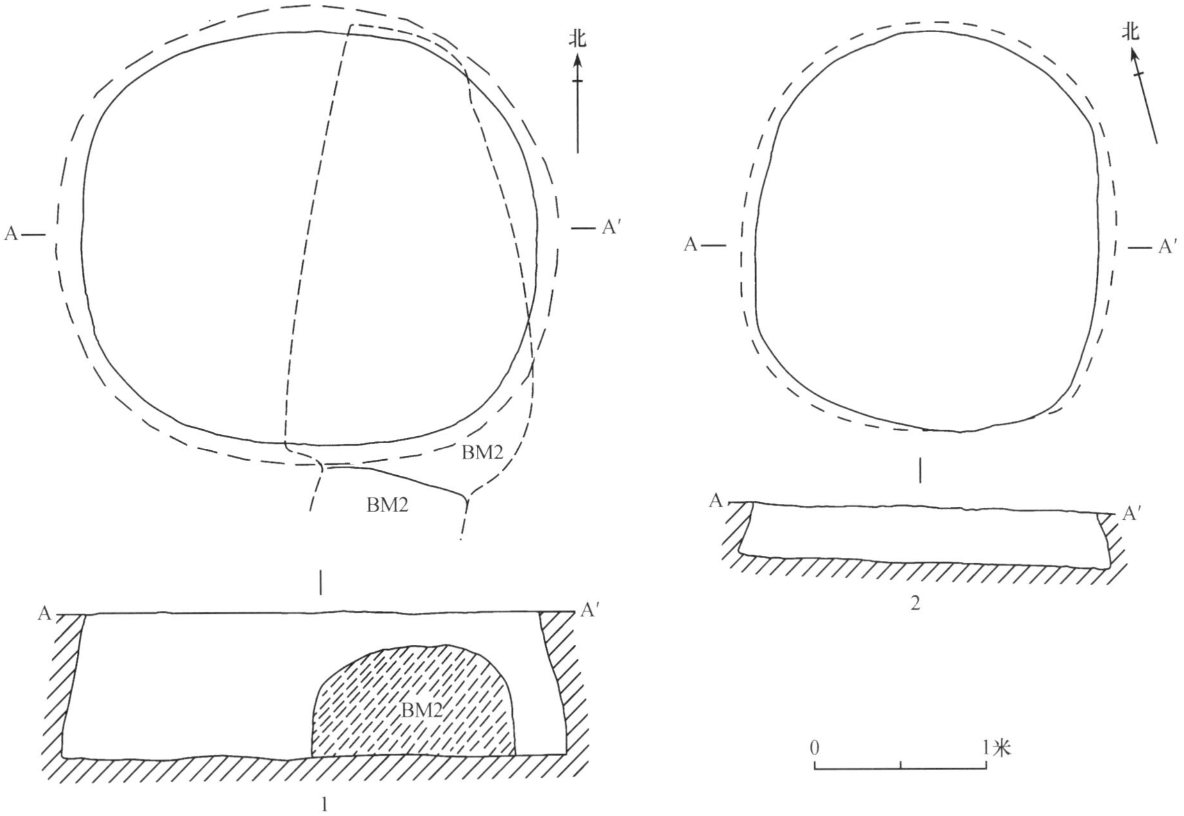

图五一　北南城遗址唐代椭圆形灰坑平、剖面图
1. BH6　2. BH5

陶折沿盆、青瓷钵等，具有明显的唐代时期特征，初步判断三个灰坑的时代为唐代。这组灰坑形制规整，应为窖穴，废弃后才作为灰坑使用。现存深度略浅，BH6的原上部应该是于第2层土形成时或形成之前被破坏掉了。

C-1. 坑口平面呈直边长方形的袋状坑　1个（BH16）。

BH16　位于发掘区的东南角，BT0401之内。开口于第2层下，向下打破生土。坑的形状为口小底大，其中只有北壁垂直，东、南、西三壁面自上而下向外呈倾斜状，底较平。现存坑口东西长2米，南北宽1.2米；坑底东西长2.2米，南北宽1.3米；深约0.95米。坑内堆积上下一致，均为灰黑色填土，较疏松，含有大量草木灰及红烧土颗粒（块）。出土遗物有少量绳纹砖残块、布纹板瓦残片，并有泥质红陶折沿盆、方唇敛口盆、桥形双系罐、直口罐、碗等，泥质灰陶折沿盆、瓶等，还有青釉瓷钵等生活器物残片。生活器物以素面较多，纹饰有戳印纹、弦纹等。出土有较多的动物骨骼残段及残片，可辨识的有牛、羊、猪、狗、鸟类等（图五二，1；图版二三，6）。

C-2. 坑口平面呈弧边长方形的筒状坑　2个（BH22、BH23）。

BH22　位于发掘区偏南部，BT0202之内。开口于第2层下，向下打破生土。坑的北部被现代扰坑打破。现存灰坑的平面呈东西向长方形，弧圆角，缓曲形边。壁略垂直，底较平，底的西部较东部略深。壁与底转角处呈缓转的抹角。现存坑口长2.08～2.2米，残存最宽0.98米，残

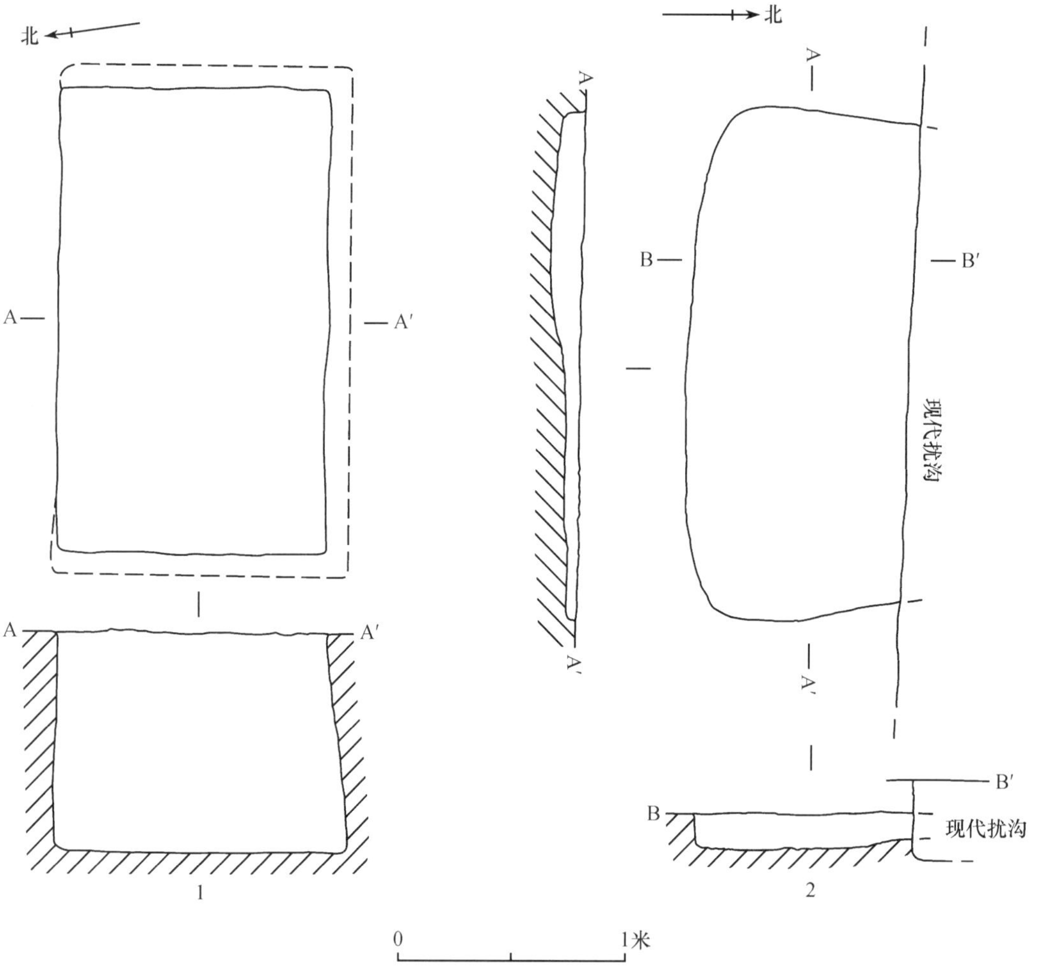

图五二　北南城遗址唐代长方形灰坑平、剖面图
1. BH16　2. BH22

存最深0.16米。坑内堆积上下一致，均为灰黑色填土，较疏松，含有大量草木灰及红烧土颗粒（块）。出土遗物有极少量绳纹砖、布纹板瓦残块，还有泥质红陶盆、瓶、钵，以及白釉瓷器等生活器物残片（图五二，2；图版二三，5）。

BH23　位于发掘区的西南角，BT0102之内。开口于第2层下，向下打破生土。坑的西部一角延伸出探方之外，只清理了探方内的部分，压于探方以外的部分未作扩方清理；坑的东部被BM4的墓道打破。坑的平面呈西北至东南向、两长边为缓弧形的长方形，壁略垂直（上张下收略微倾斜），底较平，壁与底转角处呈缓转的抹角。现存坑口残长约1.8米，宽1.04～1.14米；两长边缓弧形底的上缘残长约1.7米，宽0.9～1米；深约0.4米。坑内堆积上下一致，均为灰黑色填土，较疏松，含有大量草木灰及红烧土颗粒（块）。出土遗物以绳纹砖残块、布纹板瓦、滴水残片为主，并有泥质红陶盆、罐、瓮，泥质灰陶盆、罐、盘以及黄釉瓷碗、青釉、黑釉、白釉瓷器等生活器物残片。生活器物以素面最多，纹饰有弦纹、篦纹、同心圆纹等（图五三，1；图版二三，4）。

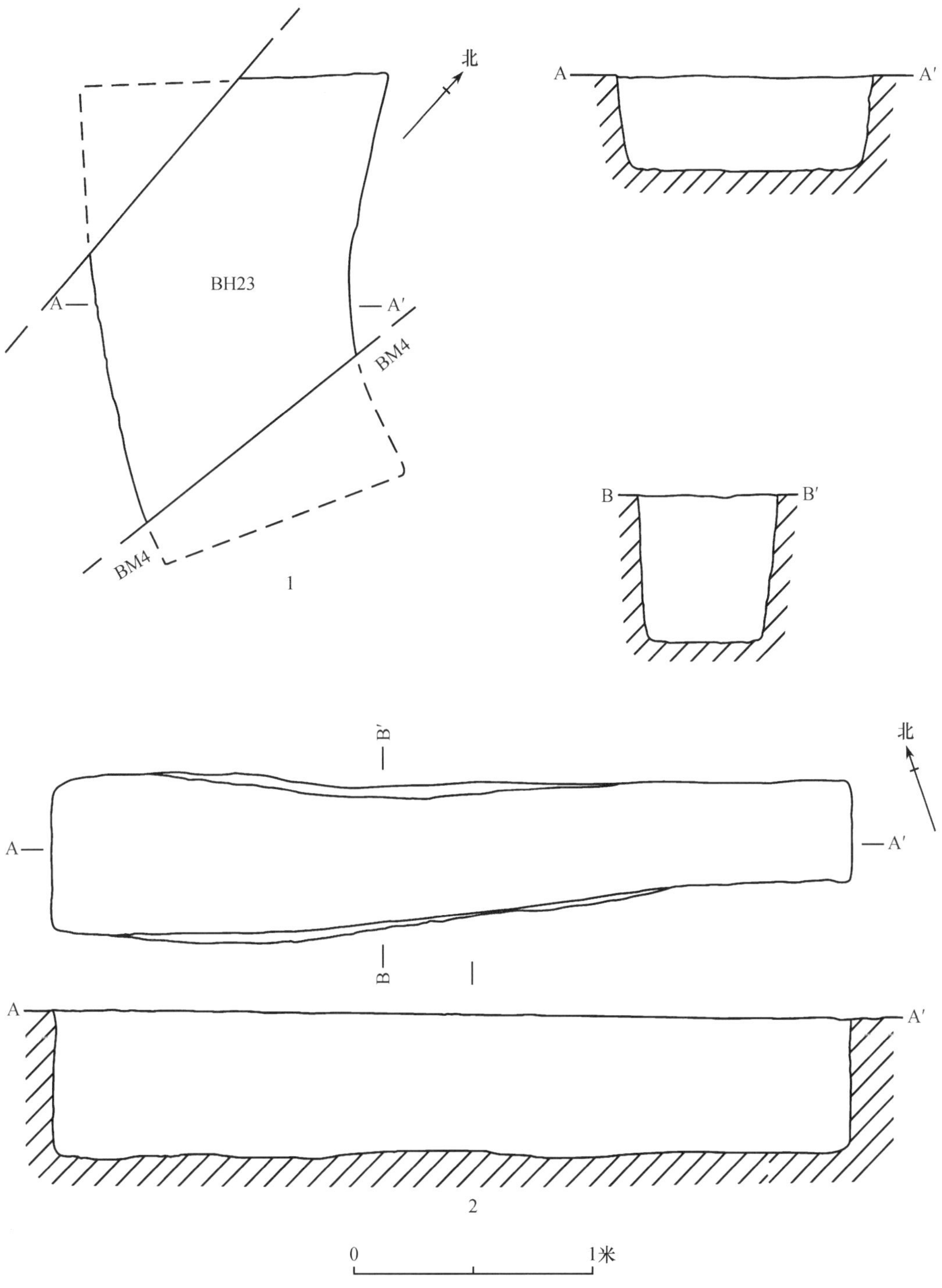

图五三　北南城遗址唐代灰坑平、剖面图

1. 长方形（BH23）　2. 长条形（BH15）

D. 长条形坑

坑口平面呈两长边弧曲、两短边齐整的长条形　1个（BH15）。

BH15　位于发掘区的中部，BT0205之内。呈西北至东南向，开口于第1层下，向下打破西北至东南向排列的BH24、BH26的北部及生土。坑的平面形状为条形，东端窄于西端，坑口沿一边高一边低（东高西低），底较平。壁面为两短边垂直，两长边的中部大部分弧曲、壁面自上而下缓慢变窄，微呈斜壁，不甚规整。现存坑口长约3.4米，东端宽0.4米，西端宽0.6米，中部最宽处约0.68米；坑底长约3.4米，东端宽0.4米，西端宽0.6米，中部宽0.56～0.6米；深0.56～0.6米。坑内堆积上下一致，均为灰黑色填土，较疏松，含有大量草木灰及红烧土颗粒（块）。出土遗物以绳纹砖残块、布纹板瓦残片为主，并有泥质红陶盆、罐，泥质灰陶罐、盆、盏残片（其中有一件泥质灰陶、外挂淡红色衣的研磨盆）及黄釉瓷盘等生活器物。生活器物表面以素面较多，纹饰有同心圆纹、菱形纹、压印纹、绳纹等。另出土残缺的石环1件，并出土有羊的下颌骨等残片。灰坑形制不甚规整，原用途不详，废弃后才作为灰坑使用。现存深度较浅，原上部应该是于第1层土形成时或形成之前被破坏掉了。出土遗物具有明显的唐代时期特征，如绳纹砖、黄釉瓷盘及泥质红陶盆等，初步判断其为一唐代遗迹（图五三，2；图版二三，1）。

（2）复合型坑

2个。在壁面设置二层台，台面可铺设木板进行封闭或分隔成上、下两部分空间，应原是储藏类窖穴，在这类特殊的窖穴废弃之后，又作为灰坑来使用，我们将其暂时称作复合型坑。为了便于叙述，根据其开口平面形状分为椭圆形（A）和近似桃形（B）。出土遗物有绳纹砖、绳纹泥质红陶盆、三彩罐（残片）等，具有明显的唐代时期特征，初步判断两个灰坑的时代为唐代。复合型坑的形制规整，二层台上可铺设木板进行封闭或分隔成上、下两部分空间，应为一储藏类窖穴，废弃后才作为灰坑使用。上部袋状部分现存深度较浅，原上部应该是于第2层土形成时或形成之前被破坏掉了。

A. 椭圆形坑

上部坑的坑口平面呈椭圆形　1个（BH10）。

BH10　位于发掘区中部的东边，BT0405与BT0406之间。该坑被叠压于第2层下，向下打破生土。自上而下由一个平面呈椭圆形、壁面呈筒状坑与一个平面呈长方形、壁面呈竖穴坑互相连接而成。上下连接处由于方圆及大小的不同，在北、东、南三侧形成了一个（抹角）二层台。上部坑的口沿一边高一边低（东高西低），下部坑的底面平整，通深1.9～2.05米。我们发掘时发现二层台上部已崩塌损坏得很严重，形成了缓曲的斜面，从崩塌损坏较轻的壁段仔细分辨仍可看出二层台的位置，应是废弃之后造成的。现存上部筒状坑口直径东西长约2.12米，南北长约1.96米，坑底直径同坑口，深约0.65米；下部长方形竖穴靠向桶状坑西壁，上下共用一个西壁，从仍旧保存的原始坑壁观察，其原来形状应为直壁，平底，由于崩塌，长方形竖穴坑口原尺寸不详，但应与坑底尺寸相同，底部东西长1.9米，南北宽1.59米，深1.4米。

坑内堆积上、下分为明显的两层，上层厚0.7～0.8米，均为灰黑色填土，较疏松，含有大量草木灰及红烧土颗粒（块），主要堆积于坑上部筒状部分和下部竖穴上口处；下层厚

1.1～1.25米，均为绿色沙性黏土，较疏松，含炭屑红烧土杂质很少，其颜色可能是因长期水浸形成的水锈造成，均堆积于坑下部长方形竖穴内。上、下两层堆积中的出土遗物特征一致，甚至有一件红陶盆的残片分别处置于上、下层的堆积之中，应是短时期内堆填形成的。出土遗物有少量绳纹砖残块、布纹板瓦残片，并有泥质红陶盆、泥质灰陶盆、罐、瓮及三彩敛口罐、青釉瓷器残片等生活器物，还有少量动物骨骼残片（图五四；图版二五，6）。

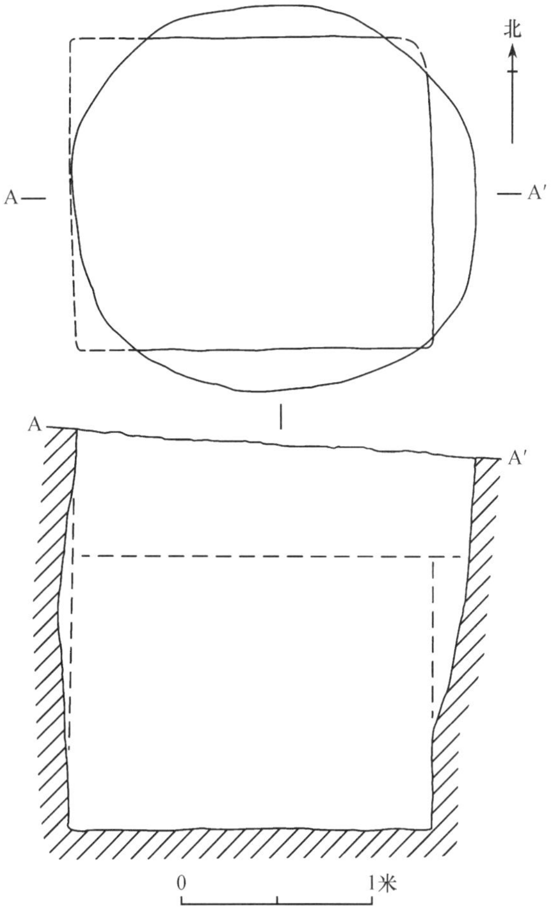

图五四　北南城遗址唐代（复合型）椭圆形灰坑（BH10）平、剖面图

B. 近似桃形坑

上部坑的坑口平面呈近似桃形　1个（BH8）。

BH8　位于发掘区西南角，BT0101与BT0201结合部。该坑被叠压于第2层下，向下打破生土。其结构类同于BH10（同是由上、下两个坑连接而成，所不同的是上为平面呈近似桃形的袋状坑，下为平面呈正方形的竖穴坑）。自上而下由一个平面呈近似桃形、壁面向外斜呈袋状坑与一个平面呈正方形的竖穴坑（略为口大底小状）互相连接而成。上下连接处由于方圆及大小的不同，在北、东、南三侧形成了一个二层台。上部坑的口沿在一个平面上，坑底略平整。形制较规整，通深1.8米。现存上部袋状坑口直径1.66～1.84米，袋状坑底直径1.82～2.04米，深约0.6米；下部正方形竖穴靠向上部袋状坑的西端，上下共用一个西壁，下部的坑壁自上而下稍微向里斜，口部边长1.46米，底部东西长1.42米，南北长1.36米，深1.2米，平底。正方形竖穴坑口有部分的崩塌损坏。

坑内堆积上、下较明显的可分为两层，上层厚0.6～0.7米，均为灰黑色填土，较疏松，含有大量草木灰及红烧土颗粒（块），主要堆积于坑上部袋状部分；下层厚1.1～1.2米，均为偏绿色沙性黏土，较疏松，含炭屑红烧土等杂质很少，其颜色可能是因长期水浸形成的水锈造成，均积于坑的下部方形竖穴内。上、下层堆积中的出土遗物特征一致，没有明显的时代差异，应为短时期内堆填形成。出土遗物有较多的绳纹砖残块、布纹瓦残片，并有泥质红陶盆、罐（其中有桥形双系罐）、瓮，泥质灰陶罐、盆，灰陶塑兽面及青釉瓷碗、黑釉瓷盏等生活器物残片。还出土有较多的动物骨骼残段及残片，可辨识的有牛、狗、羊、猪、鸡等。生活器物表面以素面最多，较少的纹饰限于同心圆宽带纹、菱形纹、压印纹、戳印纹、方格纹、篦纹、莲花纹、绳纹等（图五五；图版二五，1～5）。

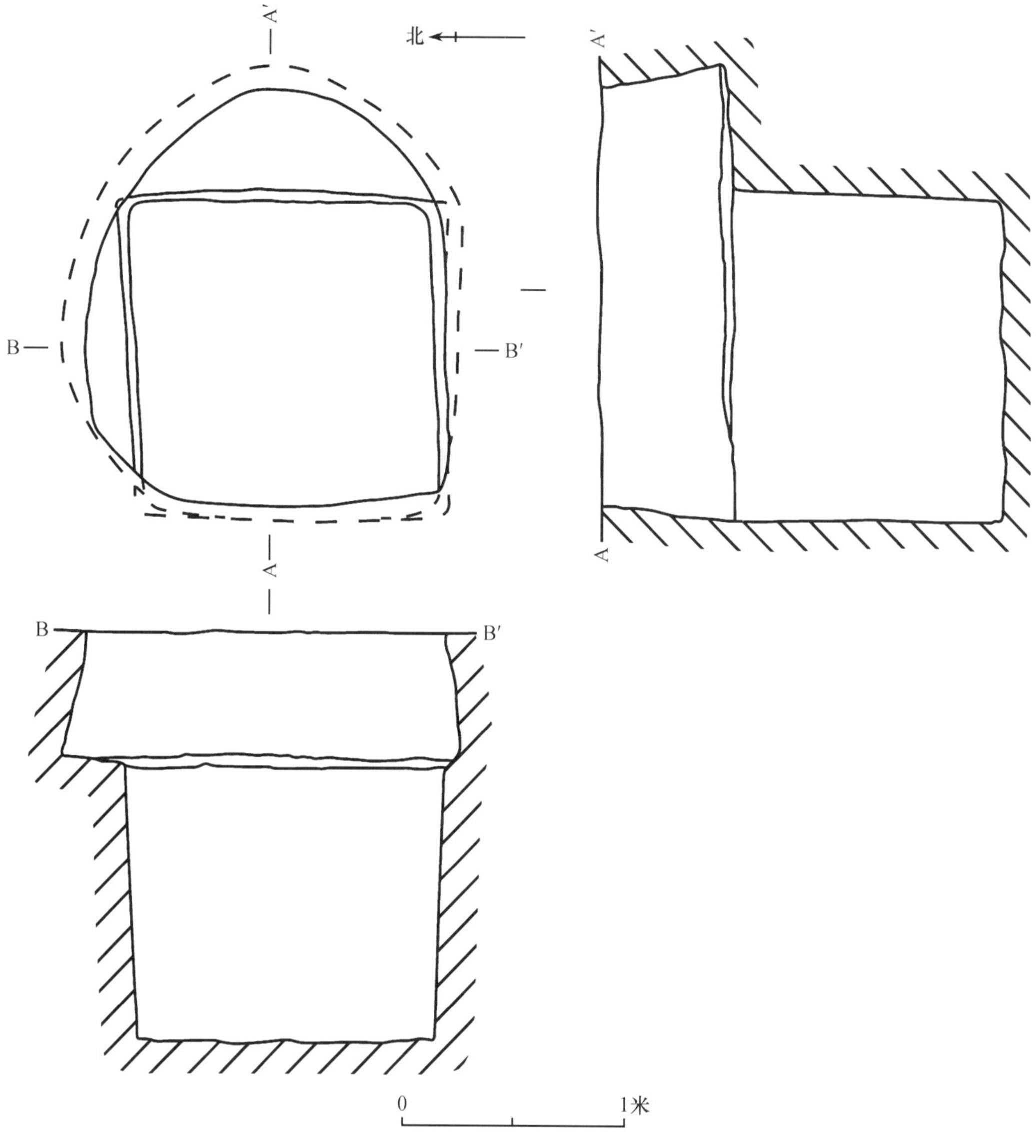

图五五　北南城遗址唐代（复合型）近似桃形灰坑（BH8）平、剖面图

2. 水井

1眼，即BJ1。

BJ1　圆形筒状无砖石砌筑的土井。位于发掘区的北段，BT0307的东部。其南侧约1米为BM1，再渐远的南侧为BH25、东南侧为BH10、西北侧为BH17。BJ1开口于第2层下，向下打破生土。BJ1的口部有不同程度的坍塌，尤其是井壁开口处的西北部崩塌损坏较明显。现存开口直径1.06～1.1米。水井的形制较规整，井壁自口部向下至0.9米处为上大下小略微倾斜，此处的直径为0.9米，再向下则转为直壁。本次仅发掘了1.18米的深度，井底情况不详。经铲探得到的深度约5.6米，在1.18米深度以下均是直壁，直径约0.9米。

BJ1内堆积及包含物可分为3层。

第1层：厚约0.5米，为灰褐色填土，较疏松，含有大量草木灰及红烧土颗粒（块）。出土遗物有少量绳纹砖残块、布纹板瓦残片，并有泥质红陶盆（有带状菱形纹者）、罐，泥质灰陶瓮（网格纹）、折沿盆（有的为战国两汉时期造型）等生活器物残片。还出土有极少的动物骨骼残段及残片，可辨识的有羊的脚骨。

第2层：厚约3米，为黄褐色黏土，较疏松，含极少量炭屑及红烧土颗粒，较纯净，不含任何遗物。

第3层：厚约2.1米，为红褐色纯沙，非常松软细腻，极为纯净，不含任何遗物，应为经年久沉积的井底淤沙。

根据BJ1的形状、深度及井内堆积，可确定其为一水井无误。依据附近灰坑、墓葬的开口、年代及其遗物分析，BJ1的原上口部应该是于第2层土形成时或形成之前被破坏掉了，废弃之后由于雨水冲积的沙土、人为填塞的垃圾才被逐渐掩埋于地下。BJ1出土的最晚遗物具有明显的唐代时期特征，如绳纹砖、泥质红陶盆等，初步判断BJ1的时代为唐代（图五六）。

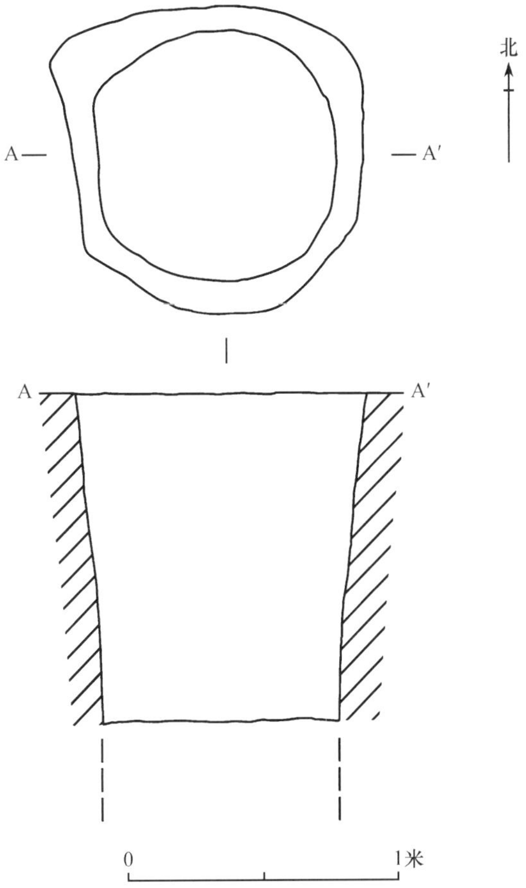

图五六　北南城遗址唐代水井（BJ1）平、剖面图

3. 墓葬

2座。位于北南城遗址发掘区的南部，自东向西编号为BM2、BM4，两墓间距约7.5米，墓葬形制均为竖穴墓道洞室墓。由于地形地貌的变迁，墓葬的原开口层位不详，现存墓道开口于第2层下，打破生土。人骨、随葬品保存基本完好。

BM2　位于BT0201、BT0202、BT0301、BT0302四个探方中间的交会处。现存墓道开口于第2层下，距地表0.4米，向下打破生土。墓葬形制由墓道、洞室两部分组成，墓的方向195°。

墓道为南向，位于洞室南侧，呈长方形土坑竖穴式，壁面略直，南壁上部略向内倾斜，底部呈南浅北深的斜坡状，口长1.78米，宽0.9米，深0.3～0.8米。墓道北壁的下部掏挖洞口，洞口两侧壁略微垂直或有弧曲，门楣呈弧形，高0.6米，宽0.9米。洞口向北开设洞室。墓道北壁的洞口上端再向上至墓道口只有20厘米，在当时距地表向下20厘米横向掏挖洞室是不符合逻辑的，由此推断，由于地表土被人为挖取或雨水冲刷，现存墓道口要远低于原墓道开口。

洞室平面呈不规则长方形，南北为纵向长，东西为横向宽。长与宽的交角处弧曲。洞顶呈缓平抹角，大部分坍塌，四壁面上大下小略微弯曲。洞室底面较平。洞室由南向北进深2.44米，南部横向宽1.3米，北端横向宽0.74米，南部最高处0.62米，北端最低处不足0.5米。

洞室内葬具腐朽严重，印痕不清。人骨架一具，仰身直肢，头向南，面向上扭向东侧，骨骼腐朽较轻。根据头骨、牙齿、盆骨判断，墓主为一男性，年龄20～25岁。

随葬品在墓室的东南角，东西并列放置2件瓷器和1件陶器。其中1件瓷盘口向上放置在1件瓷碗中，均为白釉。盘保存完好，编号为BM2：1；碗的口沿略残，腹部有一竖向裂纹，编号为BM2：2。瓷器东侧放置1件口向西倾倒的泥质灰陶双系罐，一耳残缺，上腹部裂开三处，可复原，编号为BM2：3。在墓主的口中含1枚开元通宝铜钱，残，编号为BM2：4。

根据墓葬形制及出土遗物判断，BM2的时代为唐代末至五代时期（图五七；图版二二，1）。

BM4　位于BT0101与BT0102之内。现存墓道开口于第2层下，距地表0.25米，向下打破BH23、生土。墓葬形制由墓道、洞室两部分组成，墓的方向192°。

墓道为南向，位于洞室南侧，呈长方形土坑竖穴式，东、西两壁垂直，南壁为斜壁，底部呈南浅北深的斜坡状，口长2.06米，宽0.8米，底部长1.8米，深0.8～1.2米。墓道北壁的下部掏挖洞口，洞口两侧壁较垂直，门楣呈拱形顶，高0.9米，宽0.8米。本次发掘时洞室口用一块长0.96米、宽0.8米的石板封堵，石板的东、西两侧用残砖封堵。洞口向北开设洞室。墓道北壁的洞口上端再向上至墓道口只有30厘米，在当时距地表向下30厘米横向掏挖洞室是不符合逻辑的，由此推断，同BM2一样，原墓道开口一定比现存墓道口高出数倍。

洞室南高北矮，顶部为拱形，保存较好，平面呈圆角长方形。壁面垂直，东壁稍微有点弧。底面较平，平面呈不规则抹角长条形，底的南部略宽，北部略窄，墓底与墓壁边界微弧曲。洞室由南向北进深2.54米，南部横向宽1.26米，北端横向宽0.8米，洞顶南端高0.9米，北端高0.5米。

洞室内葬具腐朽严重，印痕不清晰。人骨架一具，仰身直肢，头向南，面部扭向西侧，骨骼腐朽较严重。根据头骨、牙齿、盆骨判断，墓主为一男性，年龄约50岁。

随葬品在洞室的西南部，南北并列放置1件陶器和2件瓷器。其中1件泥质灰陶罐口向东北

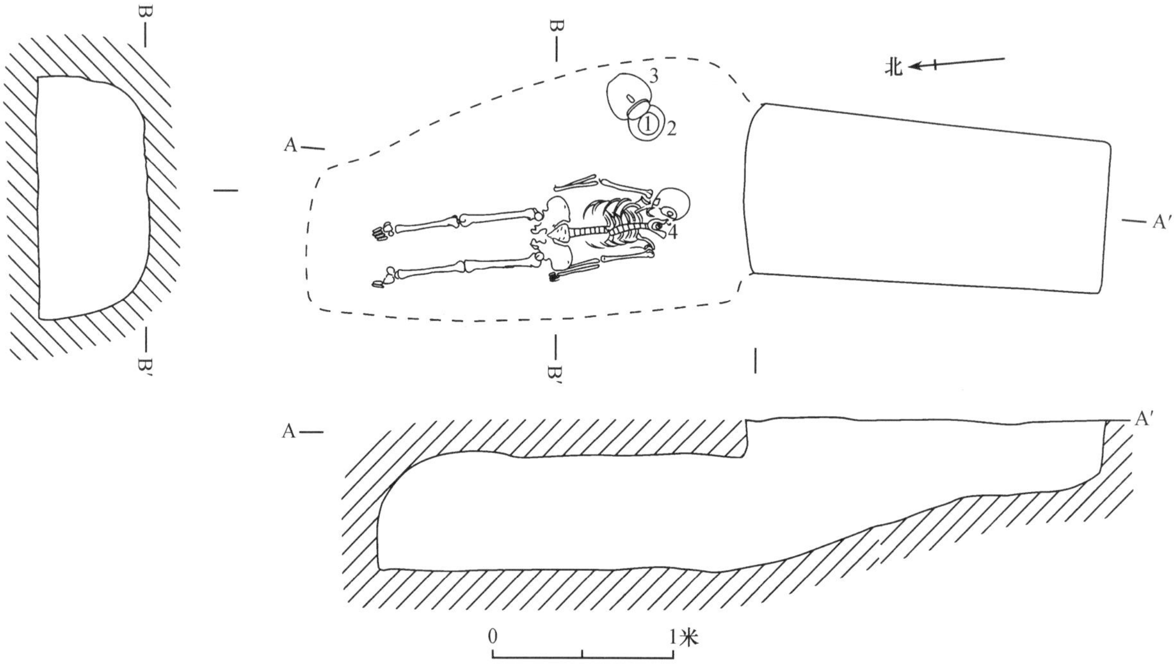

图五七　BM2平、剖面图

1. 瓷盘（BM2：1）　2. 瓷碗（BM2：2）　3. 陶罐（BM2：3）　4. 开元通宝铜钱（BM2：4）

倾倒，口沿、肩部有裂缝或微残，编号为BM4：2。在陶罐的中部叠压1件口向上的白釉瓷盘，口部有一裂缝，编号为BM4：4。在陶罐的北侧放置1件口向东倾倒的白釉瓷碗，口沿一处微残，编号为BM4：1。在接近墓主头顶骨处东西向放置残铁簪3段，编号为BM4：3。

根据墓葬的形制、出土遗物之造型判断，BM4的时代为唐代晚期（图五八；图版二二，2）。

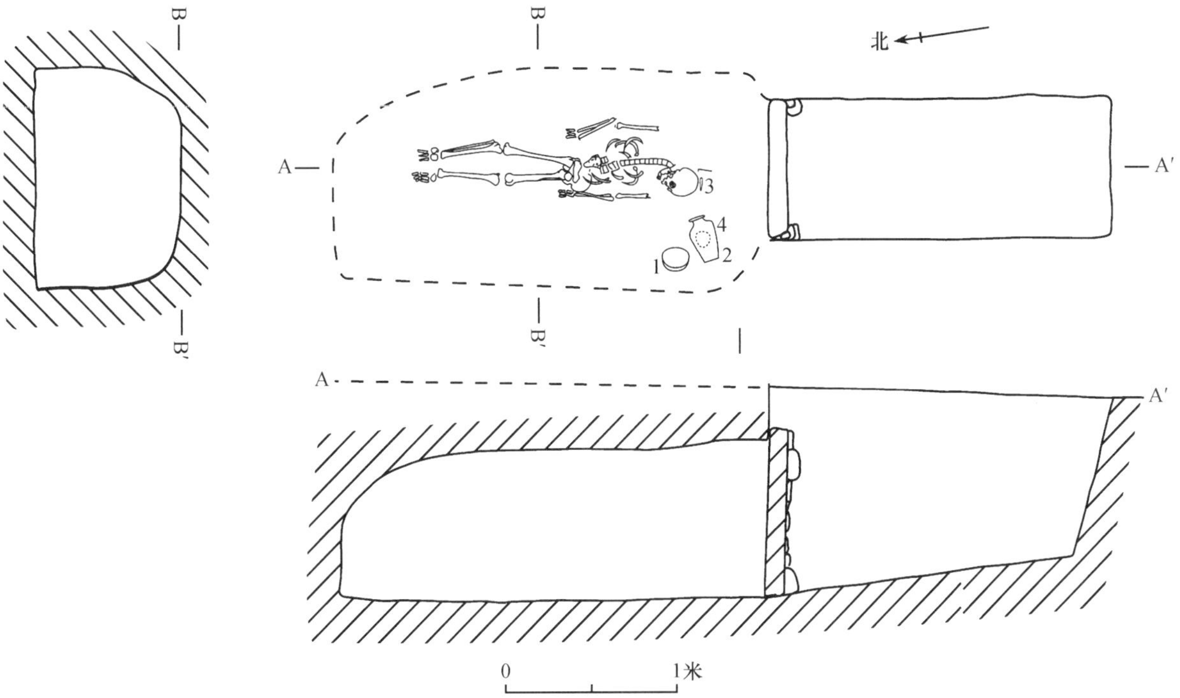

图五八　BM4平、剖面图

1. 瓷碗（BM4：1）　2. 陶罐（BM4：2）　3. 铁簪（BM4：3）　4. 瓷盘（BM4：4）

二、遗　　物

共计100件。出土遗物主要包括墓内随葬（2座墓内随葬品有陶器2件、瓷器4件、铜器1件、铁器3段）及灰坑、水井、发掘探方内地层的出土器物。出土的陶器为大宗，其次为瓷器、铜器，余者如石器、骨器、铁器等极少。现按照质地分别叙述如下。

1. 陶器

70件。以生活用具居多，建筑构件及其他类别较少。陶质大部分为泥质陶，夹砂陶极少，夹砂仅限于极个别的瓮、罐。陶色以红陶、灰陶为主，红陶略胜于灰陶。多采用轮制，模制、手工极少。器表以素面较多，纹饰较少。建筑构件表面的装饰主要有绳纹、布纹；生活用具表面的装饰以素面居多，装饰花纹较少且杂碎，纹饰有绳纹、菱形纹、轮旋弦纹、刻划纹、附加堆纹、戳印纹、方格纹、篦纹、莲花纹、环形带状纹、同心圆宽带纹等（图五九、图六〇）。其中表现在盆、罐、瓮外表的绳纹多为拍打形成，呈片状或圆形及椭圆形的短线绳纹，为倾斜向，由于绳纹拍打在稍深之处，再次修整器壁时造成大部分绳纹被抹去或不太明显，也有的被

图五九　北南城遗址唐代陶罐纹饰拓片

1～4. 肩、上腹部（BH8、BH1、BH10、BH24：01）　5～10. 肩部（BH1、BH20：5-3、BH5、BH20、BH5、BJ1）

11、12. 上腹部（BH1、BH6）

抹压形成弦断绳纹的复合纹饰。器形主要有碗、盂、盏、瓶、盆、罐、瓮、支钉、环、兽面、板瓦、筒瓦、滴水等。

碗　2件。轮制，形体较小。泥质红陶。BH8：02，存口部残片，不能复原。敞口，圆唇，腹壁微显缓曲。口径14.6厘米，残高3.6厘米（图六一，1）。BH16：06，存底部残片，不能复原。所存腹壁的下部呈自上而下向内斜收，实圈足，外底中心微向上缓凹。内底面有篦纹划痕，由于存量太少，无法知其原有图形。底径6.6厘米，残高2厘米（图六一，2）。

盂　1件。BH22：1，轮制，泥质红陶。形体近似半圆形。残缺，可复原。敛口，方唇，外底面平、较小，内底面平、呈小凹坑。胎质细腻，色泽较红，外壁略白，类似穿着一件淡红色的外衣。口径20厘米，高9厘米（图六一，3）。

盏　1件。BH15：3，手工制作，泥质灰陶。形体较小，形体近似钵。残缺，可复原。敛

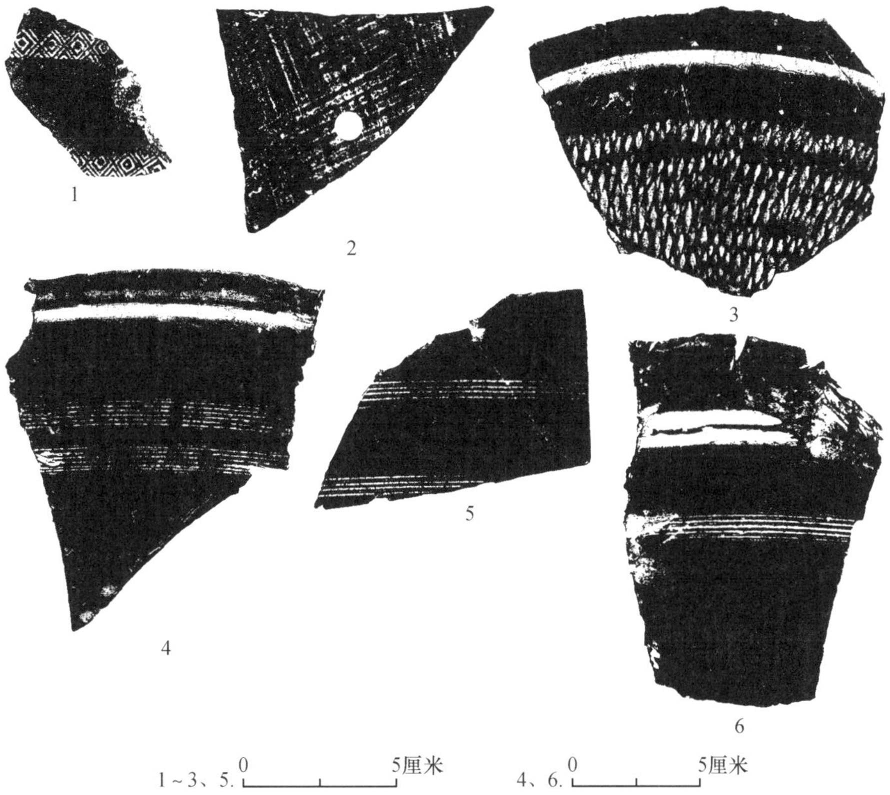

图六〇　北南城遗址唐代陶器纹饰拓片

1. 红陶瓮外壁（BJ1）　2. 灰陶盆外底（BH5）　3. 灰陶研磨盆内壁（BH15：01）　4、6. 红陶盆口沿与内壁（BH10：01、BH1）　5. 红陶盆内壁（BH6）

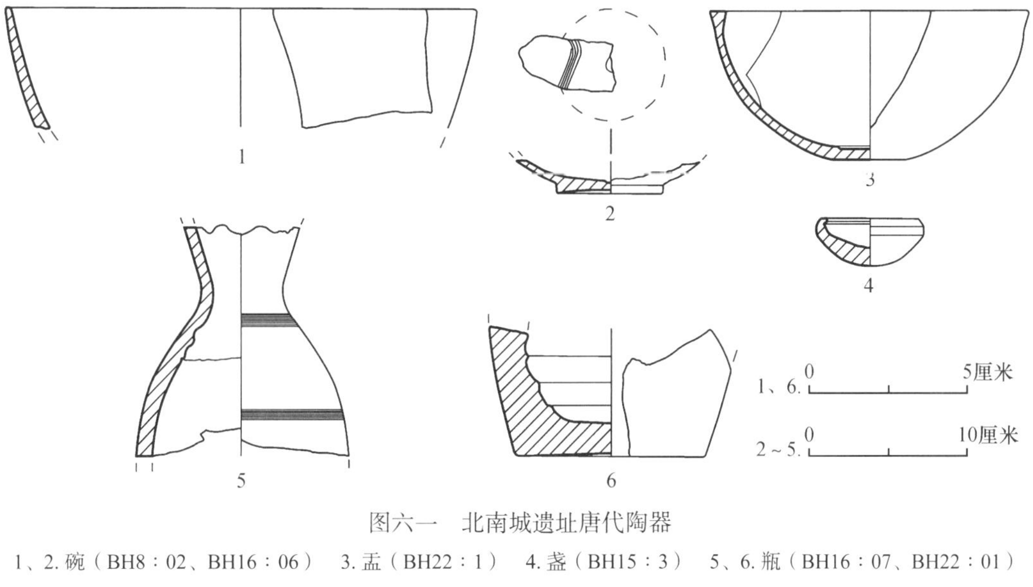

图六一　北南城遗址唐代陶器

1、2. 碗（BH8：02、BH16：06）　3. 盂（BH22：1）　4. 盏（BH15：3）　5、6. 瓶（BH16：07、BH22：01）

口，厚壁，外腹壁略微显缓折，圜底。内外皆显手指痕。口径6.2厘米，最大腹径6.8厘米，高2.9厘米（图六一，4）。

瓶　2件。两件的胎色、体积大小均各异，一件存颈与肩部，另一件存腹下部以下，皆不能复原。BH16：07，泥质灰陶。仅存颈与肩部残片，不能复原。长颈微束，口部已失，从残存的形状看，应是大敞口或喇叭形口。圆弧形肩。从残存腹部的形状看，应是瘦长腹。肩部的上、下各饰一组（每组6～8条）轮旋细凹弦纹。颈内壁有一周明显的胎体衔接痕迹，由此可知，瓶的坯体是分为两次制作之后再次衔接而成的。颈外径5.8厘米，现存最大腹径13.6厘米，残高13.8厘米（图六一，5）。BH22：01，泥质红陶。个体较小。存腹下部以下残段，不能复原。腹下部向内略收，平底，底中心稍微向上缓凹。腹内壁有轮旋凹凸纹。现存最大腹径7.6厘米，底径6厘米，残高4厘米（图六一，6）。

盆　22件。有泥质灰陶与泥质红陶之分。能复原者极少，多为残碎片。为了便于叙述，将其分成外折沿盆和钵形盆两大类。各类盆再单独划分型式。

外折沿盆　19件。这类盆的特点均是外折沿。依据其外折沿、口及腹的细部不同，分为三型。

A型　14件。敞口，沿外折。分为六式。

Ⅰ式：2件。向外平折沿，沿面较平，深腹。BH8：04-2，泥质红陶。存上腹部以上残片，不能复原。口沿外唇呈现上凸下垂，口内向外折处有一周向内的棱，唇外端有一周向外的棱。腹壁自上而下略向内斜曲。腹外壁饰不太明显的绳纹。口径约68.8厘米，残高11.6厘米（图六二，1）。BH8：04-1，泥质红陶。存下腹部以下残段，不能复原。腹壁自上而下略向内斜收，平底，近似圆形，底中心微向上凹。腹外壁饰斜向短绳纹。底径25厘米，残高13.4厘米（图六二，2）。

Ⅱ式：3件。向外平折沿，沿面稍弧，浅腹。口沿外唇呈现上凸下垂，口内向外折处有一周向内的棱，腹壁自上而下略向内斜曲。均存上腹部以上残片，不能复原。BH6：01，泥质红陶。腹外壁饰不太明显的绳纹，外部加施白衣。残破边缘有进行修复的对称穿孔。口径48厘米，残高11.1厘米（图六二，3）。BH26：01，泥质灰陶。唇外端有一周向外的棱。口径约49厘米，残高7.8厘米（图六二，4）。BH16：02，泥质红陶，胎内含有白色颗粒。腹外壁施白衣。口径39.8厘米，残高10.4厘米（图六二，5）。

Ⅲ式：2件。泥质红陶。向外斜折沿，沿面外高内低，沿面有两周缓凹纹（两周缓凹纹之间形成一周凸棱纹），口沿近似肿唇，口内向外折处有一周向内的棱，腹壁自上而下向内斜收，浅腹，平底，底中心微向上凹。腹外壁饰斜向短绳纹。BH20：1，约存整体的1/2，能复原。残破边缘有进行修复的对称穿孔。外壁和盆底有墨书及线条墨绘人物头像。外壁四字，自左至右读两行，“白青□（铃、玲）记”，盆外底中部绘画一八分侧面、戴小圆帽的男子头像，头像周边有字，除一个“此”字能看清之外，余皆脱落较严重，其中约有七个字仅存部分笔画，不知为何字。口径约60厘米，底径29.2厘米，高16.8厘米（图六二，6）。BH20：03，存口部残片，不能复原。腹内壁近口部有一组（2～4条）轮旋细凹弦纹。口径约69.6厘米，残高6.8厘米（图六二，7）。

Ⅳ式：3件。泥质红陶。向外平行缓折沿（口沿向外折处略呈缓弧），沿面外高内低，沿面有一周断面呈三角形凸棱纹，口沿近似肿唇，腹壁自上而下向内斜收，腹部略深于Ⅲ式，平底，底中心微向上凹。腹外壁饰绳纹。BH10：2，底部残缺，不能复原。腹内壁近口部有一组（6～7条）轮旋细凹弦纹，腹外壁口沿下有多条不太明显的轮旋细弦纹。口径约76厘米，底径42厘米，残高25.6厘米（图六二，8）。BH5：1，约存整体的1/2，可复原。腹外壁略显轮旋式凹凸不平。腹壁与腹底结合处有一0.4厘米的圆形穿孔，应是作为排水之用。口径51厘米，底径27.3厘米，残高15.6厘米（图六二，9；图版二六，1）。BH8：03，存上腹部以上残片，不能复原。胎体略厚，胎的红色较浓重。口径51厘米，残高11.1厘米（图六二，10）。

Ⅴ式：3件。向外略平行缓折沿（口沿向外折处略呈缓弧），沿面外端再呈上凸下垂，腹壁自上而下向内斜收，浅腹，平底，底中心微向上缓凹。腹外壁饰绳纹。BH8：010，泥质红陶。存上腹部以上残片，不能复原。口径80厘米，残高13.8厘米（图六二，11）。BH10：1，泥质灰陶。约存整体的1/3，可复原。内底微显高低不平。口径约48.6厘米，底径24厘米，残高16.2厘米（图六二，12；图版二六，3）。BH26：02，泥质灰陶。存腹部近底部之处与底部的

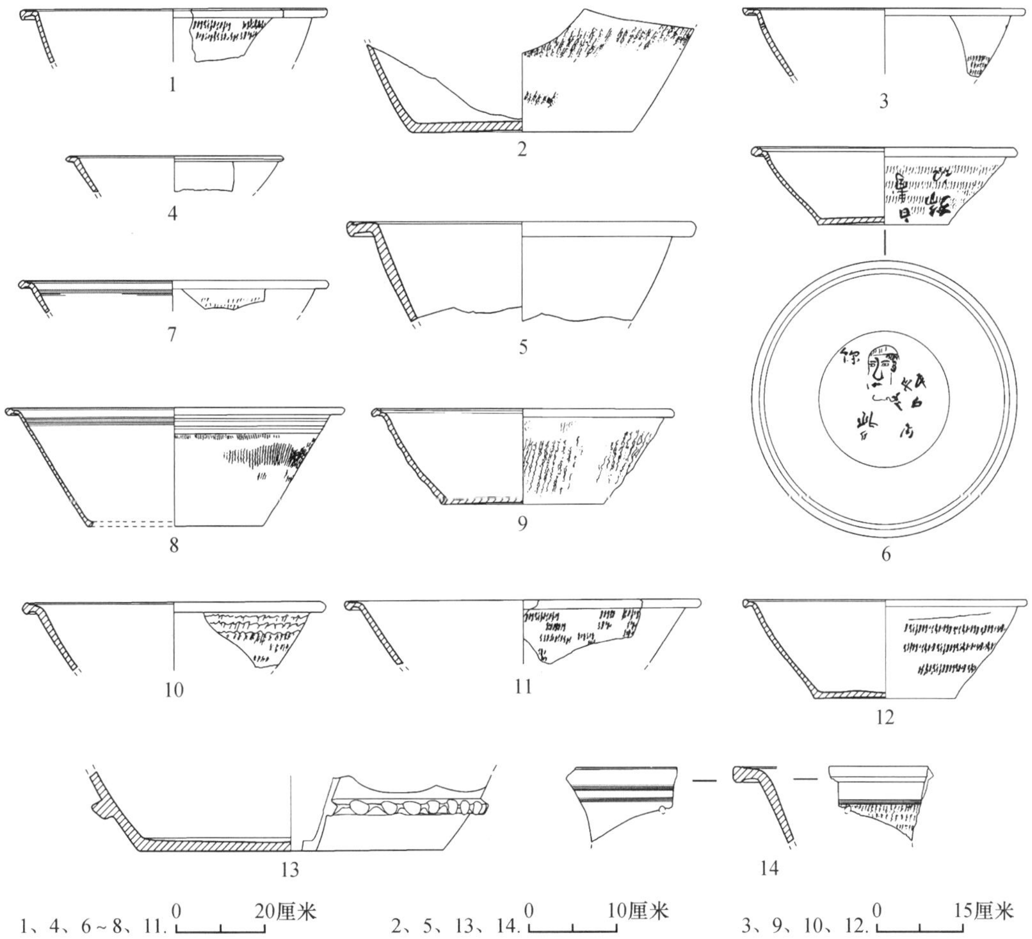

图六二　北南城遗址唐代A型外折沿陶盆

1、2. Ⅰ式（BH8：04-2、BH8：04-1）　3～5. Ⅱ式（BH6：01、BH26：01、BH16：02）　6、7. Ⅲ式（BH20：1、BH20：03）　8～10. Ⅳ式（BH10：2、BH5：1、BH8：03）　11～13. Ⅴ式（BH8：010、BH10：1、BH26：02）　14. Ⅵ式（BH10：01）

残块，不能复原。腹壁自上而下弧曲向内收，平底。腹外壁饰一周呈条状、其上有用手指连续按压的凹坑式附加堆纹。底径34.6厘米，残高8.2厘米（图六二，13）。

Ⅵ式：1件。向外略平行缓折沿（口沿向外折处内呈弧形），沿面外端呈方唇并上下凸，腹壁自上而下向内斜收。BH10：01，泥质红陶，红色较浓重。腹内壁有两组（每组6条）轮旋细凹弦纹，腹外壁口沿下有三条不太明显的轮旋细弦纹，其下饰绳纹。存口部残片，不能复原。有摔坏之后进行修复的穿孔一处。残存宽12厘米，残存高8.2厘米（图六二，14）。

B型　2件。向外缓状宽折沿，沿面呈弧形，口内向外折处有一周向内的凸棱，形成口部微敛，颈微束，深腹，底部略小。依据口唇与束颈之别，分为二式。

Ⅰ式：1件。口唇与束颈均有轮旋棱线。BH16：01，泥质灰陶。存腹部以上残片，不能复原。口沿面近外端处有一周缓凹槽，唇端两周轮旋细凹弦纹。腹壁弧曲，腹外壁有四周凹弦纹。残破边缘有进行修复的对称穿孔。沿面有长期使用的磨光痕。口径33.8厘米，残高16.2厘米（图六三，1）。

Ⅱ式：1件。口唇与束颈均较圆滑。BH6：05，泥质灰陶。存口部残片，不能复原。个体较小。向外缓状宽折沿的外端再向上折，上腹部略显向外鼓。口径约27.2厘米，残高4.2厘米（图六三，2）。

C型　3件。直口，向外平折沿，沿外端再向上折，腹壁弧曲。依据圆唇与方唇之别，分为二式。

Ⅰ式：2件。圆唇。BH20：01，泥质灰陶。存口部及上腹部残段，不能复原。腹部自上而下弧曲向内收。口径43.2厘米，残高9.6厘米（图六三，3）。BH15：01，泥质灰陶，外挂淡红色衣。存腹部以上残片，不能复原。腹外壁有不太明显的轮旋式瓦垄状，腹内壁布满大米粒形坑状点。口径约24.6厘米，残高6.6厘米（图六三，4）。这一类盆的内壁布满凹凸坑点状，是为研磨之用，如用于粮食谷类、颗粒食盐、茶叶粉碎等的研磨。

Ⅱ式：1件。方唇。BH20：02，泥质灰陶。存上腹部以上残片，能复原。口沿面缓弧，腹壁呈弧形。口径23.6厘米，残高5.1厘米（图六三，5）。

钵形盆　3件。形状近似钵。依据口沿不同，分为三型。

A型　1件。直口。BH1：01，泥质灰陶。存口部、下腹部连接底部的残片，能复原。直口，圆唇，浅腹，腹部自上而下弧曲向内收，平底，下腹与底连接处缓折。口径28厘米，底径20厘米，残高约8厘米（图六三，6）。

B型　1件。微敛口。BH16：05，泥质红陶。存口部残片，不能复原。敛口，方唇，从断面看自唇部向下由厚渐薄并弧曲向内略收，腹外壁唇下有一周缓凹纹，缓凹纹再往下有一周轮旋所致的台阶状。制作细腻，胎色红而较浓重。口径24.6厘米，残高4.8厘米（图六三，7）。

C型　1件。敛口较甚。BH26：03，泥质红陶。现存腹中部以上残片，不能复原。敛口，方唇，腹上部向外鼓，腹外壁唇下有三周台阶状缓凹纹。制作细腻，胎色红而较浓重。口径15.6厘米，腹部最大直径16.2厘米，残高5.3厘米（图六三，8）。

罐　22件。罐在出土物的数量中占的比例比较大，陶质多为泥质陶，夹砂陶仅有数件；陶色为红陶略多于灰陶。除出土于墓葬的2件灰陶罐较完整之外，凡是出土于探方、灰坑等处的

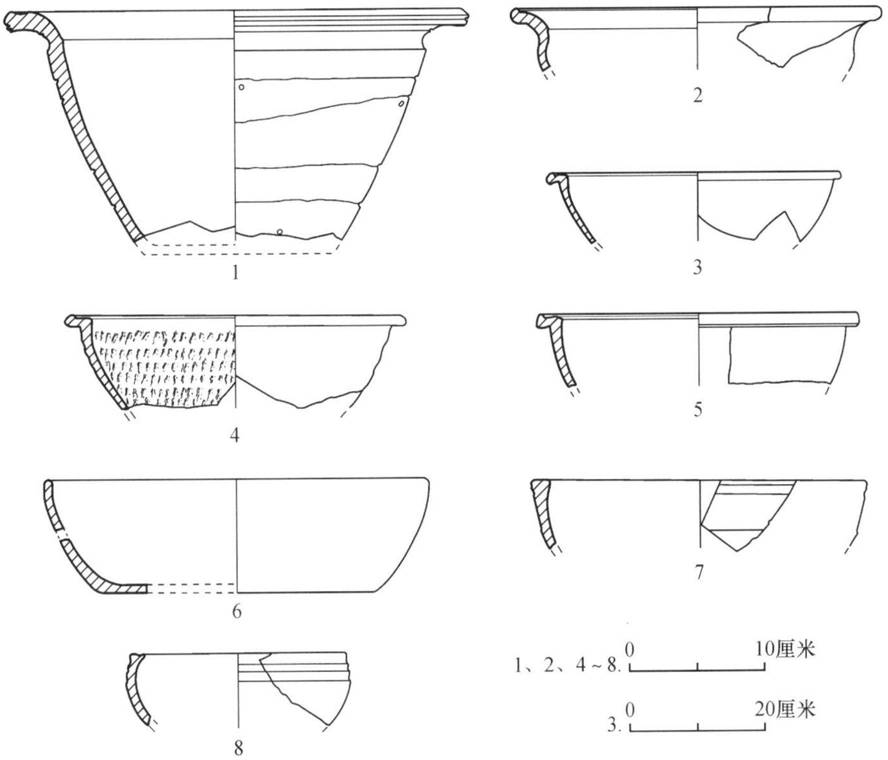

图六三　北南城遗址唐代陶盆

1. B型Ⅰ式外折沿盆（BH16：01）　2. B型Ⅱ式外折沿盆（BH6：05）　3、4. C型Ⅰ式外折沿盆（BH20：01、BH15：01）　5. C型Ⅱ式外折沿盆（BH20：02）　6. A型钵形盆（BH1：01）　7. B型钵形盆（BH16：05）　8. C型钵形盆（BH26：03）

器物皆为残碎片，不能复原，也看不出整体造型，为了便于叙述，我们将罐分成双系罐和无系罐两大类。各类罐再单独划分型式。

双系罐　9件。无论是红陶还是灰陶，这类罐的特点是都带有桥形双系。分为二型。

A型　6件。长腹，最大腹径在肩与上腹部交界处，平底。分为三式。

Ⅰ式：2件。整体较高，口微显敞，领略显高，口内唇下有一周凹槽。BH16：2，泥质红陶，颜色偏浓重。存口、肩、下腹及底部残片，不能复原。腹下部向内收，腹壁微曲。平底，底中心微向上凹。肩部有摔坏之后进行修复的对称穿孔两处。口径12.8厘米，底径12.4厘米，残存高约26厘米（图六四，5；图版二六，2）。BH8：06，泥质红陶，颜色偏淡。存腹中部以下至底的残段，不能复原。腹壁微曲，向下渐缓内收，平底。底径13.4厘米，残存高23厘米（图六四，6）。

Ⅱ式：1件。直口，双唇，口内唇下有一周凹槽。BH20：04，泥质灰陶。存口、肩部残片，不能复原。口径14.8厘米，残高9.4厘米（图六四，4）。

Ⅲ式：3件。口沿的断面呈圆肿唇，圆肩，唇内有一周微凸，束颈。BH23：01，泥质红陶，颜色偏淡。存口部残片，不能复原。唇外有一周缓折，颈内壁略直，有一条不太明显的轮旋凸弦纹。口径18厘米，残高7.6厘米（图六四，1）。BH9：01，泥质红陶。存口部残片，不能复原。唇外有一周缓折，颈内壁下部向外略曲。口径16.4厘米，残高3.5厘米（图六四，2）。BH8：07，泥质灰陶。存口部残片，不能复原。口微外敞。口径17.6厘米，残高4.1厘米

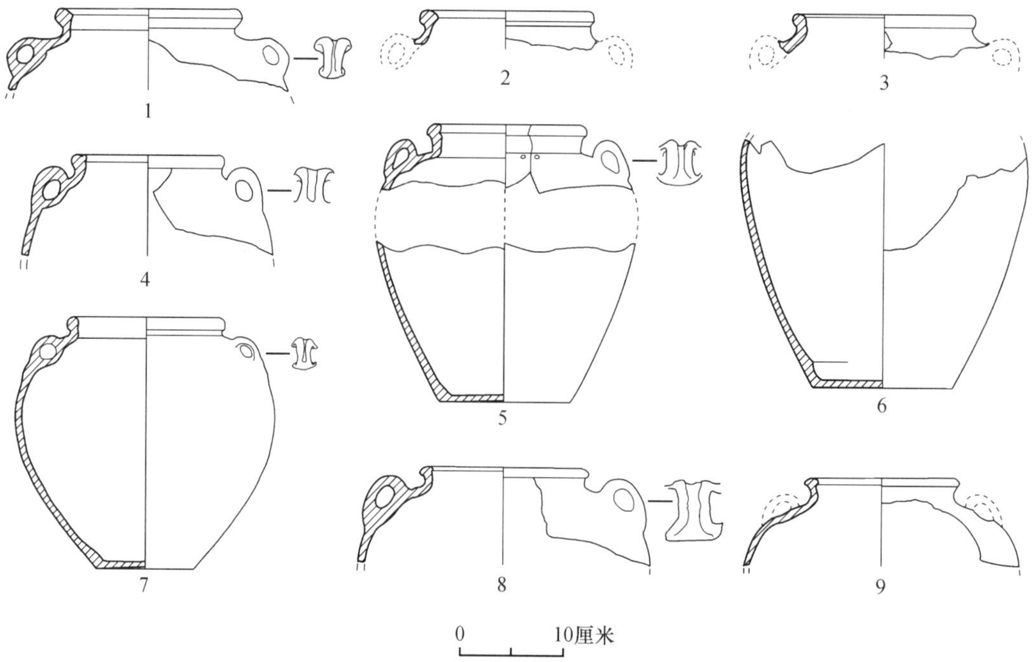

图六四　北南城遗址唐、五代时期陶双系罐

1～3. A型Ⅲ式（BH23：01、BH9：01、BH8：07）　4. A型Ⅱ式（BH20：04）　5、6. A型Ⅰ式（BH16：2、BH8：06）　7～9. B型（BM2：3、BH16：03、BH6：06）

（图六四，3）。

B型　3件。与A型相比，整体变矮，领部矮，最大腹径在腹中部偏上之处，平底。BM2：3，泥质灰陶。一耳残缺，上腹部裂开三处，可复原。圆唇，口沿的断面呈内外凸、近似肿唇，束颈，颈内壁有一周较浅的轮旋凹槽，弧圆肩，腹下部向内斜收，平底，底中心微向上凹。口径15.2厘米，底径9.4厘米，高23.6厘米（图六四，7；图版二六，4）。BH16：03，泥质红陶，颜色偏浓重。存口、肩部残片，不能复原。圆唇外凸，束颈，颈内壁有一周较深的轮旋凹槽，弧圆肩。口径16.2厘米，残高9.1厘米（图六四，8）。BH6：06，胎体较薄，泥质红陶，颜色较红、鲜艳。存口、肩部残片，不能复原。圆唇外凸，束颈，颈内壁有一周较深的轮旋凹槽，圆肩。口径14.8厘米，残高8.3厘米（图六四，9）。

无系罐　13件。除1件罐较完整之外，余皆为残碎片。根据罐口部制作的不同，分为五型。

A型　2件。个体较大，卷沿。BH24：01，泥质灰陶。存口、肩部残片，不能复原。直口，口沿向外反卷，颈部上段垂直、下段向外缓折，肩呈弧圆形，肩部外壁在与颈连接处凸起。颈内壁近口部有一周较浅的轮旋凹槽，肩外壁面现存八周由凹状小三角形组成的带状纹。颈部残存刻划的卧状行书“李□”（第二字为“高”字头，一点一横一口又一残短横）二字，其下文字缺失。口径25.4厘米，残高8.6厘米（图六五，1）。BH16：08，泥质红陶，颜色偏红。存腹中下部以下至底的残段，不能复原。腹壁微曲，向下渐缓内收，腹内壁接近底时有一条轮旋凸棱。平底，底中心微向上凹。底径22厘米，残存高24.4厘米（图六五，2）。

B型　2件。外折沿，瘦长腹，平底。BM4：2，泥质灰陶。口沿、肩部有裂缝或微残，能复原。直口，口沿向外折，沿面宽平，沿外端微显向下凸，长领，溜肩，最大腹径在上部，外底呈浅圈足状，足底宽约0.5厘米，高0.2厘米。口径10.2厘米，底径9.4厘米，高25.8厘米（图六五，3；图版二六，6）。BJ1：01，泥质红陶，颜色偏红。存腹下部以下至底的残片，不能复原。腹下部向内收，腹外壁有多条刻划短线，腹内壁及内底有轮旋瓦垄纹。外平底，其中心略向下凸成小泡。底径9厘米，残存高4.3厘米（图六五，4）。

C型　2件。圆唇，束颈，口微侈。BH10：02，泥质灰陶。存口、颈、腹部残片，不能复原。肩部弧圆，深腹，腹壁向外弧鼓。腹内壁下部有分散不均的大米粒状浅坑。口径17.4厘米，残高20.8厘米（图六五，5）。BH9：03，泥质灰陶。存口、颈、肩部残片，不能复原。口径较大，圆肩。肩部有七周暗纹。残破边缘有进行修复的对称穿孔两处。口径13.6厘米，残高5厘米（图六五，6）。

D型　4件。圆唇，束颈，口沿的断面呈内外凸、近似肿唇，颈内壁有一周较浅的轮旋凹槽。根据肩部的不同，分为三式。

Ⅰ式：1件。圆肩。BH9：02，泥质灰陶。存口、肩部残片，不能复原。口沿微敛。口径18.2厘米，残高4.6厘米（图六五，7）。

Ⅱ式：1件。弧圆形肩。BH8：05，泥质灰陶。存口、颈、腹部残片，不能复原。口沿处略直，其断面呈横向椭圆形，深腹。口径18厘米，残高9.2厘米（图六五，8）。

Ⅲ式：2件。溜肩。BH23：02，泥质灰陶。存口、肩部残片，不能复原。口沿处微侈，颈内外壁有不太明显的轮旋弦纹。口径14厘米，残高4.2厘米（图六五，9）。BH6：02，泥质红陶。存口、肩部残片，不能复原。唇部的断面近似横向菱形。口径15厘米，残高4厘米（图六五，10）。

E型　3件。圆唇，直口。BH16：04，泥质红陶。存口、肩部残片，不能复原。口外唇

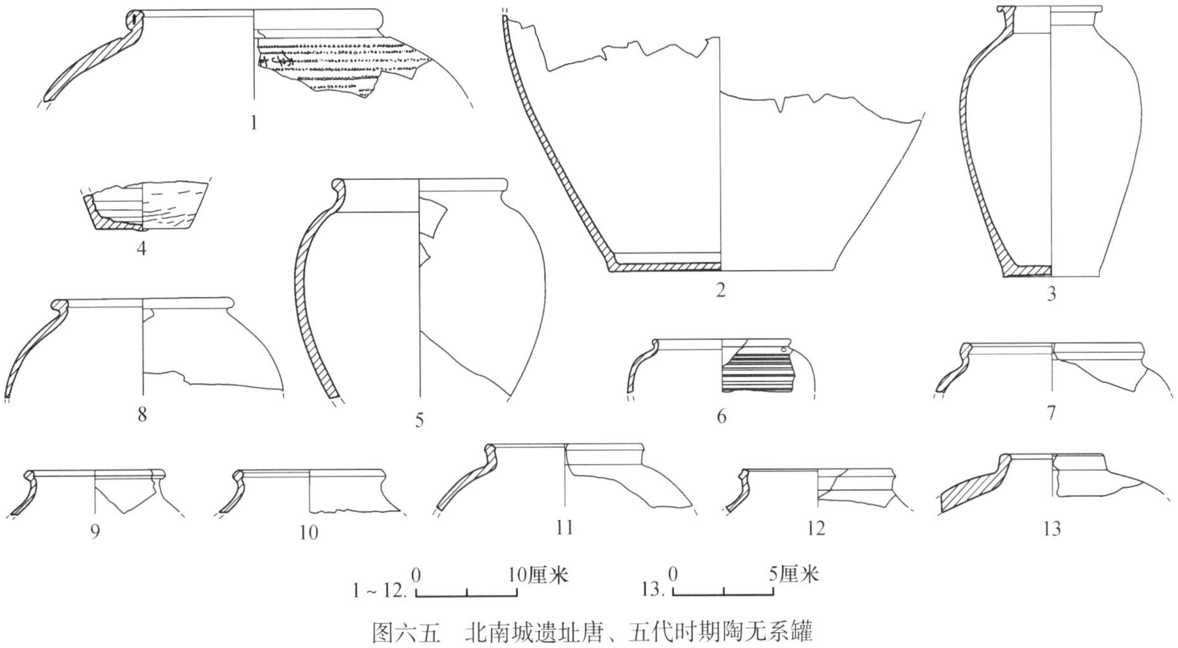

图六五　北南城遗址唐、五代时期陶无系罐

1、2. A型（BH24：01、BH16：08）　3、4. B型（BM4：2、BJ1：01）　5、6. C型（BH10：02、BH9：03）
7. D型Ⅰ式（BH9：02）　8. D型Ⅱ式（BH8：05）　9、10. D型Ⅲ式（BH23：02、BH6：02）
11～13. E型（BH16：04、BH6：03、BH6：04）

下有一周不太明显的凸棱，弧形肩。体内外满施白衣。口径15.6厘米，残高6厘米（图六五，11）。BH6：03，泥质灰陶。存口部残片，不能复原。口外唇下有一周三角形的凸棱，颈内壁有一周很浅的轮旋凹槽。肩部残存的一段为向外倾斜形。口径15.4厘米，残高3.7厘米（图六五，12）。BH6：04，泥质灰陶。存口部残片，不能复原。小圆口，口内唇下有一周不太明显的凸棱，肩壁较厚，从肩部残存的一段来看为圆肩。口径5.2厘米，残高2厘米（图六五，13）。

瓮　10件。有泥质灰陶与泥质红陶之分，红陶多于灰陶，没有发现夹砂器。由于形体较大，残碎较甚，再加上发掘面积有限，没有发现能够复原的器物。依据口沿区别分为三型。

A型　1件。口部微敞，外凸唇。BH10：03，泥质灰陶。存口部残片，不能复原。矮颈，所存肩部开始向外斜弧。口沿面有两周很不明显的折棱，两折棱之间有刻划的符号“≡”（或为“|||”），颈内壁近口部有一周不明显的轮旋凹纹，肩外壁面现存“|⊙”形组成的压印环形带状纹。口径37.2厘米，残高5.8厘米（图六六，1）。

B型　4件。口部微敞，外卷沿，束颈，颈内壁近口部有一周轮旋凹槽，最大腹径在腹中部，腹下部向内斜收，平底，底中心向上凹。依据唇部形状分为二式。

Ⅰ式：1件。泥质灰陶。外沿端小圆唇反卷之后向内斜垂，颈部弧曲，肩部向外略弧。BH18：03，仅存口部残片，不能复原。口外沿下饰有竖向绳纹。残存最大宽10.8厘米，残高8.1厘米（图六六，2）。

Ⅱ式：3件。外沿端方唇反卷之后向外斜垂，颈部稍垂直，圆肩，鼓腹，平底。BH18：5，泥质灰陶。存腹中部以上残段，不能复原。口沿面颜色略显淡红，类似裹着红色头巾，颈内部饰满网状方格纹，其方格呈坑点状，颈外壁饰有短竖条纹，肩部压印有“⊙”形组成的环形带状纹。口径40厘米，腹径54厘米，残高33.6厘米（图六六，3）。BH7：01，泥质灰陶，外挂淡红色衣。存腹部残片及腹下部以下残段，不能复原。腹下部向内斜收，平底，底中心略向上缓凹。现存肩部饰有双线半个同心圆、圆点及横线组成的环形带状纹三条。腹中部饰淡墨绘制的图案，由于存量太少，无法知其原有的内容。底径37.6厘米，可复原部分残高50厘米（图六六，4）。BH7：02，泥质灰陶，外挂淡红色衣。存腹下部以下残段，不能复原。腹下部向内斜收，平底，底中心向上凹，形成底部渐缓隆起。底径29.6厘米，残高12.5厘米（图六六，5）。

C型　5件。敛口，唇部内凸、唇外端由外凸唇逐渐转为向下反卷（外卷沿），束颈，肩部弧曲，最大腹径在腹上部，腹下部向内斜收，平底，底中心稍微向上缓凹。依据卷沿形态分为三式。

Ⅰ式：1件。唇部呈内外凸，从断面看该唇近似椭圆形，颈部向外缓弧。BH8：09，泥质红陶。仅存口部残片，不能复原。残存最大宽12.2厘米，残高5.4厘米（图六六，6）。

Ⅱ式：3件。唇部内凸、唇外端稍向下反卷，颈、肩部向外缓弧。BH8：08，泥质红陶。仅存口部残段，不能复原。现存肩部两条压印的环形带状纹，能看出图形的有三条线绘成的半个同心圆、“⊙”及弦纹等，在颈、肩部还残留有淡墨绘制的图案，由于存量太少，无法知其原有的内容。口径46.4厘米，残高8.4厘米（图六六，7）。BH12：01，泥质红陶。存腹

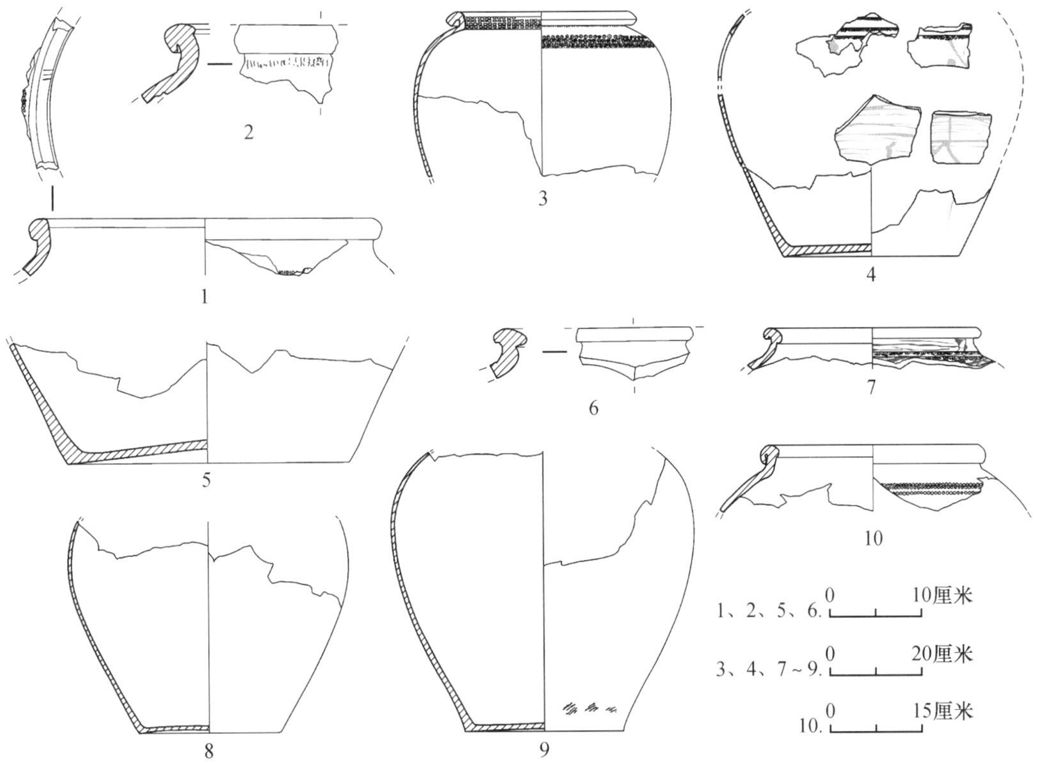

图六六　北南城遗址唐代陶瓮

1. A型（BH10：03）　2. B型Ⅰ式（BH18：03）　3～5. B型Ⅱ式（BH18：5、BH7：01、BH7：02）　6. C型Ⅰ式（BH8：09）　7～9. C型Ⅱ式（BH8：08、BH12：02、BH12：01）　10. C型Ⅲ式（BH20：05）

部以下残段，不能复原。肩部缓弧，最大腹径在腹上部，腹下部向内斜收，平底，底中心稍微向上缓凹。腹外壁下部近底部处有斜向绳纹。最大腹径64厘米，底径33.6厘米，残高58厘米（图六六，9；图版二六，5）。BH12：02，泥质红陶。存腹中部以下残段，不能复原。最大腹径偏向腹的上部，腹下部向内斜收，平底，底中心稍微向上缓凹。最大腹径59.2厘米，底径30厘米，残高44厘米（图六六，8）。

Ⅲ式：1件。唇部内凸、唇外端向下反卷，从断面看外卷沿的内部形成空洞，内凸唇下有一周不太明显的轮旋凹槽。颈部向外稍斜，肩部略呈弧形。BH20：05，泥质灰陶。存肩部以上残片，不能复原。肩部存有两条压印有“⊙”形组成的环形带状纹，上一条带状纹由两排“⊙”形纹组成，下一条带状纹由单排“⊙”形纹组成。口径36厘米，残高10.2厘米（图六六，10）。

支钉　1件。BH1：2，泥质灰陶。微残，可复原。乳头状或近似圆锥形（细端为一小平面）。用于陶瓷器支烧时的隔离，减少烧窑过程中器物的粘连。粗端直径2.1厘米，细端直径1.9厘米，高2.9厘米（图六七，2）。

环（纺轮）　1件。BH20：2，泥质灰陶。残存不足1/2，不能复原。外缘呈棱角状，中孔一面小，一面大；孔大的一面较平，孔小的一面略呈弧形，并有一周断面近似三角形的凹槽。外直径7.6厘米，内直径2.8～3.2厘米，厚1.6厘米（图六七，1）。

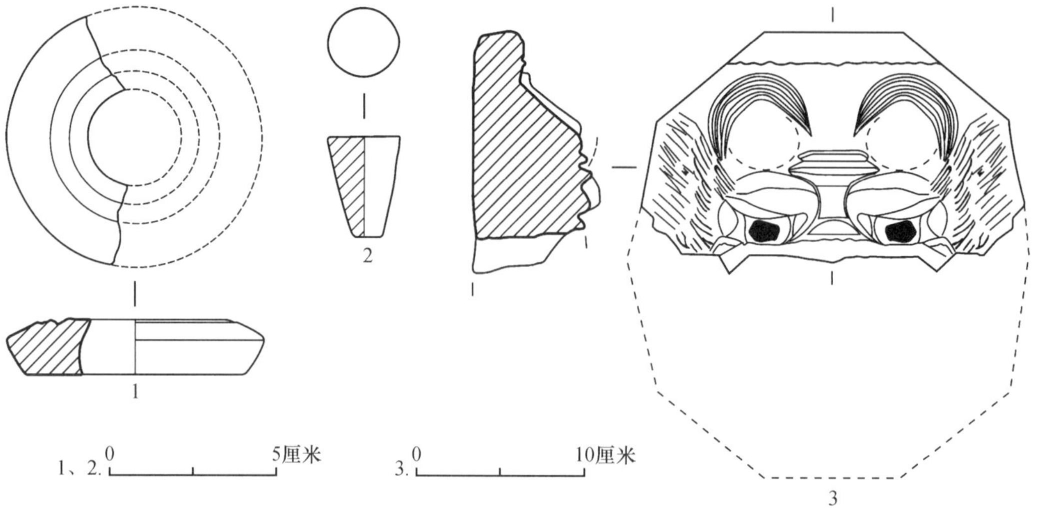

图六七　北南城遗址唐代陶器

1. 环（BH20：2）　2. 支钉（BH1：2）　3. 盾牌形陶塑神兽面（BH8：01）

兽面（盾牌形陶塑神兽面）　1件。BH8：01，泥质灰陶。仅存一残块，不能复原。依据残存推测，其整体形状应是十边（角）形，边厚约2.8厘米，背面略平，前面堆塑一兽面。现存左额头及右额头的少部，左眉眼及右眉眼大部，其堆塑再向外的原边保存略完好，由此可将眼睛以上的堆塑形状大致复原。在两眼之上均有接近圆形的断面岔口，应是兽角的根基，因缺失而无法绘出兽角的图形。在眼、角的外侧均有大量刻划的鬃毛。从堆塑的圆眼、暴凸眉、眉间皱凸痕及斜竖的鬃毛，便可尽显其兽面的狰狞面目。残存最大宽22.6厘米（复原后宽约23.6厘米），残高14厘米（复原后高约25.6厘米）（图六七，3）。

板瓦　4件。灰色。凸面为素面，凹面饰布纹，两侧的长边沿有由内向外的切痕。残碎较甚，无能复原者，瓦的总长度皆不晓得。根据板瓦的尺寸及厚度的不同，可分作三型。

A型　2件。凹面饰满布纹。在凹面的两侧长边各有相对称的一个类似指肚压印式豁口，应是制作时内部支撑留下的痕迹。BH24：02，存有瓦首至瓦身中部的残段，瓦尾一端缺失，不能复原。瓦首端为一斜面，瓦首向里一段略薄。胎为浅灰色。残长27.6厘米，瓦首宽27厘米，现存中部最宽处25.5厘米，厚2.1厘米（图六八，1）。BH20：06，存有瓦尾至偏向瓦身中部的残段，瓦首大部缺失，不能复原。瓦尾端为一斜面并向凸面稍微翘起。胎为深灰色。残长14.8厘米，瓦尾宽25.6厘米，现存中部最宽处26厘米，厚1.8厘米（图六八，2）。

B型　1件。BH24：03，存有瓦首至瓦身中部的残段，瓦尾一端缺失，不能复原。瓦首端面呈方头，在凹面的两侧长边，各有相对称的一个外深向内渐浅的长方形压印式豁口，应是制作时内部支撑留下的痕迹。凹面饰满布纹。胎为深灰色。残长17.8厘米，瓦首宽25.6厘米，现存中部最宽处24.8厘米，厚2厘米（图六八，3）。

C型　1件。BH18：01，存有瓦尾至偏向瓦身中部的残段，瓦首大部缺失，不能复原。瓦尾端面呈圆形并于阳面一侧有微缓弧的斜向削割。在凹面的两侧长边，各有相对称的一个略小、外深向内渐浅的长方形压印式豁口，应是制作时内部支撑留下的痕迹。凹面饰满布纹。胎为深灰色。残长13厘米，瓦尾宽22厘米，现存中部最宽处22.4厘米，厚1.5～1.7厘米（图六八，4）。

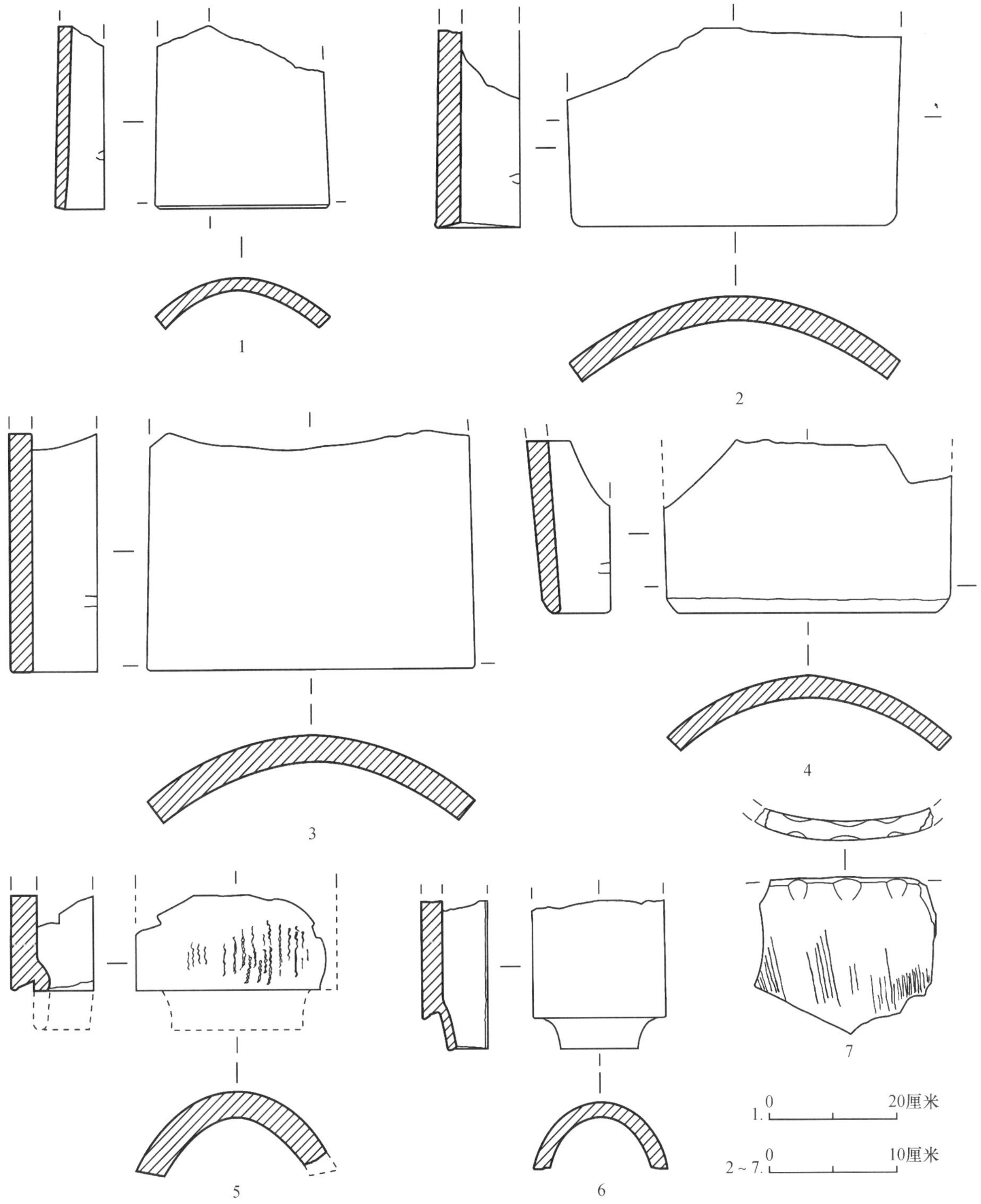

图六八　北南城遗址唐代陶建筑构件

1、2. A型板瓦（BH24：02、BH20：06）　3. B型板瓦（BH24：03）　4. C型板瓦（BH18：01）　5. A型筒瓦（BH24：04）　6. B型筒瓦（BH18：02）　7. 滴水（BH23：03）

筒瓦　2件。残碎较甚，无能复原者，瓦的总长度皆不晓得。依据筒瓦的大小、厚度及装饰的不同，可分作二型。

A型　1件。BH24：04，存有瓦的前部残段，唇的大部、瓦身的中部及尾部皆失，不能复原。凹面饰满布纹，凸面饰顺向绳纹。胎为浅灰色。残长7.2厘米，残宽14.6厘米，厚2.1厘米（图六八，5）。

B型　1件。BH18：02，形体略小，存有瓦的前部残段，不能复原。凸面为素面，凹面饰满布纹。胎为深灰色。残存总长11.2厘米，唇长2.7厘米，宽10.2厘米，厚1.6厘米（图六八，6）。

滴水　1件。此滴水是板瓦的一种，其区别在于瓦首的端面，从端面看增加了两条水波纹状凹凸形线。BH23：03，存瓦首残片，不能复原。瓦首端面的一段略微向凸面缓曲，瓦首端面呈抹角方形并有排列对称的指肚压印式豁口，这种制作方法便于雨水分散性排出。凹面饰满布纹，凸面有刻划平行状断线纹。胎为浅灰色。残存长12厘米，残宽14厘米，厚1.5厘米（图六八，7）。

2. 瓷器

17件。仅为日常生活用瓷，以碗居多，其次有盏、盂、盘等。均为轮制。除白釉瓷出土于墓葬的随葬品之外，其他釉色瓷皆出土于探方的灰坑之内。现按照器物外表装饰色彩，青釉（碗、盂）、黄釉（碗、盘）、白釉（碗、盘）、黑釉（盏）、豆绿色釉（盏）之顺序来描述。

青釉瓷　5件。器形有碗、盂。

碗　4件。均为直口尖唇，深圆腹，实圈足。足外底面自外向中心缓向上凹，足外周缘略有削割。腹内下部有支钉痕三个。内壁及外上腹部施青色釉，下腹及实圈足露白灰色瓷胎。BH8：3，残缺，可复原。接近外口沿有一周凹弦纹。釉色略淡。口径13.1厘米，底径7.1厘米，高8厘米（图六九，2；图版二七，1）。BH8：2，残缺，可复原。造型与装饰同BH8：3，只是个体略小、釉色较深。口径12.6厘米，底径6厘米，高7.5厘米（图六九，1；图版二七，3、4）。BH8：4，残缺，可复原。内外壁面均有不同程度的冰裂纹。口径12厘米，底径6厘米，高7.2厘米（图六九，3；图版二七，5、6）。BH8：5，残缺，可复原。内外壁面均有一周凸弦纹。釉色略重，有泪痕，内外壁面均有白色雨滴纹饰装饰，很像窗外雨天。口径12.4厘米，底径6厘米，高7.6厘米（图六九，4；图版二七，2）。

盂　1件。BH16：1，残缺，可复原。敛口，唇面略弧，扁圆深腹，小平底，底面自外向中心缓向上凹。腹内下部有支钉痕三个，外腹壁有四周凹纹。腹内及外上腹部施青色釉，下腹及底部露青灰色瓷胎。口径14.4厘米，底径6.6厘米，高11.2厘米（图六九，5；图版二七，7）。

黄釉瓷　3件。器形有碗、盘。一碗为黄色釉，另一碗和盘为微偏褐色的黄色釉。

碗　2件。依据口沿及腹部形态分为二型。

A型　1件。直口，深腹。BH23：1，体厚重。残缺，可复原。直口，唇略尖，深圆腹，实圈足，足外底面向上缓凹，足外周缘略有削割。接近外口沿及腹内壁各有一周凹弦纹，腹内下部有支钉痕三个。内部及外上腹部施黄色釉，下腹及实圈足露白黄色瓷胎。口径13.6厘米，底

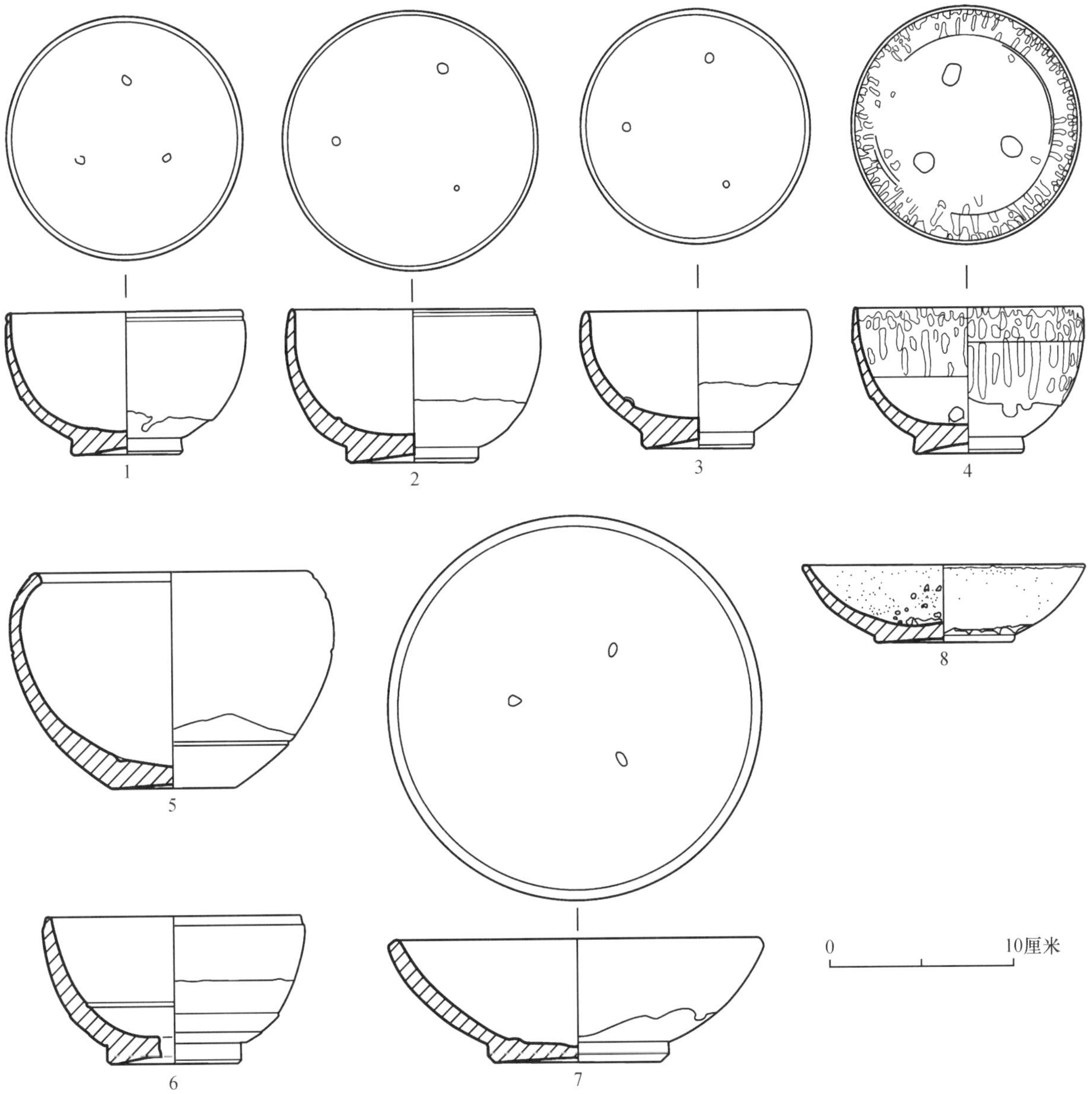

图六九　北南城遗址唐代瓷器

1～4. 青釉碗（BH8：2、BH8：3、BH8：4、BH8：5）　5. 青釉盂（BH16：1）　6. A型黄釉碗（BH23：1）　7. B型黄釉碗（BH18：4）　8. 黄釉盘（BH15：1）

径7.2厘米，高7.7厘米（图六九，6）。

B型　1件。敞口，浅腹。BH18：4，体厚重。残缺，可复原。敞口，圆肿唇，浅腹，腹壁微弧，实圈足，足外底面向上微缓凹，足外周缘略有明显削割。腹内底有支钉痕三个。内部及外上腹部施微偏褐色的黄色釉，有泪痕，下腹及实圈足露白色瓷胎。口径20厘米，底径9.6厘米，高6.4厘米（图六九，7；图版二七，8）。

盘　1件。BH15：1，残存约1/4，可复原。敞口，圆唇，深腹，腹壁弧曲，实圈足，足外底面向上缓凹。腹内下部有支钉痕三个。除实圈足无釉之外，其他部位施满微偏褐色的黄色釉，内底及腹内下部撒有白色圆点纹，类似半盘珍珠。黄色瓷胎。口径15.2厘米，底径7.6厘米，高4厘米（图六九，8）。

白釉瓷　4件。器形有碗、盘。

碗　2件。依据口沿及腹部形态分为二型。

A型　1件。直口，斜壁。BM4：1，口部略残，可复原。直口，圆唇，斜壁微曲，平底，腹略浅，近似玉环形圈足，足端略向外斜，足外周缘稍有削割。内部及外上腹部施白色釉，釉色微偏青，下腹部有护胎铁锈色，圈足及外底露灰白色瓷胎。口径16.6厘米，底径9.2厘米，高6.7厘米（图七〇，1；图版二八，1）。

B型　1件。敞口，斜直壁。BM2：2，口部微残，可复原。斗笠形，圆唇，六曲花瓣形口，斜直壁，腹微曲，腹外壁微显轮旋弧凸，平底，玉环形圈足，足外周缘稍有削割。内部及外腹部施白色釉，有泪痕，腹外下部近足处一段向下至圈足、外底皆露白色瓷胎。内底有三角形支钉痕三个。口径20.4厘米，底径8.6厘米，高7厘米（图七〇，2；图版二八，3、5）。

盘　2件。圆唇，口微直，外口沿下显缓折，斜曲腹，缓平底，玉环形圈足，足外周缘稍有削割。BM2：1，保存完整。腹外壁微弧。内部及外上腹部施白色釉，釉色微偏青，有泪痕，下腹部有护胎铁锈色，圈足及外底露灰白色瓷胎。内腹与内底连接处有支钉痕三个。口径12.4厘米，底径5.6厘米，高3.9厘米（图七〇，3；图版二八，2）。BM4：4，保存完整。腹外壁有不太明显的瓦垄纹。腹外下部近足处一段向下至圈足、外底皆露白色瓷胎。口径13厘米，底径5.4厘米，高4厘米（图七〇，4；图版二八，4）。

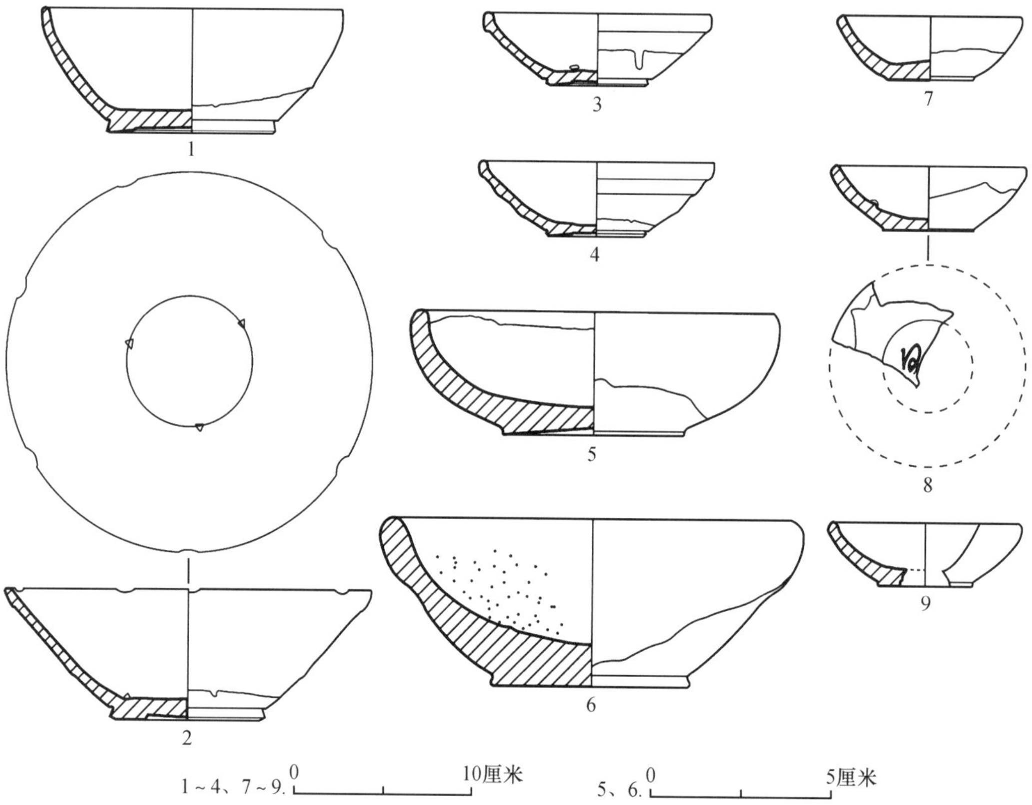

图七〇　北南城遗址唐、五代时期瓷器

1. A型白釉碗（BM4：1）　2. B型白釉碗（BM2：2）　3、4. 白釉盘（BM2：1、BM4：4）　5. A型黑釉盏（BH18：1）　6. B型Ⅰ式黑釉盏（BH18：3）　7、8. B型Ⅱ式黑釉盏（BH18：6、BH1：1）　9. 豆绿色釉盏（BH8：1）

黑釉瓷 4件。仅有盏。依据口沿、腹部及器底形态可分二型。

A型 1件。直口，圆腹，凹底。BH18：1，残缺，可复原。直口，圆唇，腹壁较弧圆，内底缓弧，外底略平、向上稍缓凹。内外施黑色釉，芒口，外壁半釉，外下腹以下露青灰色瓷胎。胎内夹少量细砂。口径10.2厘米，底径5厘米，高3.3厘米（图七〇，5）。

B型 3件。敞口，曲腹，平底。残缺，可复原。可分二式。

Ⅰ式：1件。肿唇，深腹。BH18：3，敞口，圆唇略显肿，弧曲腹较深，内底圜形，外底平。除外壁半釉之外，余皆满施黑色釉，外下腹以下露土黄色瓷胎，微泛淡红。胎内夹少量细砂。口径11.7厘米，底径5.5厘米，高4.5厘米（图七〇，6；图版二八，6）。

Ⅱ式：2件。圆唇，浅腹，外底平。除外壁半釉之外，余皆满施黑色釉，外下腹以下露土黄色瓷胎。BH18：6，敞口，小圆唇，弧曲腹较浅，内底中心略高。口径10.4厘米，底径4.8厘米，高3.4厘米（图七〇，7）。BH1：1，敞口，圆唇，斜曲腹较浅，内底缓弧。腹内有支钉痕三个。外底残存有墨书痕迹，由于保留较少，是何文字不详。口径10.8厘米，底径5厘米，高3.5厘米（图七〇，8）。

豆绿色釉瓷 1件。仅有盏。BH8：1，底部存较少，不能复原。圆唇，浅腹，腹壁略弧曲，内底缓弧，外底平。除外底无釉之外，余皆满施豆绿色釉，白色瓷胎，微泛黄色，胎内夹微量杂质。口径10.8厘米，底径约5.2厘米，高3.4厘米（图七〇，9）。

3. 铜器

7件。除一件近似于指环一类的环形器物之外，余皆为铜钱。

铜钱 6枚。除一枚开元通宝铜钱（BM2：4）出土于墓葬形制为竖穴墓道洞室墓的墓主口中之外，余皆出土于灰坑。其钱文除一枚为五铢之外，余皆为开元通宝（表五）。

表五 北南城遗址出土铜钱拓片登记表

顺序号	名称	编号	外径/厘米	重量/克	读法顺序	备注
1	五铢	BH12：1	2.3	2.81	自右向左读	质地赤色
2	开元通宝	BH14：1	2.5	3.9	上下右左读	微锈蚀
3	开元通宝	BH18：2	2.4	3.04	上下右左读	微锈蚀

五铢 1枚。BH12：1，保存完好，微锈蚀。质地为赤铜色。方孔圆形，面背均有郭，其中钱文一面的内郭较细，周边郭较宽，背面的内郭、周边郭均较宽。面文“五铢”，自右向左横读。外径2.3厘米，重2.81克（图七一，1）。

开元通宝 5枚，其中有3枚残缺不全，钱文不清。钱文面、背均有郭，周边郭较内郭宽，面文“开元通宝”，上下右左读。BH14：1，钱面略显锈蚀。外径2.5厘米，重3.9克（图七一，2）。BH18：2，钱面微锈蚀。外径2.4厘米，重3.04克（图七一，3）。

环 1件。BH14：2，保存完好，微锈蚀。整体看呈圆圈形，近似于指环一类的器物，从断面看近似三角形，即外缘厚、内边呈一弧圆凸棱。外径约2.5厘米，内径约1.9厘米，最大厚0.45厘米（图七二，2）。

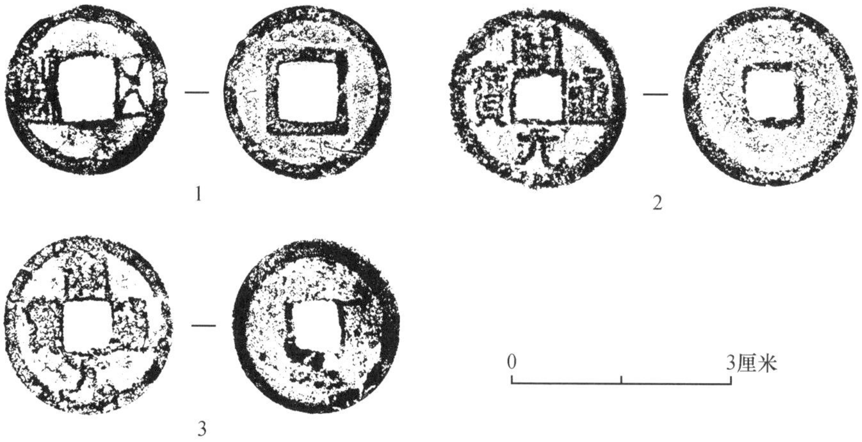

图七一　北南城遗址出土铜钱拓片

1. 五铢（BH12：1）　2、3. 开元通宝（BH14：1、BH18：2）

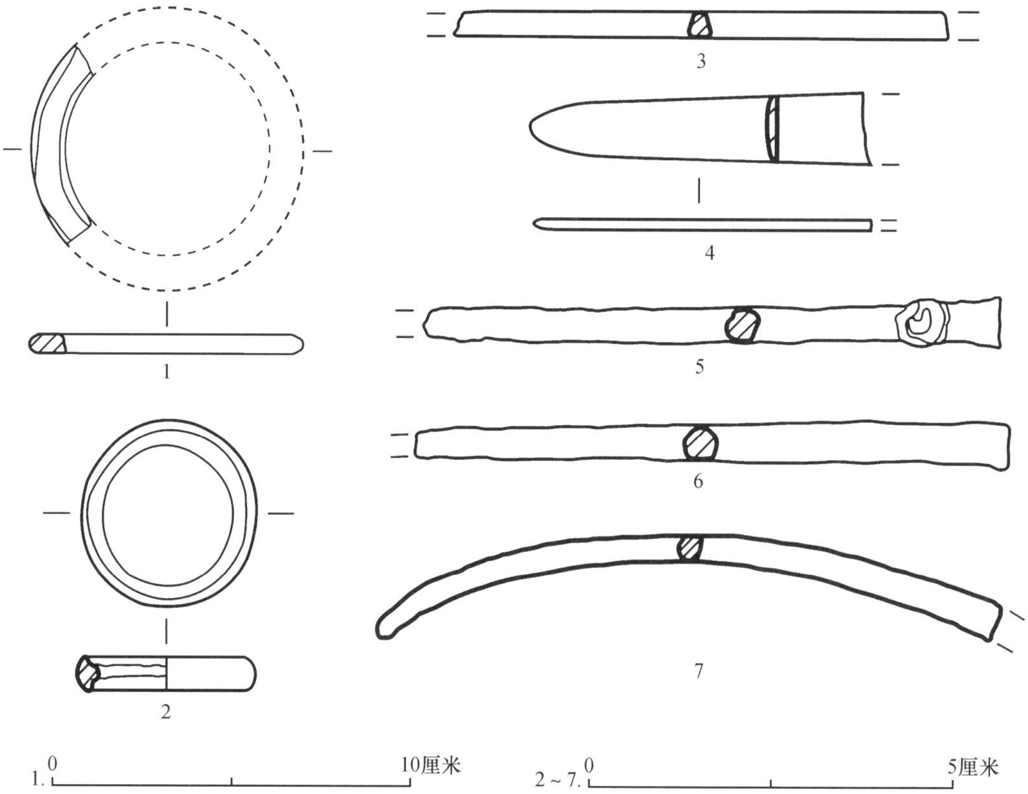

图七二　北南城遗址唐、五代时期器物

1. 石环（BH15：2）　2. 铜环（BH14：2）　3、4. 骨簪（BH24：1、BH9：1）　5～7. 铁簪（BM4：3-1、BM4：3-2、BM4：3-3）

4. 石器

环　1件。BH15：2，半成品的残段，不能复原。质地为石灰岩。从断面看，一面宽一面窄，外缘呈弧圆形。外径约7.6厘米，内径约5.7厘米，最大厚0.5厘米，残存长5.3厘米（图七二，1）。

5. 骨器

簪　2件。为发饰的一种。器表抛光。两件骨簪的断面分别为近似椭圆形和片状。BH24：1，断面近似椭圆形，仅存簪体中部的一段，不能复原。残存长6.8厘米，残存最大直径0.4厘米（图七二，3）。BH9：1，断面呈片状，仅存簪体远端的尖部一段，不能复原。残存长4.65厘米，残存最大宽0.95厘米，厚0.15厘米（图七二，4）。

6. 铁器

簪　3件（段）。为发饰的一种。断面皆为圆形，锈蚀严重，均仅存残段，不能复原。BM4：3-1，细部缺失，不能复原。整体看类似一枚长钉子，无钉帽，呈平首（头），簪体近簪首略粗，向远端渐细。簪头0.7厘米，残存簪体的最细直径0.4厘米，残长7.9厘米（图七二，5）。BM4：3-2，细部缺失，不能复原。形体同BM4：3-1。簪头0.6厘米，残存簪体的最细直径0.35厘米，残长8.4厘米（图七二，6）。BM4：3-3，仅存中部及细端，粗端的部分缺失，不能复原。整体看类似一枚长钉子，向远端渐细，弯曲呈近似弓形。簪的尖端近似尖状，略向内最细处0.2厘米，残存簪体的最粗直径0.5厘米，残长8.5厘米（图七二，7）。

第四章　结　　语

磁县南城圣泉寺遗址考古发掘工程项目，位于冀南磁县辖区之内偏北部，分为圣泉寺建筑遗址和北南城人类生活遗址两个发掘区。北南城遗址南边相邻的已经发掘完毕的南城村遗址，是一处以先商文化为主的重要遗址。本次发掘的北南城遗址BH27，出土遗物绳纹板瓦、篮纹圜底陶盆、陶豆等具有明显的战国至西汉时期特征，推断为一处西汉时期的遗迹坑，在该坑还出土一件外壁饰竖向或斜向绳纹、肩饰一周附加堆纹的夹砂红陶黑衣鬲，依据其特征分析，应是一件春秋时期遗留的炊具（图四一，3；图四二，1）。再结合此次发掘的历代遗迹和遗物，证明南城一带自古以来即为人类繁衍生息的兴旺之地，而且连续发展未曾中断。周围应该还存在有较重要的遗址和墓群，今后应加强对此地的关注和保护。

一、圣泉寺遗址的相关问题

1. 圣泉寺遗存的年代

圣泉寺原建筑在20世纪60年代“破四旧”运动时期被彻底破坏，为了取砖，扰沟和扰坑都是沿着墙基槽和磉墩坑挖的，已达底部。由于圣泉寺建于丘陵的岗坡地之上，原有较薄的地层关系也被破坏，本次出土陶瓷器残片及建筑构件残块基本上都是扰土中的，初步甄别时代跨元、明、清三个时期。走访老乡得知，原圣泉寺内碑刻（已佚失）记载圣泉寺曾于唐代重修。此次对前殿的发掘中见到较多的绳纹砖，如在SF1东墙的中间向北（接近第一段）的砖墙基，宽0.4米、残长3.3米，该段为完整砖结合残砖砌筑，砖的一面饰绳纹，所使用的整砖规格为长28.5厘米、宽13厘米、厚5厘米的绳纹砖（图版九，6）。其次是，在佛坛的前、后（东、西两侧）共12个早期柱洞，分列为前排和后排各6个。两排柱洞的间距4.6米，每排各柱洞的中心间距1.4～1.9米。柱洞的土圹平面呈不规则圆形或近似方形，一般为开口大，下端略小，直径在0.35～0.7米，深0.5～0.7米，个别柱洞底部残存有直径约16厘米的柱底端压痕，柱洞内出土有绳纹砖（图版五，4）。另外，在SF1墙基的扰土层中还发现有大型的卷草纹石刻等（图版七，1）。SF1墙基用砖、柱洞内的柱底端铺垫用砖等地方使用了绳纹砖以及卷草纹石刻，这些建筑构件都具有唐代的装饰特征，均可视为唐代遗留的建筑构件。此外，结合圣泉寺东北侧约400米处即存在有大面积唐代遗址（北南城遗址）的情况来分析，虽说圣泉寺初始建筑年代难定，但原有碑刻记载圣泉寺“唐代重修”之语有一定的可信性。在前殿基址向南不足10米处发现一座宋金时期的墓葬（SM2），一般情况下，墓葬不会埋于距殿堂如此之近的距离。据此可判断，唐朝时期圣泉寺已经存在，应该于宋金时期被毁无存。

本次出土有纪年物的仅有铜钱一类，除一枚宋仁宗天圣元宝出自SM1内，还有唐开元通宝、明天启通宝、清嘉庆通宝、清道光通宝，后者皆发现于SF1地层堆积的第1层（扰乱层）内，这些实物（除墓葬内天圣元宝外），也只能是“晚期地层伴有早期遗物”，没有文化层时代叠压的依据，无法断定本次发掘出的圣泉寺的建筑基址年代就是唐代。有文化层时代叠压依据的为一件元代黑釉瓷碗。

我们对坐西朝东的承载浮雕或泥塑佛像的佛坛台基做了解剖，地层堆积自上（现存台基的上面）而下叠压为4层，第1层，为灰褐土，土质纯净坚硬，夯打形成，无包含物，是人为铺垫所形成的佛坛底部垫层；第2层，为红黏土，是人为铺垫所形成，夯打的硬度次于第1层，内含有泥质灰陶绳纹筒瓦残片，为圣泉寺大殿的台基土上层；第3层，整体来说是比较纯净的黄沙黏土，为圣泉寺大殿的台基土下层，只是该层包含物极少，有代表性的为一件残缺的黑釉瓷碗；第4层为自然淤积层，该层无包含物。第3层出土的黑釉瓷碗（图版一四，1），其形制在1987年发掘的磁县观台磁州窑址、1999年7～9月发掘的峰峰矿区彭城盐店磁州窑遗址都有相同器物出土，其时代为元代[4]。其中彭城盐店磁州窑遗址文化层的第8～13层及H6、H11、H12，皆有口径15～17厘米，腹下部向内微缓收，圈足，内外施黑色釉，釉较厚，釉面有棕孔，近似橘皮状，内外施釉皆留有似桃心形露胎，也有个别的内底中心留有近似圆形的黑色釉，微泛淡土黄色胎，胎料较粗，坚硬，有明显的棕、黄、白色颗粒。由此初步推断，圣泉寺佛坛台基第3层出土的这件黑釉瓷碗的窑口为彭城盐店磁州窑遗址，同时认为佛坛台基第2、3层的时代约为元代，也可以说依据这一实物推断南城圣泉寺大殿现存的基址年代上限为元代，并于明清时期经过多次翻修，直至20世纪60年代被彻底破坏。

我们在发掘SF1时还发现与圣泉寺名称有关的墨书文字，例如两件青花瓷碗的外底残留有“圣寺”“圣志”（图二九，4、5；图版一四，5），一件外黑内白釉瓷碗的内底残留有“□（应是‘圣’字，仅留‘又’一捺的末段）泉”（图二七，7；图版一四，6）。这些墨书文字仅见于瓷碗的残片之上，其全称应是“圣泉寺”或是圣泉寺的简称，说明寺内在某个阶段曾有较大的厨房，可以供给住僧及香客的饮食，还可以供周边村民办红白喜事短缺用具时前来借用，这些黑书是为了与寺外餐饮器具相区分而做的标记。结合本次出土大量的琉璃瓦，可证明圣泉寺曾经金碧辉煌，香火旺盛。

2. 圣泉寺石拱桥的年代

圣泉寺石拱桥位于圣泉寺东向微偏北约100米处，呈西南至东北向，是自然冲沟之内跨越季节性河流的单孔石桥，为圣泉寺东部出入的必经之地。现在桥洞已接近被泥土淤积满，仅暴露拱券最高处的六块梯形拱券石，拱券两侧顶部居中部的券石各浮雕一巨大的吸水蛟龙（亦称“吸水兽”）。桥拱两肩无设置小型石拱券，为一单拱石桥。拱券石之上铺有桥板（有的称为“拱背压面石”）及出檐桥板石，出檐桥板石的外表面有装饰性雕刻。在桥两侧边的出檐桥板石还设置有“┌─┐”或“¬”形勾头石[5]，现地表暴露处的其中一侧有两块勾头石，另一侧有一块勾头石，其中两块者之间有六块出檐桥板石。这种做法主要是用勾头石把两侧边券紧紧地拢住，起固定保护作用，大大减少边券外倾的可能性。

现在我们依据桥的形制结构之“勾头石”的技法、桥面石的铺设弧度，再结合桥面石的风化程度做一些探讨，推测圣泉寺石拱桥的大致年代。

一是，石拱桥的两侧边出檐桥板石设置“┌─┐”或“﹁”形勾头石技法，最早见于河北赵县城南的安济桥[6]，赵县古时称为赵州，所以人们称其为赵州桥，又俗称为赵州大石桥。该桥建于隋代开皇至大业间（公元595～605年），全长64.4米，由工匠李春设计建造。它的科学技术成就是首创了世界桥梁史上第一座大型敞肩式圆弧石拱桥。安济桥出檐勾头石每隔六米就设置一块。自此之后的勾头石技法不断应用于石拱桥之上，如赵州永通桥[7]、邯郸广府弘济桥等。其中永通桥位于河北赵县城西，全长39.5米[8]，结构型式和艺术风格与安济桥十分相似，因规模小于安济桥而俗称“小石桥”，经考证创建于唐代永泰年间（公元765～766年）。永通桥在主拱顶部吸水兽两侧各有一组出檐勾头石，每组分列三个。邯郸广平府弘济桥位于永年区广府镇的东桥村，为横跨滏阳河的单孔双敞肩石拱桥，全长48.9米，有清代道光十四年碑记载“明万历间重修”。也有专家根据主拱券两侧雕刻具有明显的元代雕刻特征，推断该桥可能早在元代已经存在（也有的学者称弘济桥始建于隋朝）。弘济桥在外形设计上继承了安济桥、永通桥的做法，有的结构是创新的，例如弘济桥主拱券两侧面的桥板（边券拱背压面石）都是用出檐勾头石铺墁的。圣泉寺石拱桥是季节性小型河流的石桥，非比大河之上的安济桥、永通桥和弘济桥在主拱两肩设置四个小拱，但在形制上的其他结构有共同之处，那就是桥板出檐勾头石的应用。圣泉寺石拱桥在桥板出檐处是间隔数米用一个勾头石，类同于安济桥、永通桥的做法，而有别于弘济桥全部用出檐勾头石铺墁。圣泉寺石拱桥的年代当在隋（安济桥）至元代（弘济桥）之间。

二是，圣泉寺石拱桥的拱券顶部之桥面（桥面石的铺设）几乎没有弧度，桥面从始端到末端接近于平面，有别于安济桥、弘济桥很明显的中间高、两端缓低的曲弧形，而类似于永通桥的桥面。永通桥既继承了安济桥的优点也有新的发展，即四个小拱加大抬高，构成主拱，和小拱顶部基本平衡，使桥面坡度甚微，减轻了桥基负担，便利了交通运输。故圣泉寺石拱桥的年代当在唐代（永通桥）及以后。

三是，圣泉寺石拱桥的石质类似砂岩，粗糙坚硬，色泽呈淡灰色，现状是风化严重，料石的棱角已被抹去，石面出现因风力及雨水冲刷形成的成组风蚀条纹状、虫蛀状、蜂窝状等形态，拱券外壁面的雕刻图案已经模糊不清，类似一位风烛残年的老人，显得那么体质衰老、历经沧桑。在圣泉寺石拱桥邻近的邯郸母亲河——滏阳河之上现存古桥、古闸共15座（处），除4座在清代经过大修之外（个别的始建于清代），余皆为明代建筑或明朝只是维修了望柱、栏板、桥头、桥面石的部分。例如磁县滏阳桥、磁县东关石桥、南开河村石桥、石桥村石桥、张庄桥村通济桥、柳林桥村柳林桥、苏曹村北苏曹桥、罗城头水闸、柳林桥水闸、滏阳河西八闸等，这些桥（闸）的石质有的是与圣泉寺石拱桥用料相同，有的是部分石料相同。诸多桥（闸）所用的粗糙坚硬、淡灰色的砂岩，风蚀程度与圣泉寺石拱桥相比有明显的区别，都没有圣泉寺石拱桥风化得那么严重，这应是岁月流逝的实物见证。

经过上述石拱桥的建造技法以及石料风化程度的分析，初步推测圣泉寺石拱桥的建造年代上限在唐代，下限在元代。

3. 遗址出土色子的名称及时代

色子最早叫“骰子”，是流行最广的一种博弈工具或博弈的辅助工具，质地有木、骨、陶等。

从考古发掘出土的实物证实，骰子早期是一种十八面形状的小球体，例如1974年长沙马王堆三号汉墓出土一套博具及木制十八面形状的小球体骰子，除十六面分别刻出一至十六数字外，另有相对的两面，一面刻篆文“骄”字，另一面刻“妻畏”字；1981年江苏泰州市大冯乡发现一座唐墓，出土三只骰子（记录者称作“骰子”），其中两只六面体，一只十八面圆形；另外在2005年内蒙古自治区和林格尔县发现一座唐墓，出土一套赌具，其中有三只六面体的骨制色子（记录者称作“色子”），六面体者均在六个面分别刻出一至六个凹坑状圆点。

据文献记载，到魏晋南北朝时期，才定型为上下前后左右的六面体的木制骰子。到了唐代出现了骨制骰子，正方体六面的圆点下凹略深，圆点中涂有红、黑颜色，自此时之后骰子逐渐就叫“色子”了，质地有木、骨等。在民间除被称骰子、色子外，还有挫子、撒家、浑花等别名十几种之多。它不仅仅是赌具，还可以用来占卜、行酒令或做游戏。唐代温庭筠《新添声杨柳枝词》之一云：“玲珑骰子安红豆，入骨相思知不知。”

本次圣泉寺遗址，在ST0306的第1层出土一只完整的泥质灰陶的色子，ST0306①：2，呈近似正方体，边棱略微呈斜边，边长1.4～1.5厘米，六面分别刻出一至六个圆形点状浅坑（图二五，2）。和江苏泰州市、内蒙古自治区和林格尔县唐代墓出土的骰子（色子），除质地不同之外，形制基本相同。由于本次圣泉寺遗址第1层扰动较大，伴随ST0306①：2（色子）的出土器物均为残碎片，可辨器形有泥质灰陶及釉陶的建筑构件的砖瓦、屋脊用件的异形砖和龙兽等，还有生活用具的陶瓷器的盆、罐、碗、瓶等，另外有两块铁器的残片和一枚道光通宝铜钱。从器物的年代推测，分为元、明、清三个时期。因此，色子ST0306①：2的时代也当在此三朝期间。这只陶色子的出土为研究骰子（色子）的质地演变（多样化）提供了实物资料。

二、北南城遗址的相关问题

1. 战国至汉代遗存的年代推断

北南城遗址向北距离战国时期的赵邯郸故城之赵王城遗址仅12千米，东南4～6千米处马头境内有车骑关墓群（市级文物保护单位）、马头古墓（省级文物保护单位）。其中车骑关墓群的1号、3号墓在1975年已经进行了正式的考古发掘，1号墓为大型“积石积砂”、石拱券墓室及“黄肠题凑”椁室等多重结构。有学者推测其为西汉中期至晚期的贵族墓地[9]。所以说，在南城村一带发现战国、汉代墓是比较正常的现象。

本次发掘墓葬2座。编号为BM1、BM3。其中BM1形制为墓口大于墓底，斜壁平底，近似

“斗”形，随葬品为陶鼎、豆、壶、盘、碗的组合，其时代应在战国；BM3形制为平面呈窄条长方形、直壁平底的竖穴土坑墓，随葬品仅有在头骨下的一件骨簪，其时代应在西汉中期。这两座墓葬形制与赵邯郸故城周边发现的战国、汉代时期墓葬竖穴土坑墓皆相同，例如邯郸百家村战国墓、邯郸市建设大街战汉时期墓葬、邯郸渚河桥汉代墓[10]等。战国到汉代竖穴土坑墓的形制演变是有一定规律的（多指中小型墓），在邯郸地区战国时期的不带墓道的竖穴土坑墓，墓口多近方形，长宽比例较小，墓室一般作口大底小的“斗”形；汉代的竖穴土坑墓，较之战国时期长度增长，宽度变窄，即长宽的比例变大了[11]。

本次发掘的BM1随葬品陶器组合也与赵王城遗址周边竖穴土坑墓的陶鼎、豆、壶、盘、匜或者鼎、豆、壶、盘、碗也大体类同。再如本次发掘出土的陶鼎（BM1：1）、豆（BM1：2）、壶（BM1：5，现存颈部以上），与邯郸百家村战国墓出土的陶豆、壶[12]，邯郸市博物馆战国墓和邯郸市复兴区地税厅战国墓出土的陶壶[13]，邢台市内丘县小驿头遗址的战国早期M2出土的陶鼎、春秋晚期M7出土的陶豆、战国早期M6出土的陶壶[14]均相近似。根据BM1所处地理环境及与周边战国墓的比较，进一步证明了此地战国墓葬的存在。

根据两座墓葬的形制及出土器物分析，BM1为战国中晚期，BM3为西汉中期。

战国至汉代遗存的遗迹除墓葬之外还有三个灰坑（BH17、BH25、BH27），从平面形状可分为椭圆形和长方形两种。BH17平面为椭圆形，直壁筒状，平底；BH25和BH27的口部长宽比例较小，四壁倾斜作口大底小的“斗”形。其中BH27在东、西两长壁上各有上下可攀登的五个基本对称的脚窝。BH27出土有绳纹板瓦、篮纹圜底陶盆、陶豆等；BH25出土遗物有绳纹板瓦、宽折沿篮纹圜底陶盆、高柄盘陶豆等；BH17出土遗物有绳纹板瓦、卷云纹瓦当、篮纹泥质灰陶盆等。三个灰坑出土的器物除一件疑似春秋时期遗留的肩饰一周附加堆纹的残夹砂红陶黑衣鬲（BH27：01；图四二，1）之外，余均为战汉时期陶器，最晚的为西汉时期的勾连卷云纹瓦当（BH17：1）。

我们将三个灰坑出土器物与该遗址北边的赵都邯郸故城之内出土战汉时期相关的陶器做对比，例如A型盆BH25：1、BH25：2和B型盆BH27：06，与赵都邯郸故城之内现代建设动土地点出土的陶盆相近似[15]；C型盆BH27：04、BH27：05和BH17：02，与邯郸市中华北大街和人民路交叉口西南侧原邯郸市宾馆后院出土的陶盆相近似[16]；D型盆BH25：01，与邯郸市内1970年陵园路两侧第6建设地点出土的陶钵相近似[17]；A型豆BM1：2、BH27：09和B型Ⅱ式豆盘BH19：01、B型Ⅰ式喇叭形豆座BH19：02，与邯郸市中华北大街和人民路交叉口西南侧原邯郸市宾馆后院出土的陶豆都有相似之处[18]；卷云纹瓦当BH17：1，与邯郸市内1970年以来在赵都邯郸故城（大北城）之内现代建设多处动土地点出土的陶豆均相近似[19]。

综上所述，BH27的回填土近似五花土，回填土的颜色及包含物的堆积，都和BM1比较相似。从BH25和BH27形制、回填土及出土陶器综合分析，推测两个灰坑的开挖时代在战国晚期，当时的用途不是灰坑，应当是墓葬，不过因为某些原因在快挖好时废弃了（或已经将人骨架、葬具迁出），并进行了不完全回填，这就是BH27下层五花土的成因。根据两个灰坑内出土的器物分析，BH25、BH27是墓葬废弃之后才作为灰坑使用的，灰坑的使用下限约在西汉早期。灰坑BH17与BH25、BH27出土的器物基本相同，其时代也应和BH25、BH27相同。

2. 唐至五代遗存的年代推断

本次发掘的墓葬2座、灰坑24个，有纪年的器物为铜钱6枚。其中1枚开元通宝（BM2：4）出土于墓葬形制为竖穴墓道洞室墓的墓主口中。其余5枚铜钱出土于灰坑，有1枚五铢（BH12：1），4枚开元通宝（BH18：2、BH14：1、BH14：3、BH14：4）。

墓葬2座（BM2、BM4），间距7.5米，皆开口于第2层下，形制均为长方形竖穴墓道土洞墓，墓道为南向，墓的方向192°～195°，同为单棺，男性，随葬品除有开元通宝（BM2）、铁簪（BM4）之外，其共同特点为瓷碗、瓷盘、陶罐，这种器物组合应是当时的葬俗。从墓葬的规模和开凿结构来看，为一般平常百姓的墓葬。两座墓随葬的四件白瓷器，外壁留有轮旋刀痕、施釉不到底且有泪痕，足圈宽浅形似玉璧底，具有晚唐五代时期定窑系器物特征。BM4出土的白瓷碗胎体较厚重、斜曲腹、直口，BM2出土的白瓷碗胎体较轻薄、近斜直腹、六瓣葵口，也有着年代上的早晚差异。结合随葬灰陶罐的形制，无系陶罐（BM4：2）最大腹径略偏上部，多见于唐中期，双系陶罐（BM2：3）最大直径在腹中部，多见于唐晚期。综合来看，BM4在埋葬年代上应早于BM2，加上两座墓葬距离很近，墓葬形制相同、朝向一致，应是唐代晚期至五代时期的家族墓[20]。

灰坑24个，除一个灰坑内没有出土建筑构件之外，其余均包含有建筑构件的砖、瓦。出土以陶器居多，瓷器较少。这些器物在邯郸区域发现的多数唐代墓葬之中都有出土，以邯郸市丛台路南侧电业局北院（以下简称“丛台路”）基建工地[21]和邯郸地区东北部的鸡泽县尹村村边（以下简称“尹村”）[22]两地唐墓为例。A型双系陶罐BH16：2、BH20：04，与丛台路出土的A型Ⅰ式双系陶罐M101：2相似；A型双系陶罐BH8：07，与丛台路出土的A型Ⅰ式双系陶罐M207：1相近似；B型双系陶罐BH16：03、BH6：06，均与尹村出土的B型双系陶罐BM4：8相近似；C型无系陶罐BH10：02，与丛台路出土的深腹陶罐M206：10及尹村出土的深腹陶罐M4：6均相近似；A型Ⅵ式外折沿陶盆BH10：01以及A型Ⅳ式外折沿陶盆BH10：2、BH5：1、BH8：03，均与丛台路出土的陶盆M207：9相类似；青釉瓷盂BH16：1，与丛台路出土的C型青釉瓷盂M108：2及尹村出土的B型青釉瓷盂BM3：1皆基本相同；B型黄釉瓷碗BH18：4，与丛台路出土的A型瓷碗M206：9相类似；B型双系陶罐BM2：3，与尹村出土的A型Ⅱ式双系陶罐YM1：7、YM1：8相近似。

除上述典型器物之外，北南城遗址还出土了有其本身特点的器物，这些器物在其周边的唐代遗址、墓葬的出土物中并不多见。现举例如下。

一是向外宽折沿盆。第一个特点是敞口，向外平折沿，沿面较平，口沿外唇呈现上凸下垂的A型Ⅰ式盆（BH8：04-1、BH8：04-2）、A型Ⅱ式盆（BH16：02、BH6：01）等；第二个特点是直口，向外平折沿，沿面较平，沿外端再向上折，腹壁弧曲的C型Ⅰ式盆（BH20：01、BH15：01）、C型Ⅱ式盆（BH20：02）；第三个特点是口沿向外缓弧折，沿面一周凹槽，沿外端出现锯齿形或双重形口沿，口内一周凸弦纹，外壁多条凹弦纹的B型Ⅰ式盆（BH16：01）。另外，有一件盆的下腹部使用了一条环形凹坑式附加堆纹（BH26：02）。

二是无系卷沿罐和无系束颈罐。前者特点是个体较大，直口，口沿向外反卷并呈上下形折叠状，颈部上段垂直、下段向外缓折，肩部外壁在与颈连接处凸起，肩外壁面现存八周由凹状小三角形组成的带状纹的A型罐（BH24：01）。后者特点是圆唇，束颈，口径略大，圆肩，肩部存有七周暗纹的C型罐（BH9：03）。

三是瓮。有泥质灰陶与泥质红陶之分，形体较大，有外凸唇（A型瓮）、外卷沿（B型瓮）、唇部呈内外凸（C型Ⅰ式、Ⅱ式瓮）、唇部内凸且唇外端向下反卷（C型Ⅲ式瓮）之分，这些瓮的颈外部或肩部（也有的在腹部）大都有多组环形带状纹，例如竖向绳纹、"｜⊙"形组成的压印纹、单半个同心圆与"⊙"形组成的压印纹、双线同心圆及弦纹组成的压印纹，个别的在外部饰淡墨绘制的图案等。

四是陶塑。泥质灰陶似盾牌形陶塑神兽面1件（BH8：01），在十边（角）形的平板之上塑一兽面（面部的下部及角、耳缺失），似龙或虎，圆眼，暴凸眉，眉间皱凸，斜竖的鬃毛，尽显其狰狞面目。

灰坑24个，从出土器物分析，其中五个灰坑中，除出土有与邻近灰坑时代相同的器物，同时还出土有早于唐代的器物，它们分别是BH23、BH24、BH8、BH10、BH12。现略作探讨：

BH23、BH24，两灰坑都出土有板瓦、筒瓦、滴水、绳纹砖及陶、瓷的生活器物残片。其中饰绳纹的A型筒瓦BH24：04和饰布纹、瓦首压印双波浪纹的滴水BH23：03（有的学者称为板瓦，下同），这两件器物的形制和装饰纹样在本遗址的周边就曾多次发现。例如，临漳县邺南城朱明门遗址发掘出土东汉晚期至曹魏时期的Ⅰ型筒瓦及东魏北齐时期的Ⅱ型、Ⅲ型板瓦[23]；临漳县邺南城遗址发掘出土的东魏北齐时期板瓦86JYT154：2[24]；邯郸峰峰矿区响堂山石窟之北响堂石窟第二窟窟檐的北齐时期滴水（板瓦）[25]；2005年至2006年为配合南水北调工程在磁县城西湾漳营北朝遗址[26]出土的滴水（图七三）等，均能找到与BH23、BH24出土的板瓦或滴水相同的特征。BH24：04、BH23：03时代上限应在北朝晚期。

BH8、BH10，两灰坑的下部平面呈近似方形的竖穴坑。灰坑内出土绳纹砖残块、布纹瓦残片，泥质红陶盆、罐（其中有桥形双系罐）、瓮等，以及黑釉瓷盏等生活器物残片，还出土有较多的动物遗骸残段及残片。这些器物与邻近灰坑的时代相差无几。其中BH8出土4件青釉瓷碗（BH8：2～BH8：5），与磁县北齐元良墓出土的青釉瓷碗有些相接近[27]，两地出土的碗再细比较，其支烧方法、施釉方法、外足底中部向上缓凹等特点均相同，只是腹部深浅、腹壁弧曲度、足径大小及釉色浓淡稍有差别；BH8：2～BH8：5与北齐高润墓出土的青釉瓷碗基本相同[28]。本次出土青釉瓷碗与元良墓青釉瓷碗差异较大，与高润墓出土青釉瓷碗差异较小。各有差别的原因有多种，如窑口不同、工匠手艺不同、瓷碗烧制时间不同等。笔者认为"烧制时间不同"所占比例要大一点，元良埋葬时间为北齐天保四年（公元553年），高润埋葬于北齐武平七年（公元576年），从公元553年到576年相差约二十四年。

我们通过进一步探索可以发现，在距北南城遗址最近的青釉瓷窑址有两处，即漳河流域的北贾壁青釉瓷窑址、滏阳河流域临水青釉瓷窑址。1959年6月，古陶瓷学家冯先铭先生在位于北贾壁村的寺沟台地上发现的青釉瓷窑址及采集标本发表在《宋磁州窑综论》等论著，自此

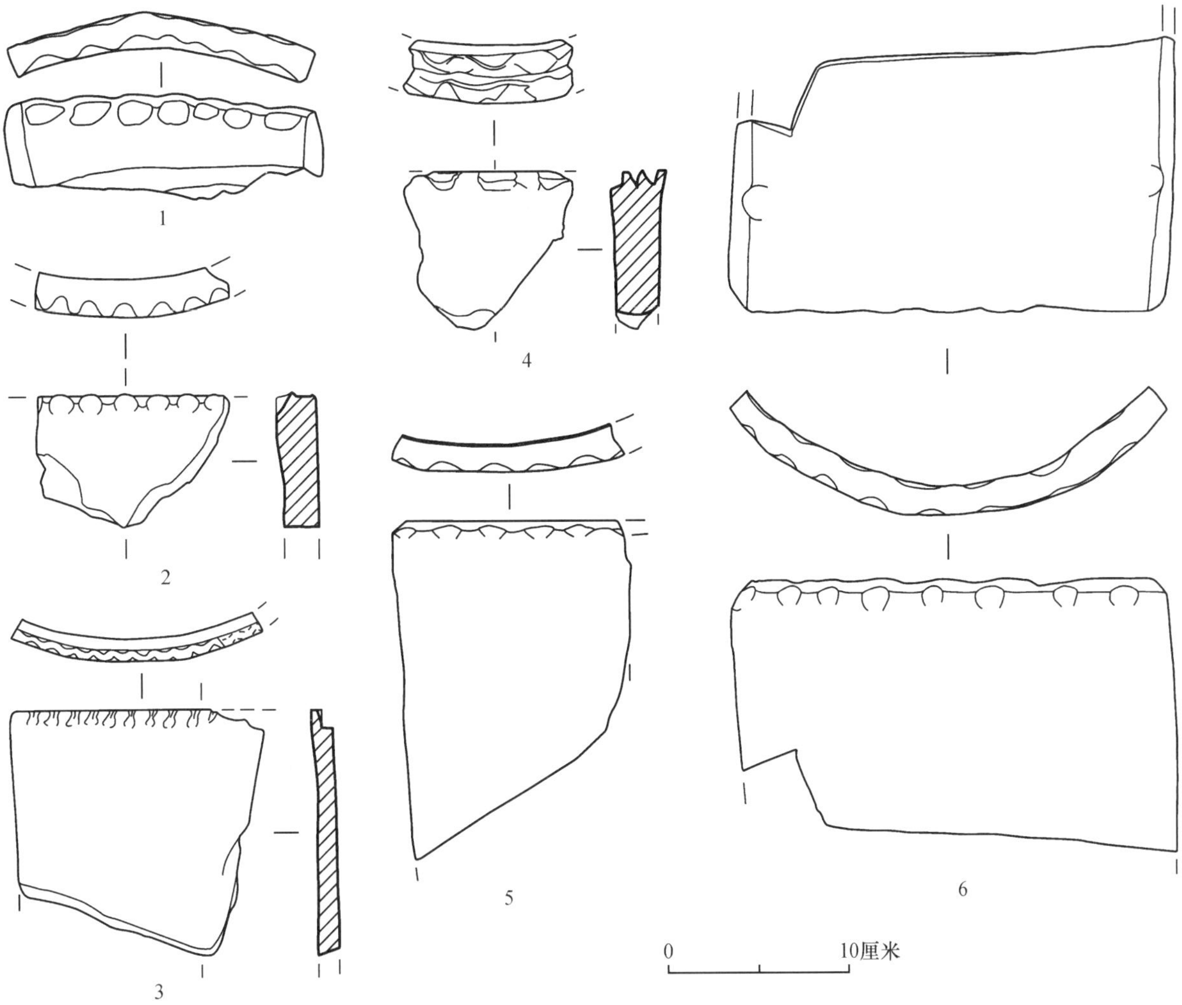

图七三　磁县湾漳营北朝遗址出土滴水（板瓦）

1. ⅠT0101②：7　2. ⅠT0200②：1　3. ⅠH7：15　4. ⅠT0101②：3　5. ⅠH7：16　6. ⅠT0101②：6

北贾壁青釉瓷器见诸世。1975年在峰峰矿区临水村火车站附近发现了一处青釉瓷窑址，并出土了一批青釉瓷器。1975年秋发掘北齐高润墓出土了一批青釉瓷器。1981年邯郸地区文物保管所在对磁州窑遗址专题调查时，在北贾壁村、临水村均发现了青釉瓷窑址及大量的青釉瓷器和窑具。另外，在峰峰矿区临水附近的羊角铺村、峰峰矿区新坡南台也发现有与BH8：2～BH8：5相同的青釉瓷碗[29]。我们将本次青釉瓷碗BH8：2～BH8：5与上述调查、发掘出土的青釉瓷碗相比较，发现青釉瓷碗BH8：2～BH8：5与1975年秋发掘北齐高润墓出土的两件青釉瓷碗基本相同。有学者分析说，“北齐武平七年文昭王高润墓出土的2件青釉瓷碗，从其胎釉、器形、特征等来看，均与我们在贾壁村旧窑址调查采集到的碗相似，也与冯先铭先生在贾壁村采集的碗相吻合。由于此墓有明确的纪年，因此，可以确认磁县贾壁村青瓷窑址在北齐武平七年以前就开始烧造青瓷了”[30]。青釉瓷碗BH8：2～BH8：5时代上限应在北朝晚期。

BH12，壁面自上而下向外倾斜呈袋状坑，出土1枚隋代五铢钱（BH12：1），伴随钱币出土的还有胎质、造型与相邻灰坑出土器物相同的器物，器形有泥质红陶盆、罐、瓮

（BH12：01、BH12：02）、碗等。隋代五铢在隋文帝登基之始，即下令整顿币制，铸行统一的合乎标准的五铢钱，五年的时间（开皇元年至五年），钱币终于统一。由此可知，BH12的年代上限在隋代初期。从高润埋葬的北齐武平七年（公元576年）到隋文帝杨坚的开皇元年（581年）仅五年。由此可以推断，BH12与BH8的形成时间相距很近，或在同时形成。

综合以上分析，虽然灰坑内出土器物的时代上限有些为曹魏至北朝晚期，有些为隋代，或者说有很多器物具有明显的北朝至隋代的遗风，但是从各个灰坑出土建筑构件、生活器具的数量来看，其或多或少与邯郸区域多数唐代墓葬之中的随葬品有很多相似或相近似之处，因此确定了24个灰坑的时代为唐代。然而，灰坑出土器物尽管是与唐代墓葬之中的随葬品“相似”或“相近似”，但是从细部看，仍然有其自己的特征，例如有大量的陶盆、罐、瓮外壁饰有竖向、斜向绳纹，陶器的口沿、颈、肩等皆留有唐代以前的遗风。再结合自上而下地层的清理、解剖，发现在第2层形成时或形成之前，早期的地层及叠压于第2层之下的遗迹上部已经遭到严重破坏，致使早期文化层或遗迹的上部被剥蚀、消减。由此，可以推断24个灰坑的形成与包含遗物的时代为唐代初期。

3. 地层叠压与遗迹遗物的年代分析

总的来说，北南城遗址发掘区的地层仅发掘至第3层，而第3层为生土，呈黄略偏白色，纯净较硬，无包含遗物（发掘区大部分地段只是暴露出第3层上层的表面，没有再向下揭取）。发掘区西北部第1层下就是第3层，两层之间缺失第2层。仅有小部分遗迹发现于第1层下，大部分遗迹均被叠压在第2层下。

地层的第1层为灰褐色黏土，为耕土层，土质疏松，颗粒较大，富含植物根茎。出土少量的砖瓦碎块、瓷片等遗物。该层内器物年代，最晚的是清代晚期至现代。在该层下发现的遗迹有汉代墓葬1座（BM3）、唐代灰坑2个（BH15、BH24）。

地层的第2层为黄褐色黏土，自西北向东南逐渐增厚，土质较为疏松，内含少量炭屑及红烧土颗粒。出土有陶瓷残碎片，其中有红陶、灰陶及白釉、黑釉、白地黑花瓷片等。根据出土最晚时期的遗物分析，该地层应为宋元时期。在该层下发现有战国墓1座（BM1），唐代末至五代时期墓2座（BM2、BM4），唐代水井1口（BJ1），西汉时期灰坑3个（BH17、BH25、BH27），唐代灰坑22个（BH1～BH14、BH16、BH18～BH23、BH26）。

在这些遗迹的开口层位之中，还有一个灰坑需要单独说明，那就是BH26。BH26位于BT0204与BT0205之间（坑的北部被BH15打破），其坑口平面呈圆形，壁面自上而下向外倾斜呈袋状，平底，形制较规整，现存口径1.74米，底径1.9米，深径0.5米。坑内堆积上下一致，均为灰褐色填土，较疏松，含有大量草木灰及红烧土颗粒（块），出土有布纹板瓦、绳纹砖残块，并有少量泥质红陶、灰陶盆、双系罐及青釉瓷器等生活器物残片，这些器物年代分析均为唐代。从该灰坑的开口层位看，坑口部2/3的西部开口于第1层下（时代为清代晚期至现代），而1/3的东部开口于第2层下（时代为宋元时期）（图七四）。

综合上述地层所含文化堆积所确定的地层年代，第1层为清代晚期至现代，第2层为宋元时期。结合遗迹的出土遗物分析，可提出四个问题：其一，墓葬共有4座，其中时代为汉代的

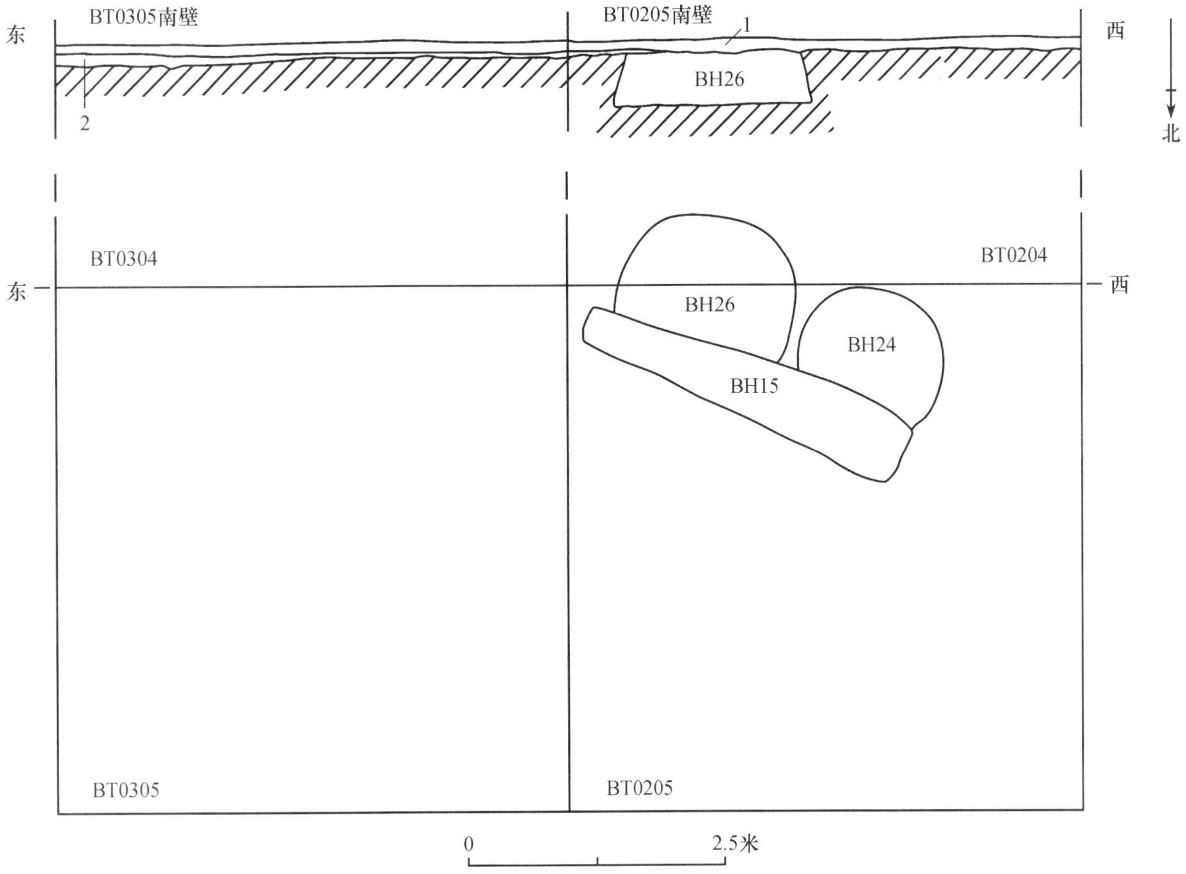

图七四 北南城遗址BH26所在探方位置及平、剖面图

BM3开口于第1层下，而时代为战国的BM1和唐代末至五代的BM2、BM4却开口于第2层下；其二，灰坑共27个，其中有3个（BH14、BH15、BH24）开口于第1层下，24个（BH1～BH13、BH16～BH23、BH25～BH27）却开口于第2层下；其三，西汉时期灰坑（BH17、BH25、BH27）与唐代灰坑、唐代水井同开口于第2层下；其四，BM2为唐代末至五代时期的洞室墓，我们发现其洞顶向上距现存墓道口的厚度仅有20厘米，这么薄的土层根本承受不了当时地面单人行走（开口于第2层下，洞顶距现地表共有40厘米）。另外，唐代大部分圆形袋状灰坑，其应该均为窖穴（另外还包括复合型灰坑BH8、BH10），但现存深度也太浅。根据这些不合乎逻辑的现象，结合第2层以下又是黄色略偏白色的生土，可以推断，在发掘区西北部的第1层及大部分的第2层之下，还缺少宋元时期以前的文化层（地层）。也可以说，在第2层形成时或形成之前，早期的地层及灰坑、墓葬上部就遭到严重破坏，致使早期文化层或遗迹的上部被剥蚀、消减。早期地层及遗迹的减薄或缺失原因，可能是在早期由于地处河岸台地、西高东低的地势，受到雨水冲刷与狂风吹刮或人为扰动。

另外，大部分圆形、椭圆形灰坑虽然大小深浅有异，但在排列上较为有序，可以看出是有一定规划意识的，此次的发掘地点应为唐代初期的窖穴群所在地，而居住址应该还在西侧更高一点的台地上。那里已经超出南水北调渠线规划范围，不过应相距不会太远。

4. 北南城遗址与洺河及周边的考古发现

北南城遗址位于洺河西岸台地上，洺河是一条有着古老名字的河流，走访当地三五里①地的老者，竟然无人知晓这条河流的名字。早在《汉书·地理志》云“又有拘涧水东北至邯郸入白渠”[31]，其中拘水在郦道元《水经注》卷十《漳水》“拘涧水又东，又有牛首水入焉”文字之后，注有“汉景帝时，七国悖逆，命曲周侯郦寄攻赵，围邯郸，相捍七月，引牛首、拘水灌城，城坏，王自杀”。《水经注》所记诸水以现代河流对照，牛首就是现在的沁河，拘水就是沁河南边的渚河。白渠水即现代的牤牛河，清同治修《畿辅通志·水道六》记有“所谓白渠水，当是牤牛河”，即现在洺河南边的牤牛河。由此可知，渚河与牤牛河之间便是《水经注》所记载的涧水（洺河）。拘水、涧水至赵王城东南处两水汇流之后、“东北至邯郸入白渠”之前这段的流水称为“拘涧水”。

据上述记载，“涧水”即发源于磁州西北部的洺河，涧水南流至南城村后，又东折经西郝村、东郝村、河北村、城基村、张儿庄村而入滏阳河。民国本《磁县县志》第二章第二节洺河条亦称：“在城北四十里，发源自河口村经安河村、陆开村、南张儿庄，东北入邯郸县北张儿庄，归滏阳河。”直到中华人民共和国成立前，洺河的自然河道流至南城村后，向东折转呈西南—东北走向不变，在清代磁州八景之一的“台城烟柳”指的就是洺河南岸台城一带的自然美景。现在此段河道依旧隐约可见，有迹可循，这与《汉书·地理志》所称“拘涧水东北至邯郸”相吻合，也符合“涧水东北至邯郸”的自然趋势［现在看到的滏阳河，在今南张庄（民国时期的南张儿庄）向北至邯郸市，所走的是古涧水之河道］。现经笔者实地勘察，洺河有二源：东源出今磁县河口村，西源出河口村西2.5千米的后史村，向南经前史村、中史村[32]、谷掩，再折转东南约2千米与东源河口村南至2.5千米的陆开村合流，又东南经任庄、安河、北城、南城、车角村而入牤牛河。洺河至南城后的河道何时变迁？据查，20世纪四五十年代，政府发动乡民，人工会战将洺河自南城村东向东南方向，疏通到车角村北的自西向东流淌的牤牛河，自此之后，洺河提前汇入了牤牛河，《水经注·漳水》载“拘涧水东北至邯郸入白渠”，洺河南流至南城村后折向东北到今南张庄（民国时期的南张儿庄）的这段河道逐渐废弃，变为耕地（图七五）。

洺河是南城一带祖祖辈辈的母亲河，人类在洺河两岸幸福地繁衍生息。大约在20世纪80年代初，笔者曾在洺河源头做过调查，在河口村南经常可以捡到原始社会人类使用过的多种形体的石器，在村民建造住宅动土时也曾经发现过商代炊具残破的绳纹陶鬲。2004年3至5月，邯郸市文物保护研究所对北城村南发现的古墓群进行了抢救性发掘，共清理殷商晚期聚集墓葬71座，出土文物141件（附录三）。2004年4至7月，在河北村北的邯郸飞机场扩建时，经考古调查、勘探、发掘，发现了一处人类居住地及以汉至曹魏时期为主（少数唐、明、清时期）的墓葬（河北村遗址）。经过抢救性发掘，共清理677平方米，发现灰坑或窖穴23座，出土镰、铲、刀、斧、凿、锛、研磨器等石器，鬲、甗、罐、盆、缸、卵形瓮、钵、杯、豆、纺轮等陶

① 1里=500米。

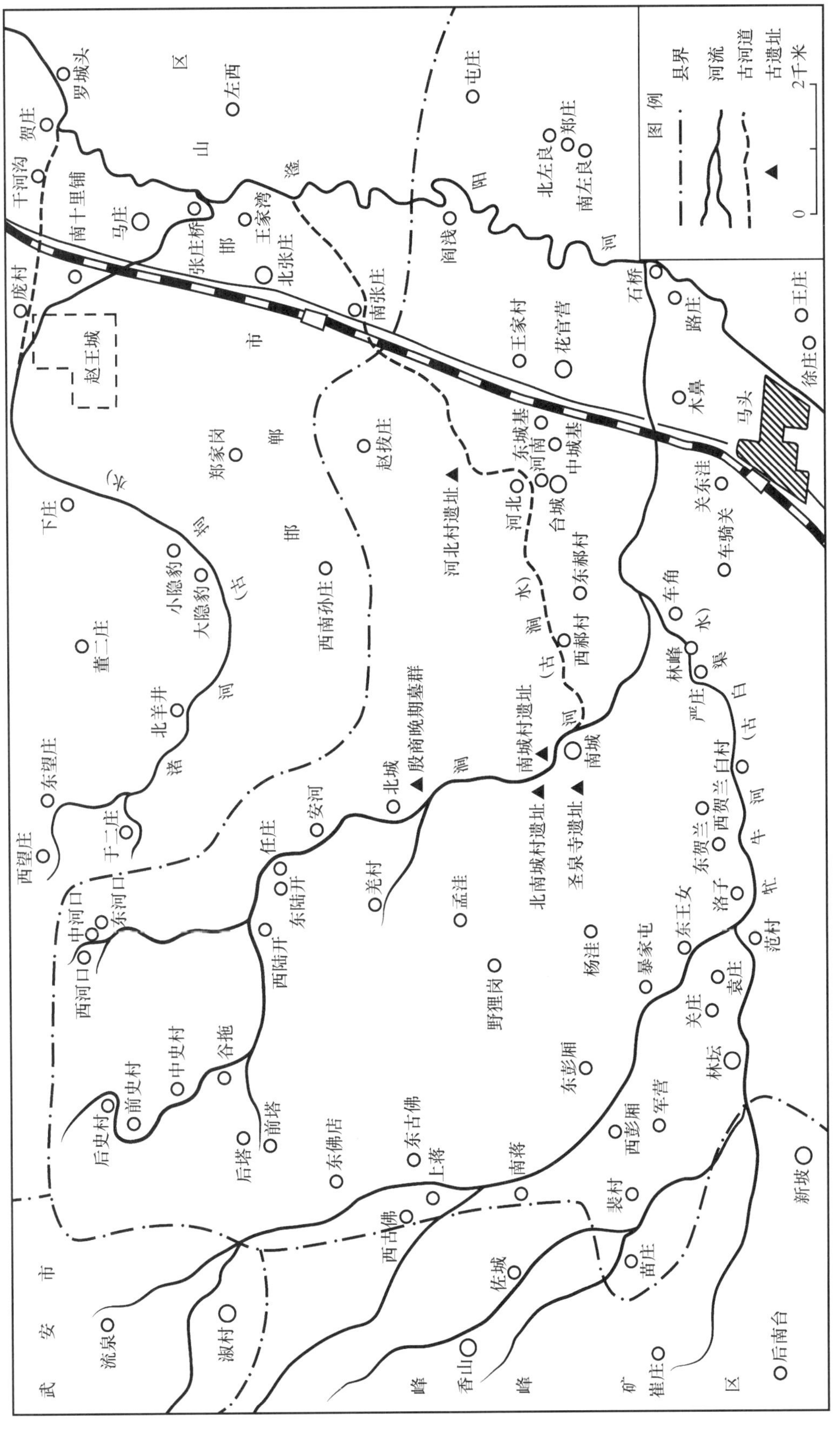

图七五 磁县北部与邯郸市区南部诸河流向及有关地名示意图

器，刀、匕、簪、椎等骨器及带铤青铜箭头，其中人类居住地的遗迹遗物所属年代为先商晚期阶段[33]，为商民族起源于邯郸漳河流域提供了新的证据（附录四）。2007年秋至2008年春，河北省文物研究所会同邯郸市文物研究所、磁县文物保管所，对南水北调工程中，南城村村北的南水北调工程重点文物考古项目之一的南城村遗址（北邻古洺河，东至高级渠，西、南被古洺河现存的一条小河环绕；总面积约120 000平方米），进行了发掘（面积6580平方米），清理各类遗迹358处，其中灰坑204座、房址8座、灰沟21条、井5座、窑址2座、墓葬111座、烧土遗迹2处，编号成形文物669件。以先商墓地（72座）及3座房址最为重要，其次有汉、北朝、唐、宋等多个时期遗迹遗物，堆积丰富。本次先商墓葬的集中出土为河北省首次，这为当地早期文化特别是龙山文化的研究提供了不可多得的实物资料，对研究遗址在所处特殊地理环境下，受周边几个不同文化、不同发展阶段的影响，以至整个地区文化的起源、发展的趋势及与周边文化的碰撞、交流，探索这一地区先商文明的起源、特点、进程、动因等方面，都将起到极为重要的影响（附录二）。南城村遗址于2013年5月，被国务院公布为第七批全国重点文物保护单位。

本次圣泉寺遗址和北南城遗址的发掘，涵盖了战、汉、唐、宋、元、明、清各时期的人类生活及建筑遗存，为研究洺河流域及南城周边区域的历史发展和演变提供了新的实物依据。

注　释

［1］河北省邯郸地区地名办公室：《邯郸地区分县地名图册》1983年12月（内部用图）。

［2］南城村遗址，是南水北调工程重点文物考古项目之一，河北省文物研究所会同邯郸市文物研究所、磁县文物保管所，于2007年、2008年对该遗址进行了两次田野考古发掘，获取了重要发现。2013年5月，被国务院公布为第七批全国重点文物保护单位。

［3］南城村是乡级政府所在地。2016年以前为磁县辖区，2016年之后划归为邯郸市冀南新区管辖（区治所在地，位于南城村东南方向的马头镇至东城营乡之间）。

［4］北京大学考古学系、河北省文物研究所、邯郸地区文物保管所：《观台磁州窑址》，文物出版社，1997年；邯郸市文物保护研究所、峰峰矿区文物保管所：《彭城盐店磁州窑遗址发掘简报》，《河北省考古文集（5）》，科学出版社，2014年。

［5］石晨：《旧上海特别市政府大楼保护修缮技术分析》，《中国文物报》2018年10月26日8版。"旧上海特别市政府大楼的琉璃瓦……经调查，屋面勾头瓦长度不一……颜色不一，瓦头图案有二种，主要以凤凰图案为主，部分寿字纹样。"另见插图："凤凰"样式、"寿字"样式。

［6］政协石家庄市委员会：《石家庄历史文化丛书·石家庄建筑精览·赵州安济桥》，中国对外翻译出版公司，2001年，36页："安济桥还采用铁拉杆横穿、双银锭形腰铁嵌联、长条钩石、护拱石以及两侧收分等措施，以加强横向连结。"

［7］政协石家庄市委员会：《石家庄历史文化丛书·石家庄建筑精览·赵州永通桥》，中国对外翻译出版公司，2001年，40页："桥的……基础横向宽度大于主拱脚，两侧安置了勾头石。"

［8］今查永通桥桥长有三种：①39.5米（高英民、刘元树：《永通桥创建年代考》，《文物春秋》1989年第21期）；②32米（王素芳：《永通桥（小石桥）》，《文物》1982年第7期）；③34.53米，今网上流传长

度，原因、出处不详。本书采用数据①。
[9] 薛玉川：《西汉赵敬肃王刘彭祖家族墓地考》，《邯郸古都文化学术研讨会暨中国古都学会2008年年会论文集》，2008年。
[10] 河北省文化局文化工作队：《河北邯郸百家村战国墓》，《考古》1962年第12期；邯郸市文物保护研究所：《邯郸市建设大街战汉墓发掘报告》，《文物春秋》2004年第6期（总第80期）；邯郸市文物保护研究所：《邯郸渚河桥汉墓发掘报告》，《文物春秋》2004年第6期（总第80期）。
[11] 李永山：《邯郸地区古代墓葬形制述略》，邯郸市文物保护研究所：《追溯与探索：纪念邯郸市文物保护研究所成立四十五周年学术研讨会文集》，科学出版社，2007年，第110页。
[12] 河北省文化局文化工作队：《河北邯郸百家村战国墓》，《考古》1962年第12期，图八，3、8～12（豆、壶）。
[13] 邯郸市文物研究所：《邯郸文物精华》，文物出版社，2005年，图版119、120。两鼎外表施以红彩（复兴区地税厅出土）或红、黑双彩（博物馆基建出土）图案，纹饰以龙、虎、卷云纹为主题。
[14] 河北省文物研究所：《内邱小驿头遗址发掘报告》，河北省文物研究所：《河北省考古文集》，东方出版社，1998年。图一七，10（鼎）、1（豆）、4（壶）。
[15] 邯郸市文物保管所：《河北邯郸市区古遗址调查简报》，《考古》1980年第2期，图四，8、11（盆）。该文记述："1970年冬季，在城市基本建设动土工程中……在市内东西向的道路，即西近火车站，东临滏阳河一段，在全长2250米以内，经过普查（重点调查39个动土点）……6米以下是黑土或黄褐色土层，内涵（含）战国、汉代遗物，最常见的是板瓦、筒瓦、陶豆、碗、盆、瓮、罐、钵、纺轮等。"
[16] 邯郸市文物管理处：《邯郸市宾馆地下古遗址的调查》，《文物春秋》1990年第4期，图三，1、2。
[17] 河北省文物研究所、邯郸市文物保管所：《赵都邯郸故城调查报告》，《考古学集刊（第五集）》中国社会科学出版社，1987年，图一四，13。
[18] 邯郸市文物管理处：《邯郸市宾馆地下古遗址的调查》，《文物春秋》1990年第4期，图二，1～7。
[19] 邯郸市文物管理处：《裴庄遗址清理报告》，《文物春秋》1996年第4期，图三，1。该瓦当出土于赵都廓城中部偏西，即今邯郸市复兴区裴庄村南，战国晚期地层"④层之下"开口的第四号灰坑，编号H4：2（战国晚期瓦当）；邯郸市文物保管所：《河北邯郸市区古遗址调查简报》，《考古》1980年第2期，图六，汉瓦当。
[20] 李敏、李恩玮、李军等：《邢台旅馆汉唐宋墓葬的发掘》，河北省文物研究所：《河北省考古文集（三）》，科学出版社，2007年，第116、117页，图九、图一〇（长方形墓道土洞墓，唐代中期或偏晚）；河北省文物研究所、邯郸市文物研究所、涉县文物保护管理所：《河北涉县台村宋金及清代墓葬发掘简报》，河北省文物研究所：《河北省考古文集（三）》，科学出版社，2007年，227页，附表：河北国电龙山发电厂考古发掘墓葬统计表之中，发掘墓葬58座，其中17座宋金、40座清前期、1座清中期，全部为长方形竖穴墓道土洞室墓。
[21] 邯郸市文物保护研究所：《邯郸城区唐代墓群发掘简报》，《文物春秋》2004年第6期，图一一，1（M101：2）。
[22] 邯郸市文物保护研究所：《河北鸡泽县唐代墓葬发掘简报》，《文物春秋》2004年第6期，图七，3、4。
[23] 中国社会科学院考古研究所、河北省文物研究所、邺城考古工作队：《河北临漳县邺南城朱明门遗址的

发掘》，《考古》1996年第1期，图五，1. Ⅰ型（T147、T148④：40）；图八，2. Ⅱ型（T149②：38）、3. Ⅲ型（T141②：39）。

［24］ 中国社会科学院考古研究所、河北省文物研究所、邺城考古工作队：《河北临漳县邺南城遗址勘探与发掘》，《考古》1997年第3期，图三，2（板瓦瓦首拓本）。

［25］ 俞伟超：《邺城调查记》，《考古》1963年第1期，图一〇，2。

［26］ 南水北调中线一期工程文物保护项目，2005年10月至2006年1月磁县城西湾漳营北朝遗址的发掘，建筑构件滴水线描图系邯郸市文物保护研究所内部资料。

［27］ 磁县文物保管所：《河北磁县北齐元良墓》，《考古》1997年第3期，图一三，2、3、5。

［28］ 磁县文化馆：《河北磁县北齐高润墓》，《考古》1979年第3期，图七，4、5。

［29］ 赵立春：《磁州窑陶瓷文化发展史陈列纲要》，九州出版社，2010年，第53页左下图、第54页下图、第56页上图。

［30］ 薛玉川、申慧玲、薛东亮：《邯郸历史文化遗存综述》，邯郸市文物保护研究所：《追溯与探索：纪念邯郸市文物保护研究所成立四十五周年学术研讨会文集》，科学出版社，2007年，第164页。

［31］ 《水经注》卷十《漳水》曾经述及流经邯郸的诸水及与之相关的钦口山、武始等地名，其中巴蜀书社1985年影印王先谦校注《水经注》有关之内容："漳水又东北径列入县故城南……。白渠水出魏郡武安县钦口山，（校记略）东南流径邯郸县南，又东与拘涧水合。（校记略）水导源武始东山白渠，（赵'白'上增'入'字。刊误曰：《汉书·地理志》云拘涧水东北至邯郸，入白渠，落'入'字）北俗犹谓是水为拘河也。拘涧水又东，（校记略）又有牛首水入焉"。

［32］ 中史村村名的来历。在编写本报告期间，走访该村的老人得知，以前叫啥村名不知道，只是听人说以前这一带的三个村子，南叫南史村，北叫北史村，该村（南史村，北史村之间的）叫中史村。后来南史村的村民嫌南史（南史谐音"餪nuǎn屎"，"餪"为动物趴下吃的动作）不好听，又因本村中部有一高大砖塔，就改塔南为前塔村、塔后为后塔村。北史村因是两个自然村，就改为前、后史村。中史村就简化为"中间"了。笔者认为，中间村的"间"字初期是否为涧河的"涧"，或称"涧"村，目前还没有足够的依据，有待新的证据出现。

［33］ 乔登云：《河北磁县几处先商遗址的考古发现与探索》，《早期夏文化与先商文化研究论文集》，科学出版社，2012年。

附　　录

除附录一《北南城遗址出土动物骨骼遗存简况》之外，其余三篇均发文于《邯郸文物简讯》。《邯郸文物简讯》是邯郸市文物保护研究所于2001年10月18日创办的内部发行资料，是对邯郸区域古文化遗存的调查、勘探、发掘、保护及研究动态，有遗迹照、器物照、现场工作照、航拍照片等，丰富多彩的信息内容，采用不定期发行的红头白页、图文并茂的版面形式，呈送邯郸市、区、县的行政、公安、文化等有关领导首长或主抓文物工作负责人以及省内文物系统、邯郸市内的大专院校、文史研究等机构。《邯郸文物简讯》的报道引起了社会的广泛关注，也进一步体现了邯郸市文物保护研究所是对外发布文物考古信息和宣传文物保护政策的前沿阵地。借此《磁县南城圣泉寺遗址暨北南城遗址考古发掘报告》出版之际，对本次在北南城遗址西汉时期灰坑BH27出土的一件春秋时期炊具陶鬲（BH27：01）、战汉时期的遗迹遗物，以及南城周边的三处有关商文化的考古发现附录于此，以供读者乐于洺河流域的商周春秋战汉时期研究时参考。

附录一　北南城遗址出土动物骨骼遗存简况

薛玉川
（原邯郸市文物保护研究所副所长、副研究员）

2010年4月至8月，为配合南水北调工程的文物保护工作，邯郸市文物保护研究所会同磁县文物保管所，对磁县北南城遗址进行了考古发掘，揭露面积771.65平方米。发现灰坑27个、土井1眼、墓葬4座。其中绝大部分遗迹为唐代初期，少量战国、汉代及唐末五代时期。出土文物130件。出土器物以陶器、瓷器为主，铜器、石器、骨器、铁器较少。除此之外，还发现了一批动物骨骼遗存。

动物骨骼遗存主要发现于西汉早期和唐代初期共8个遗迹单位。其中西汉早期灰坑1个（BH17），唐代初期灰坑6个（BH8、BH10、BH16、BH15、BH1、BH6）和1眼水井（BJ1）。出土动物骨骼共计60余件（片），分别属于哺乳类、飞禽类，种属包括驴、牛、鹿、羊、猪、狗、兔和鸟等。采集标本49件（片），约有29个个体。现以灰坑和井为单位将挑选的标本略述如下。

1. BH17

灰坑的平面呈椭圆形，直壁，平底，其形制较规整。出土物以泥质灰陶居多，其中有少量夹砂、夹蚌器物。出土动物骨骼8件，有羊胫骨、猪肱骨、狗骨等。标本共计6件，最小个体数3（附图一）。

（1）羊胫骨　1件。腿骨中部的残段，残长14.6厘米。残存纵向剖开的约1/2，在纵剖面的一侧有两处纵向刀劈痕，应是利器多次劈砍所致。

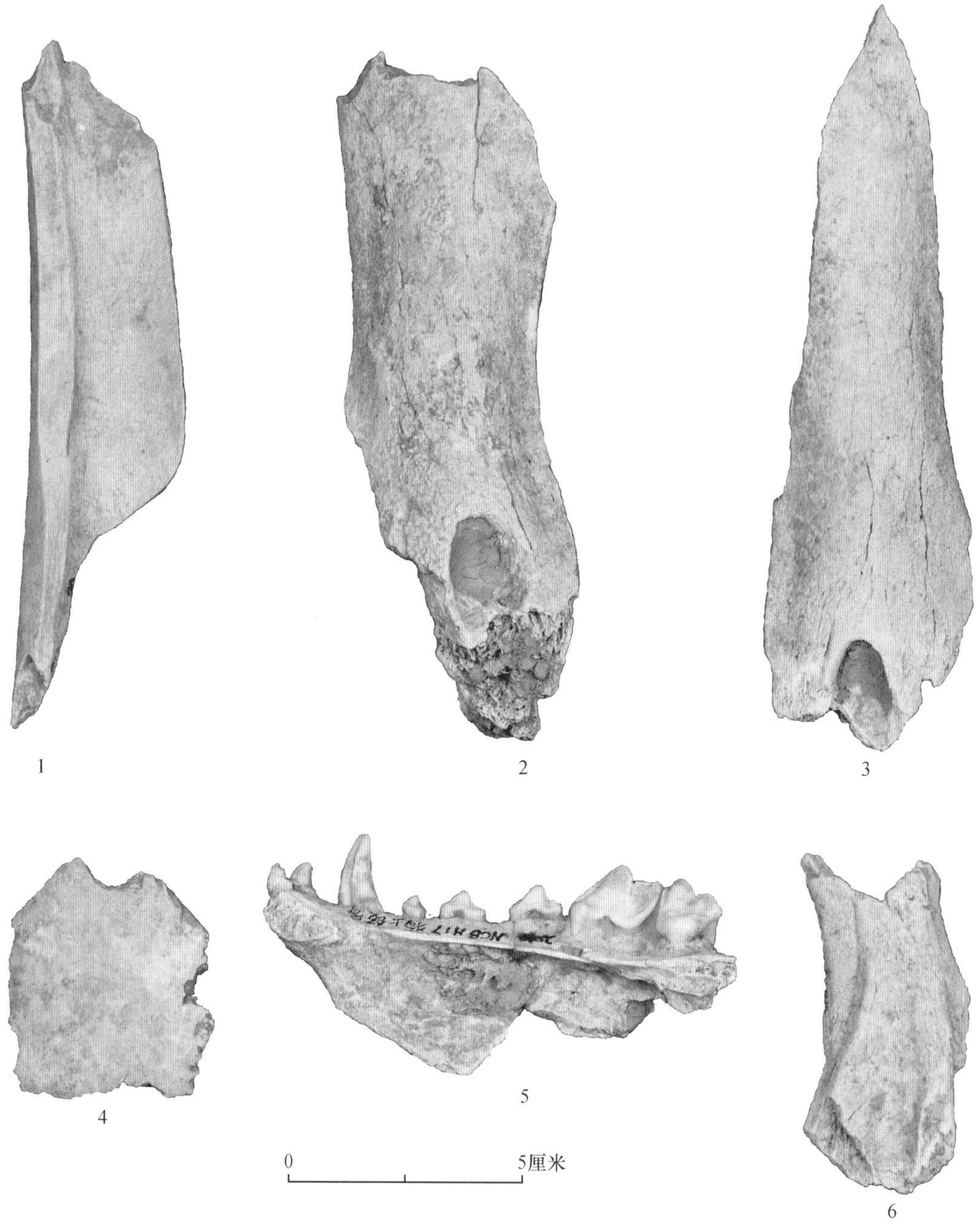

附图一　北南城遗址BH17出土动物骨骼

1. 羊胫骨　2、3. 猪肱骨　4. 狗头盖骨　5. 狗左侧上颌骨　6. 狗肩胛骨

（2）猪肱骨 2件，1个个体。腿骨中部的残段，两件残存的部位大致相同，残长15～15.4厘米。断面呈近似椭圆形，椭圆的远端有缓形棱角。应是两个个体。

（3）狗骨 3件，1个个体。均是残片（段），骨骼形体略小，应是未成年狗。

一是头盖骨。体较薄，内壁类似手指按压痕的高低不平状。残存最大长4.7厘米。

二是上颌骨左侧部，连有门齿、犬齿、前臼齿、后臼齿。其中I^1仅存齿孔，犬齿、前臼齿保存较好，后臼齿仅存M^1，M^1之后为残断面。残存最大长9.8厘米。

三是肩胛骨，仅存肩胛颈一段。肩胛颈最小宽2.5厘米、最大厚1.3厘米，纵向残长6.9厘米。风化较严重。

2. BH8、BH10

两灰坑的壁面设置二层台，台面可铺设木板进行封闭或分隔成上、下两部分空间，应原是储藏类窖穴，在这类特殊的窖穴废弃之后，又作为灰坑来使用，我们将其暂时称作复合型灰坑。出土遗物以砖瓦居多，陶器及瓷器（青釉、黑釉）较少。BH10出土少量动物骨骼残片，BH8出土有较多的动物骨骼残段及残片（图版二九，1）。其中有牛、鹿、羊、狗、兔、鸟等，标本计15件，最小个体数11（附图二）。

（1）牛骨 4件。分别是跖骨、下颌骨、肩胛骨、趾骨各1件。共2个个体。根据骨质、颜色、风化程度分析，肩胛骨为一个个体，其余为一个个体。

一是跖骨，下端与趾骨相连接的滑车缺失。保存长21厘米，近端左右最大宽4.2厘米，前后最大宽4.4厘米。前面的中上段大面积被火烧成黑褐色。

二是下颌骨，残存左侧下颌骨的中段大部。保存残长23.3厘米。保存有前臼齿的部分及臼齿。其中前臼齿P_1在残缺断面处缺失，P_2、P_3保存完整，臼齿除M_3咀嚼面的内侧略有残损，M_1、M_2保存完整。下颌骨骨质较差，表面开始出现裂纹。

三是右侧肩胛骨，近端、肩胛冈、前后缘均残，保存有残的颈部及肩臼的一部分。肩胛臼窝残失约1/3。残存最大长17.9厘米，肩胛颈部最小宽6.3厘米。

四是趾骨，为第一节。保存基本完整。前后长6.3厘米，最大厚2.6厘米。

（2）鹿骨 1件。趾骨第一节。保存基本完整。前后长5.8厘米，最大厚3.1厘米。

（3）羊骨 4件。分别是掌骨、肩胛骨各2件。共3个个体（其中一件掌骨和一件肩胛骨为一个个体）。

一是掌骨2件，2个个体。两件除风化程度不同、粗细略有差异之外，其现存的部位、残存长度基本相同。其中一件远端缺失，残存长14.5厘米，近端最大宽约3.2厘米。另一件近端、远端皆残缺，残存长14.1厘米，断裂处的断面最小宽2.1厘米。

二是左、右侧肩胛骨各1件，2个个体。近端、肩胛冈、前后缘均残，肩胛臼缺失。其中左侧肩胛骨残存长15.9厘米，肩胛颈部最小宽3.9厘米；右侧肩胛骨残存长9.8厘米，肩胛颈部最小宽3.3厘米。根据骨质、颜色、风化程度分析，右侧肩胛骨与掌骨的后者为一个个体。

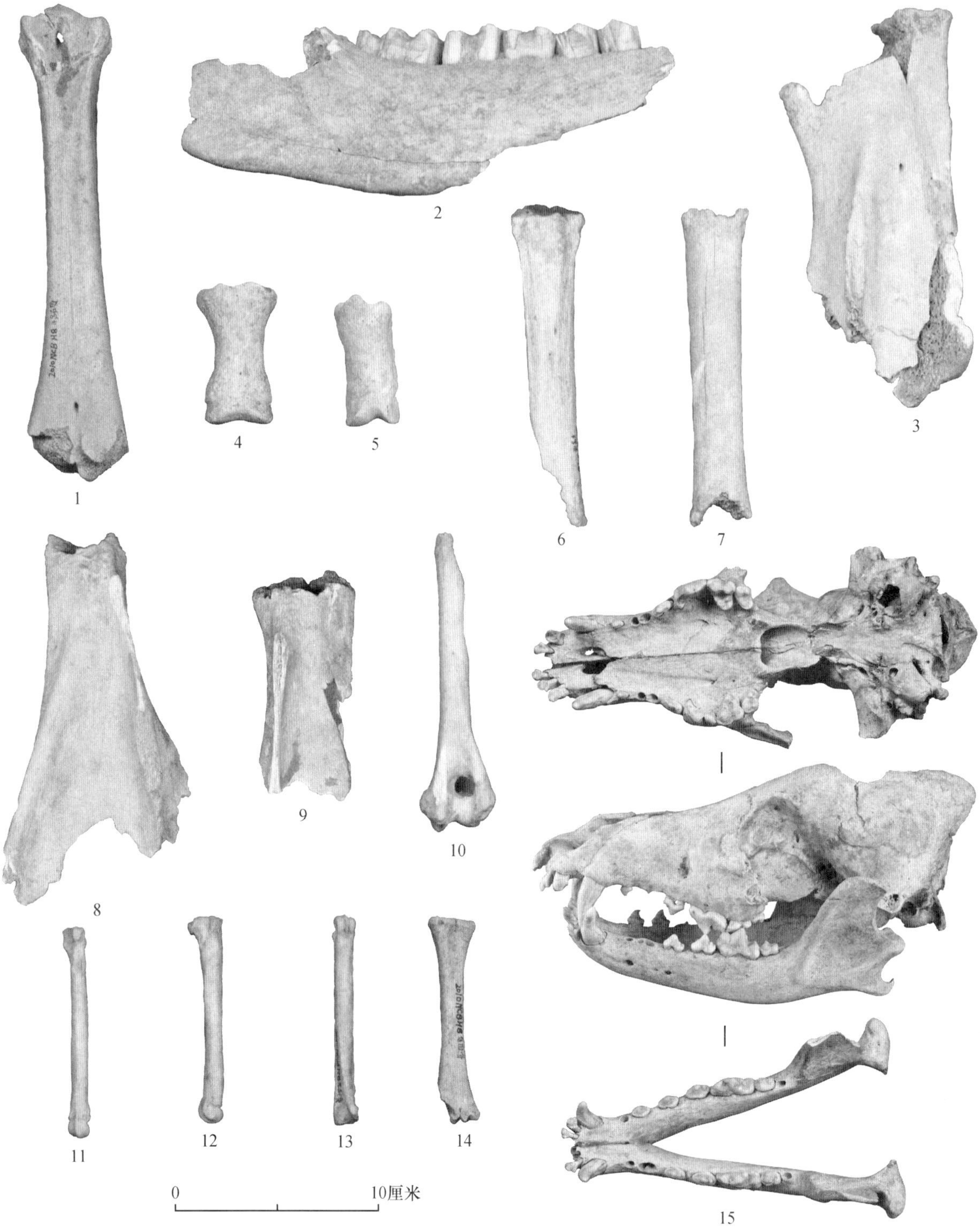

附图二　北南城遗址BH8出土动物骨骼

1. 牛跖骨　2. 牛左侧下颌骨　3. 牛右侧肩胛骨　4. 牛趾骨　5. 鹿趾骨　6、7. 羊掌骨　8. 羊左侧肩胛骨　9. 羊右侧肩胛骨　10. 狗左侧肱骨　11～13. 兔跖骨　14. 鸟胫骨　15. 狗头骨

（4）狗骨　2件，2个个体。

一是头骨，除前额至鼻骨一段的骨骼、上颌骨前端局部及几个裂齿缺失（仅存齿孔）之外，其他基本完好。上颌骨的第三臼齿（M^3）已经长全，下颌骨的第三臼齿刚刚萌出少许（现仅存M_3齿槽小孔）。从第三臼齿发育的大小来推测，这一条狗属于青年个体。自头骨后脑部向前至门齿齿槽孔处长约21厘米。

二是左侧肱骨，保留有远端（肱骨远端与尺骨和桡骨相连处）及部分骨干。残存长12.7厘米。

（5）兔骨　3件。全是跖骨，共2个个体，保存完整。其中左侧2件，8.8～8.9厘米；右侧1件，8.8厘米。骨质保存较好。

（6）鸟类骨　1件。胫骨。下端残缺约1/3。上下长8.7厘米。骨质略显腐朽，色泽发灰。

3. BH16

灰坑的平面呈长方形，开口于第2层下，含有大量草木灰及红烧土颗粒（块）。出土有砖、瓦、盆、罐、瓮、碗等陶瓷器，并出土有较多的动物骨骼残段及残片（图版二九，2），可辨识的有驴、牛、鹿、猪、狗、鸟类等。标本计24件，最小个体数11（附图三、附图四）。

（1）驴骨　1件。跖骨，保存基本完整。长20.5厘米，近端最大宽约3.4厘米、最大厚3.1厘米，远端最大宽约3.2厘米、最大厚2.6厘米。骨干最细之处（靠远端一段）的表面有横向刀刃切割痕两处。从该骨整体看，又细又短小，又白又细腻，骨质硬度不高，应是未成年的小驴。

（2）牛骨　11件，均为残段。共4个个体。依据颜色、腐朽程度及骨骼的大小，推测胫骨、掌骨、肋骨三件原为一个个体，肱骨为一个个体，胫骨和跖骨为一个个体，其余的肩胛骨、椎骨、髋骨为一个个体。

一是胫骨远端2件。一件残存长14厘米，远端最大宽约6.1厘米，骨干在残断处的断面呈近似椭圆形，其直径为2.8～3.6厘米。缺失的一端被砸断，骨质坚硬。另一件残存长16.8厘米，远端最大宽（横向宽）6.2厘米，骨干近残断处的断面直径约3.4厘米。缺失的一端被砸断，靠远端之处的表面有横向刀刃切割痕四处。由于胫骨和跖骨两节的骨质、颜色、厚度、粗细、腐朽程度皆相差无几，推测原为一个个体。

二是掌骨1件。两端皆残缺，骨干中部保存较好。长18.5厘米，掌骨近端最大宽约6厘米，远端最大宽约6.6厘米。骨干中段的断面呈近似半圆形，其最小直径为3.5厘米。

三是肋骨1条。两端残缺。残存长17.5厘米，肋骨的最大宽2.5厘米。

四是肩胛骨2件。其中右侧肩胛骨远端残缺，肩胛臼窝残失约1/3。肩胛骨残存最大长24.8厘米，肩胛臼窝残存最大直径4.6厘米。左侧肩胛骨，仅存近端的肩胛臼窝及肩胛颈的部分，余皆缺失。肩胛骨残存最大长7.7厘米，最大宽5.9厘米，肩胛臼窝残存最大直径4.8厘米。

五是椎骨2件。除横突、棘突残或缺失之外，大部构件完整。其中一个颈椎（第四颈椎或该颈椎的前、后边的颈椎）一节，椎体前后长约5.8厘米，椎孔横向最小直径2.4厘米，横向两个大关节的最大宽8.1厘米。另外一个颈椎（第七颈椎或该颈椎的前、后边的颈椎）一节，椎

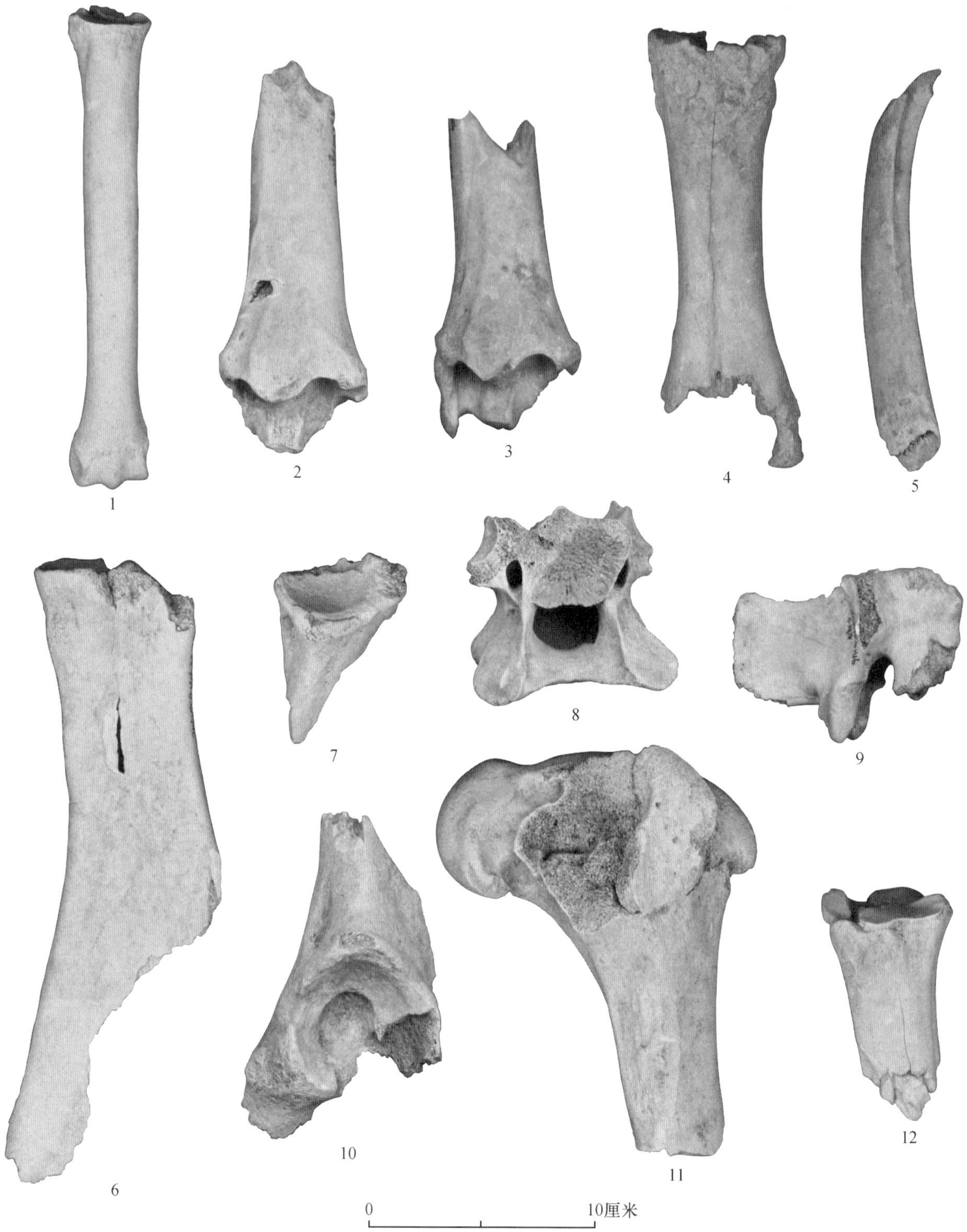

附图三　北南城遗址BH16出土动物骨骼

1. 驴跖骨　2、3. 牛胫骨　4. 牛掌骨　5. 牛肋骨　6. 牛右侧肩胛骨　7. 牛左侧肩胛骨　8、9. 牛椎骨　10. 牛右侧髋骨　11. 牛左侧肱骨　12. 牛跖骨

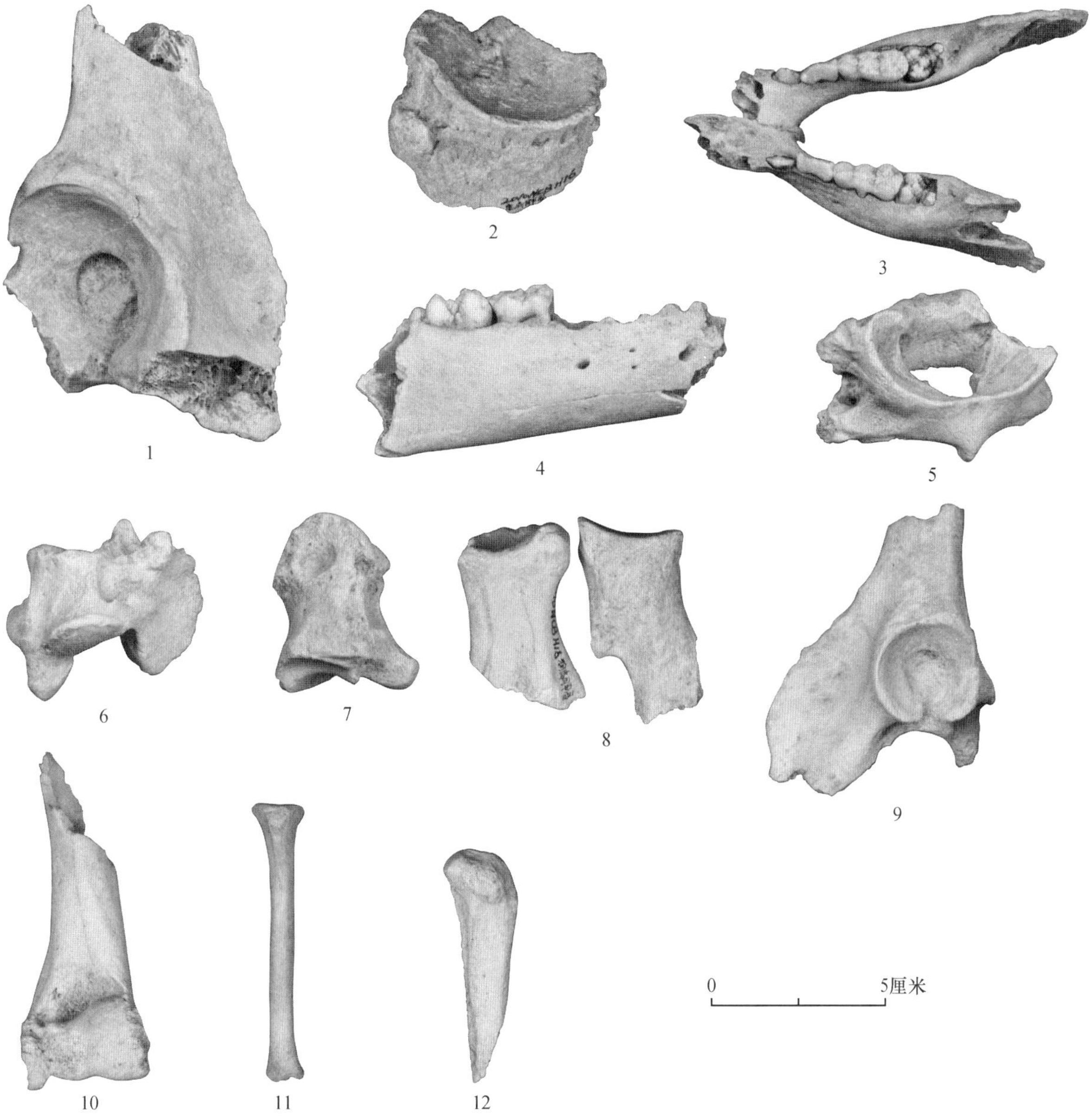

附图四　北南城遗址BH16出土动物骨骼

1. 鹿右侧髋骨　2. 鹿肩胛骨　3、4. 猪下颌骨　5、6. 猪椎骨　7. 猪趾骨　8. 狗肩胛骨　9. 狗右侧髋骨　10. 狗右侧肱骨　11. 鸟胫骨　12. 鸟腓骨

体前后长约5厘米，椎孔横向最小直径1.6厘米，棘突前后最大宽4.3厘米。

六是髋骨1件。右侧，髂骨、坐骨和耻骨缺失，仅保存有髋窝部分。髋臼窝较深。窝的最大口径5.8厘米，最大深3.4厘米。

七是肱骨，左侧近端1件。残长16厘米。近端最大宽12.6厘米，股骨头最大处厚5.5厘米，缺失的一端被砸断。

八是跖骨，近端1件。残存长9.5厘米，近端最大宽（前后宽）5.2厘米，骨干在残断处的断面呈近似椭圆形，其直径为2.9～3.8厘米。缺失的一端被砸断。由于跖骨和胫骨的骨质、颜色、厚度、粗细、腐朽程度皆相差无几，推测原为一个个体。

（3）鹿骨　2件，1个个体，均残存臼窝部分。

一是髋骨右侧，髂骨、坐骨和耻骨缺失，仅保存有髋窝部分。髋臼窝较深。最大口径5.4厘米，最大深3.1厘米。

二是肩胛骨，仅存肩胛臼窝及肩胛颈的部分，余皆缺失。肩胛骨残存最大长6.4厘米，肩胛臼窝残存最大直径5.5厘米。

（4）猪骨　5件，共2个个体。依据颜色、腐朽程度及骨骼的大小，推测右侧下颌骨中段1件、椎骨2件、趾骨1件为一个个体；形体较小的下颌骨为一个个体。

一是下颌骨2件。其中一件个体较小，右侧门齿处残缺，门齿、犬齿仅存齿孔，前、后臼齿保存完整，M_3还没有萌出。现存长约10.5厘米，最大宽约6.7厘米。另一件为仅保存右侧下颌骨的中段，现存长约10.1厘米，M_1、M_2臼齿保存完整，M_3位于残断处，仅存半个齿孔。前臼齿P_1～P_4仅存齿孔。

二是椎骨2件。其一为寰椎，横突、背侧缘及一横孔残缺。两横突外端之间最大宽约6.7厘米，背结节和腹结节外端之间最大距离4.7厘米，整体纵向最大长4.6厘米。其二为枢（颈）椎，棘突略残，其他部位较完整。从棘突顶端到椎体下端间距约5厘米，整体纵向最大长4.8厘米。

三是趾骨1件，为第二节，略微残缺。前后长4.4厘米，最大宽3.2厘米。

（5）狗骨　3件，共1个个体。

一是肩胛骨，保留有残的颈部及肩臼窝。肩胛臼窝的端面呈近似椭圆形。肩胛颈最大宽2.4厘米、厚0.9厘米，残存总长5.3厘米。

二是髋骨，仅保存有右侧髋窝部分，髂骨、坐骨和耻骨缺失。髋臼窝最大口径2.7厘米，髋臼窝最大深1.5厘米。

三是右侧肱骨，仅保存远端一段，缺失的一端被砸断。残存长8.7厘米，远端最大宽3.4厘米，骨干在接近残断处的最小宽1.8厘米，骨质坚硬。

（6）鸟类骨　2件，共2个个体。

一是胫骨，近端稍残缺。长7.3厘米，近端最大宽1.3厘米，远端最大宽1厘米。骨干表面光滑，色泽淡黄。

二是腓骨，存近端一段。残存长6厘米，残断处呈斜向，残断面有小刀砍割痕。近端最大宽1.8厘米，最大厚1.5厘米。

4. BH15

灰坑的平面为近似长条形，开口于第2层下，含有大量草木灰及红烧土颗粒（块）。出土有砖、瓦残块，陶盆、罐、盏及黄釉瓷盘等生活器具，并出土有动物的下颌骨残段（附图五）。

鹿下颌骨　1件。残存右侧下颌骨的中段大部。保存长约23.5厘米。C齿失，仅存很小的齿孔。P_1没有萌出齿槽，P_2、P_3齿失，仅存齿孔。M_1、M_2较完整，M_3还没有萌出齿槽，M_3再向后为残缺断面。骨质较差，表面大部开始风化。

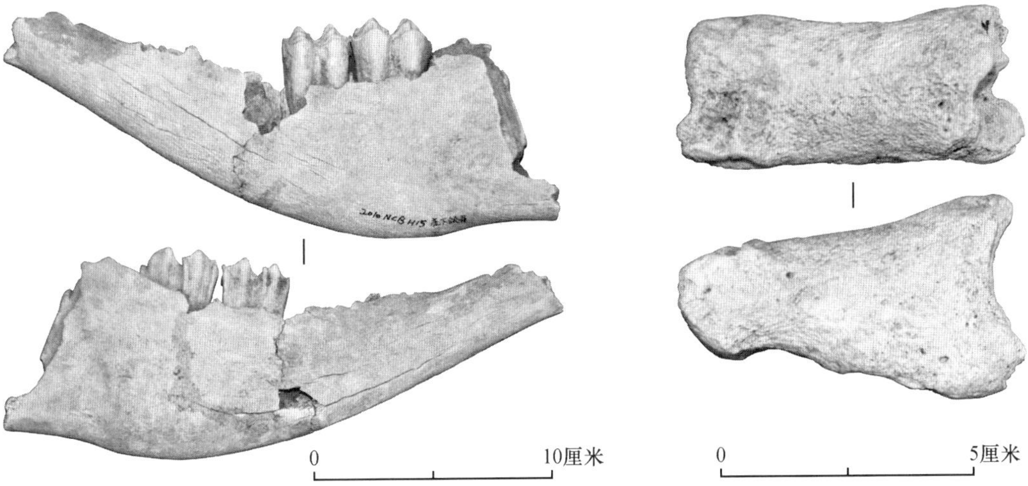

1　　2

附图五　北南城遗址BH15、BJ1出土动物骨骼

1. BH15出土鹿右侧下颌骨　2. BJ1出土鹿趾骨

5. BH1

灰坑的平面呈近似圆形，开口于第2层下。出土陶器一百五十余块，以绳纹砖、布纹陶瓦为主，有少量陶罐、盆、钵、豆，还有白瓷碗2片及铁渣等。出土有极少的动物骨骼残片，可辨识的有牛的牙齿（附图六）。

牛牙齿　1枚，零散牙齿。推测为右下臼齿M_3，齿根、咀嚼面的一端略有残损，嚼面有典型的小齿柱。臼齿嚼面排列总长约3.7厘米。

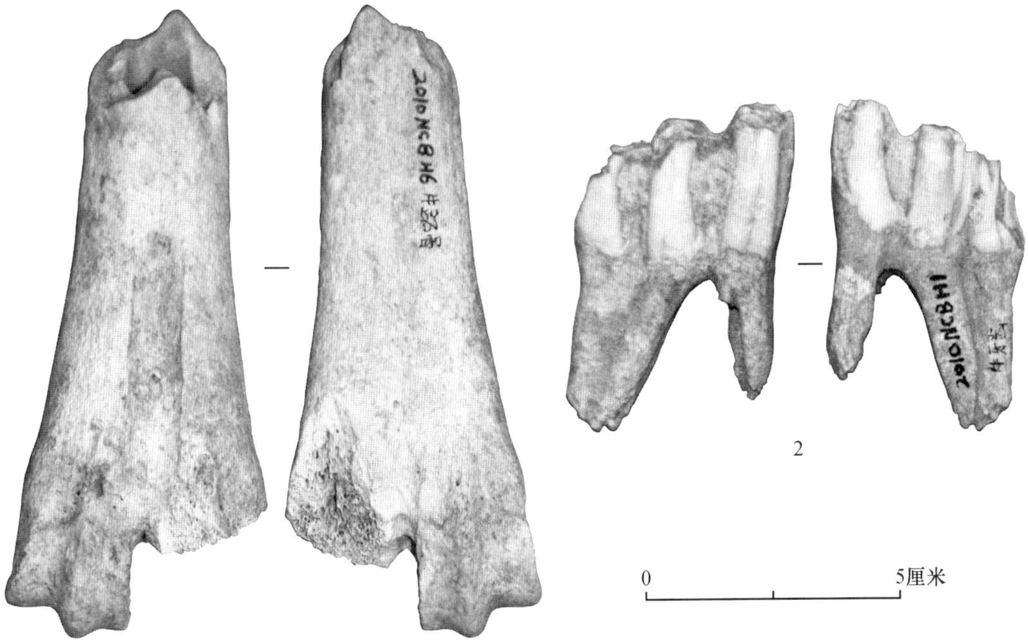

2

1

附图六　北南城遗址BH6、BH1出土动物骨骼

1. BH6出土牛跖骨　2. BH1出土牛右下臼齿

6. BH6

灰坑的平面呈椭圆形，叠压于第2层下。出土有砖、瓦、陶器等，并出土有极少的动物骨骼残片，可辨识的有牛趾骨（附图六）。

牛跖骨　1件，残存下端（远端）与趾骨相连接的一节，远端左侧滑车缺失1/2。残断处有砸击痕。表面局部开始风化。保存长11.9厘米。

7. BJ1

该井为圆形筒状无砖石砌筑的土井，开口于第2层下。主体直径为0.9米，深约5.6米。出土有绳纹砖、布纹瓦及红陶、灰陶盆、罐、瓮等残碎片约70片，以及动物骨骼残段等，其中动物骨骼标本1件（附图五）。

鹿趾骨　1件，第一节趾骨。上端与跖骨相连接的一节，保存较完整。前后长6.4厘米。

附录二　南水北调工程磁县南城村遗址又获重要发现

乔登云
（原邯郸市文物保护研究所所长、研究员）

南城村遗址位于磁县西北部南城村西牤牛河流域，是南水北调工程重点文物考古项目之一。2007年下半年，在省文物研究所主持及我所与县文保所的配合下，对该遗址进行抢救性发掘，揭露面积2000平方米，发现了距今4500多年龙山时期的火道式陶窑群、汉代环壕等重要遗迹，以及龙山、晚商、汉唐、宋金等不同时期的文化遗迹和遗物。自2008年4月初以来，再次对该遗址进行了大面积发掘，又发现一大批先商至汉唐时期的重要遗迹，并在学术界引起了较大反响。

本年度田野考古发掘工作历时7个月，揭露面积4500多平方米。共发现先商至汉唐时期房址6座、灰坑和窖穴145座、墓葬92座，出土文物500余件。其中尤以72座墓葬构成的先商文化墓地及3座房址最为重要。

先商时期墓地（附图七）位于遗址北部，墓葬多为东西向，大体分为三个小区、南北并列成数排、有序排列，很少有相互叠压或打破现象；仅少数为南北向，错列于各排之间，年代稍晚。墓葬形制全部为竖穴土坑式，平面呈长方形，一般长约2米、宽约0.6米、深0.5～1米。有的有生土或熟土二层台，除少部分外，多数无棺椁等葬具。尸骨全部为单人葬，以仰身直肢为主，少数为俯身葬，东西向墓均头向东。约1/3的墓有随葬品，以锥足鼎或扁足鼎、高尖足鬲、细柄豆和圈足簋等陶器最常见（附图八），多在1～3件；另有两座稍大的墓，尸骨头部发现有大蚌壳及海贝等串饰，随葬品数量也较多，可能身份地位略高。

先商时期房址为圆形半地穴式（附图九），直径约2.5米、深约1.5米，周围均有生土二层台，上有立柱形成的柱洞，西侧或西南侧有豁口，当为门道，房址外围还有覆盖圆形或圆锥形屋顶留下的痕迹。室内填土分作多层，底部有踩踏面或用火遗迹等。此外，还发现有部分同时期的灰坑。

先商文化也称为下七垣文化，是指商民族灭夏之前阶段所创造的物质文化，因最初发现于邯郸涧沟遗址并以磁县下七垣遗址遗存较丰富而得名。随着各地发现数量的增多及地域不同所形成的差异，而分为漳河、辉卫、南关外、保北等不同类型。邯郸漳河流域是商民族的发源地，所属遗存属漳河型，但过去有关当时的房基特别是墓葬材料却发现很少。所以，南城遗址的发现不仅大大丰富了该遗存的文化内涵，为研究先商时期的民居生活及丧葬习俗提供了重要资料，而且对锥足鼎、鬲等器物形制、来源及人体遗骨的研究，将进一步深化对先商文化各类型文化特征、年代分期、相互关系、族属等问题的认识，促进夏商考古及相关历史研究的开展。

附图七　先商时期墓地（局部）

附图八　先商时期陶器

附图九　先商时期房址

《邯郸文物简讯》第71期，2008年11月5日

附录三　磁县南城乡北城村发现商代墓群

王　晖
（邯郸市文物保护研究所副所长）

北城商代墓群位于磁县南城乡前北城村西南，西临自北向南流向的洄河河道，由于砖厂在河东岸挖土而被发现。2004年3月27日，邯郸市文物研究所与磁县文物保管所联合对北城村商代墓群进行抢救性考古勘探发掘，至2004年5月18日发掘结束，圆满完成了预期任务。共发现并清理殷商晚期墓葬71座，出土文物141件（套）。其中有4座墓葬近年曾遭受过盗扰。

该墓群密集分布在约700平方米范围内，排列有序，极少有打破关系，显系事先有意识地规划所致，应该为一处商代的“族墓地”（附图一〇）。从仅有的两组打破关系看，该墓群应是由南向北按早晚顺序依次排列。这批商墓均为竖穴土坑墓，从平面形状上可分为弧角长方形、哑铃形及介于前两者之间的腰鼓形三种形式。其中长方形墓30座，哑铃形墓28座，腰鼓形墓13座。绝大部分墓长在2.2～2.4米，面积在2.5平方米以下，现存深度在2米之内，属于小型墓葬。仅M7和M49长在3米左右，面积约4.5平方米，是墓群中最大的两座墓葬。

其中M49保存完好（附图一一），形制复杂，使用单棺单椁双重葬具，出土有一组青铜礼器，为一套鼎、爵、觚的组合；兵器有一件戈和两件矛；另外还有两件铜铃。在其西侧二层台上还放有一具殉人。墓主人可能是掌握一定生产资料并有一定地位的小奴隶主。其余小墓多以

附图一〇　商代墓群全景

附图一一　M49墓底

陶鬲和海贝随葬，使用单棺，大部分有殉狗，墓主应属于当时有人身自由的平民。

这批墓葬中哑铃形竖穴土坑的形制在以往的报告中从未见及，包括腰鼓形墓亦应是哑铃形的变体，对于这种墓葬形制所反映出的葬俗观念值得我们进一步深入研究。这批墓葬的发现也为我们寻找其居住遗址（其周围可能存在村落遗址或城址）提供了重要线索，因此该墓群的发现和发掘对我们了解商文化在冀南地区的分布和发展有着重要意义。

《邯郸文物简讯》第24期，2004年7月15日

附录四　商民族由邯郸漳河流域崛起的新证

——邯郸飞机场扩建工地考古新发现

薛玉川
（原邯郸市文物保护研究所副所长、副研究员）

为了配合邯郸飞机场扩建工程，邯郸市文物研究所和磁县文物保管所联合组成考古工作队，对磁县河北村北侧、原飞机场西侧大面积规划用地进行了考古调查、勘探工作，除发现大批汉魏至宋元时期的墓葬外，还发现了古代人类生活遗址。据采集遗物标本分析确定，该遗址为先商至商代早期阶段，这是我市近年来较重大的考古发现之一。

商王朝是中国历史上商氏部落集团建立的奴隶制国家。据文献记载，商部族的起源可以追溯至4000多年前，约当原始社会末期的唐尧虞舜时期，基本与夏部族同时并存。现学术界普遍认为，商之族名和国名本于水名、地名，古之商水即今之漳河，当时的主河道基本位于今邯郸境内，因此邯郸漳河流域实为商部族的发祥地。所谓先商，是指商部族在成汤灭夏之前孕育、发展所经历的历史时期，当时所遗留下来的文化遗存则称之为先商文化；而早商是指商立国之后的早期阶段，所遗留下来的文化遗存则称之为商文化。

飞机场扩建工地新发现的遗存，属磁县地界，其正南方约1千米处有河北、河南两个村子，两村之间有一条现代人叫不上名字的河，据考证古代叫“涧水”，涧水在《汉书·地理志》中就提到“拘（水）涧水东北至邯郸”，当属古漳河的支流。本次调查发现的河北村遗址，即坐落在涧河西岸的台地上，地势较高，基本为含卵石、砂石、礓石、绵沙土的山前冲积扇层。文化层在耕土之下，土色为灰褐色土，厚0.7～1.2米，断面可显现多处坑穴状文化遗迹，最厚者可达1.8米左右。坑穴以口大底小的锅底形为主，圆形、直壁形较少。坑内多填以黑灰色草木灰，并含有红烧土块、草拌泥块等，还有猪、狗、鸡等动物骨骼。器物有石斧、石镰、石铲、钻孔石刀、钻孔有段石锛等石质生产工具（附图一二）；鬲、甗等炊具；盆、罐、缸、卵形瓮等盛储器；钵、杯、豆等饮食器（附图一三、附图一四）。陶质分夹砂、泥质两类，夹砂陶所占比例最大。陶器的外表除素面和磨光之外，纹饰主要有绳纹、弦纹、楔形点纹、指甲纹、压印纹、锥刺纹、刻划纹、附加堆纹等，另外还采集到一件篮纹罐。这些历经沧桑、残破不堪的器物碎片，虽已失去了往日光彩夺目的风采，但其独特的器物造型、精湛的制作工艺仍令我们感到十分惊叹！体现了商氏部族群体的勤劳与智慧，闪烁着古代先民自强不息、振兴家国的伟大民族精神。

邯郸飞机场扩建工地（河北村遗址）先商至早商遗址的发现，不仅进一步说明邯郸境内确为商部族的发祥地，而且还证明了遗址所在的涧河（古漳河的支流）也是商人的主要聚居区之一。涧河虽然是一条不大的河流，但沿河上下商文化遗迹却发现很多，如在涧河源头河口村曾发现过商代炊具陶鬲，在北城村发现有商代晚期“聚族而葬”的墓群（一处七十余座），还

附图一二　出土石器

附图一三　出土陶器残片

附图一四　出土陶盆

有多处地点发现商代石器、陶器、铜器等生产、生活用具；另外，在洺河两岸还存有北城、南城、台城等村名，是否夏、商时期即有城邑（堡）存在，也不无可能。因此，对飞机场新发现的遗址予以抢救发掘和研究，不仅可以为我国先商及早商文化研究提供重要的实物资料，而且还可加深我们对古代邯郸光辉灿烂的民族文化和悠久辉煌的文明历史的了解。

《邯郸文物简讯》第22期，2004年4月28日

★河北村遗址于2004年4～7月进行了发掘，所属年代为先商晚期阶段。

图　　版

1. 南城圣泉寺遗址、北南城遗址发掘位置

2. 圣泉寺遗址远景（由南向北）

南城圣泉寺、北南城遗址位置及圣泉寺遗址远景

图版二

1. 圣泉寺遗址远景（由北向南）

2. 圣泉寺遗址发掘前勘探现场

圣泉寺遗址远景及勘探现场

1. 探沟初步清理出的佛坛垫层及铺砖面（由东北向西南）

2. 探沟内佛坛垫层一角（右上侧）

3. 佛坛解剖沟清理状况

圣泉寺遗址探沟、佛坛解剖沟

图版四

1. 圣泉寺遗址发掘区全景（由东向西）

2. 圣泉寺大殿（SF1）基址（由北向南）

圣泉寺遗址发掘区全景、大殿基址

图版五

1. 磉墩坑与早期柱洞

2. 柱洞的清理

3. 杆洞底部残留的柱子印迹

4. 柱洞底部遗存绳纹砖

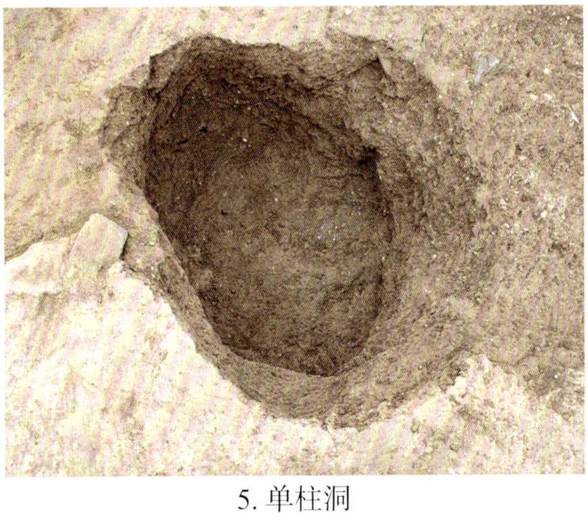

5. 单柱洞

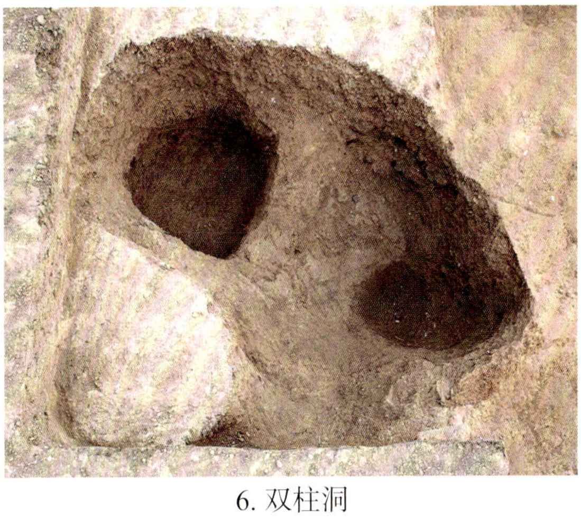

6. 双柱洞

圣泉寺大殿（SF1）的早期柱洞

图版六

1. 磉墩坑

2. 木柱印痕

3. 砖砌磉墩（由东南向西北）

4. 砖砌磉墩（由北向南）

5. 砖砌磉墩（由东南向西北）

6. 采集石雕柱础

圣泉寺大殿（SF1）承础遗存状况

1. 卷草纹石刻

2. 模制构件

圣泉寺大殿（SF1）出土陶建筑构件

图版八

1. 葵花纹脊饰（ST0207：05）

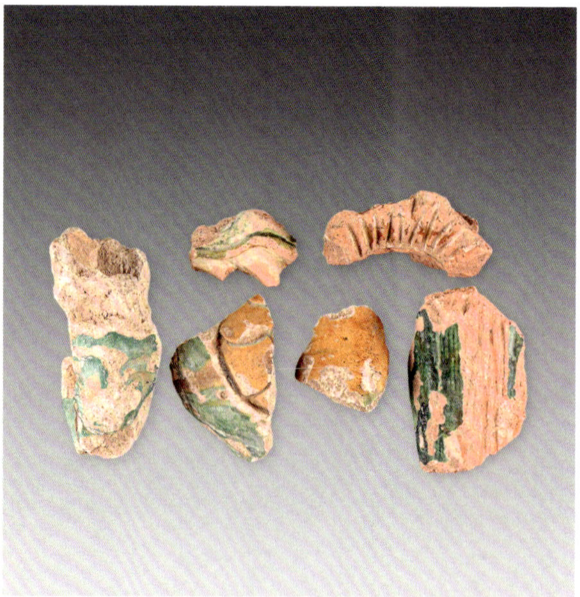

2. 脊饰（ST0304①）

3. 脊饰（ST0306①）

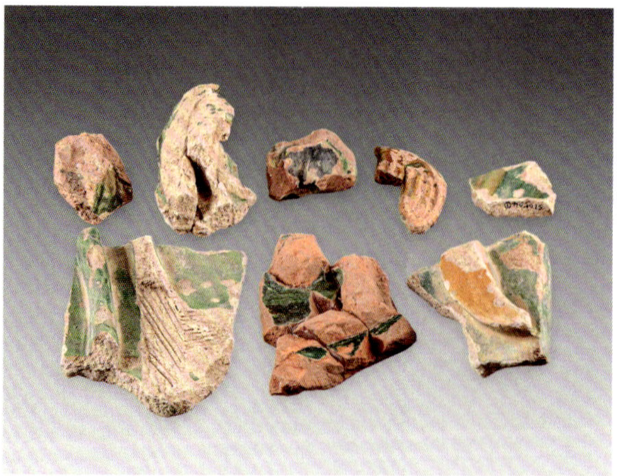

4. 脊饰（ST0504①）

5. 龙纹脊饰（ST0306①：01）

6. 龙纹脊饰（ST0306①：02）

圣泉寺遗址出土陶脊饰

图版九

1. A型筒瓦（ST0304①：01）

2. B型筒瓦（ST0505②：01）

3. 筒瓦残块

4. Ⅰ式筒瓦当
（ST0504①：01）

5. A型板瓦
（ST0504①：06）

6. 绳纹砖（SF1前墙基础）

圣泉寺遗址出土陶建筑构件

图版一〇

1. 圣泉寺前院南墙基础（由东向西）

2. 圣泉寺前院南墙基础中段（由西南向东北）

3. 圣泉寺前院南墙基础东段（由西南向东北）

4. 圣泉寺后院铺地砖（由东北向西南）

圣泉寺的前、后院落

1. SJ1东侧SF2残墙基（由西向东）

2. SJ1口部（由西向东）

圣泉寺遗址SF2、SJ1

图版一二

1. 桥南侧面

2. 桥北侧面

圣泉寺遗址附属建筑石拱桥

1. 陶神像（NCS采集：1）

2. 骨簪（ST0206①：1）

3. 铁泡钉（ST0307①：1）

4. 陶色子
（ST0306①：2）

圣泉寺遗址出土器物

图版一四

1. 粗胎黑釉碗施釉技法

2. 粗胎黑釉碗施釉技法（俯视图）

3. 青花碗内外施釉技法（俯视图）

4. 粗胎黑釉碗施釉技法（底视图）

5. 青花碗内外施釉技法（底视图）

6. 外黑内白釉碗内部装饰技法

圣泉寺遗址出土瓷器

北南城遗址全景（由南向北）

图版一六

1. 北南城遗址远景局部（由北向南）

2. 沟断面暴露唐代灰坑

北南城遗址发掘前现场

1. 北南城遗址发掘区现场

2. 北南城遗址发掘区全景（由北向南）

北南城遗址发掘区

图版一八

1. 北南城遗址发掘区局部（由西向东）

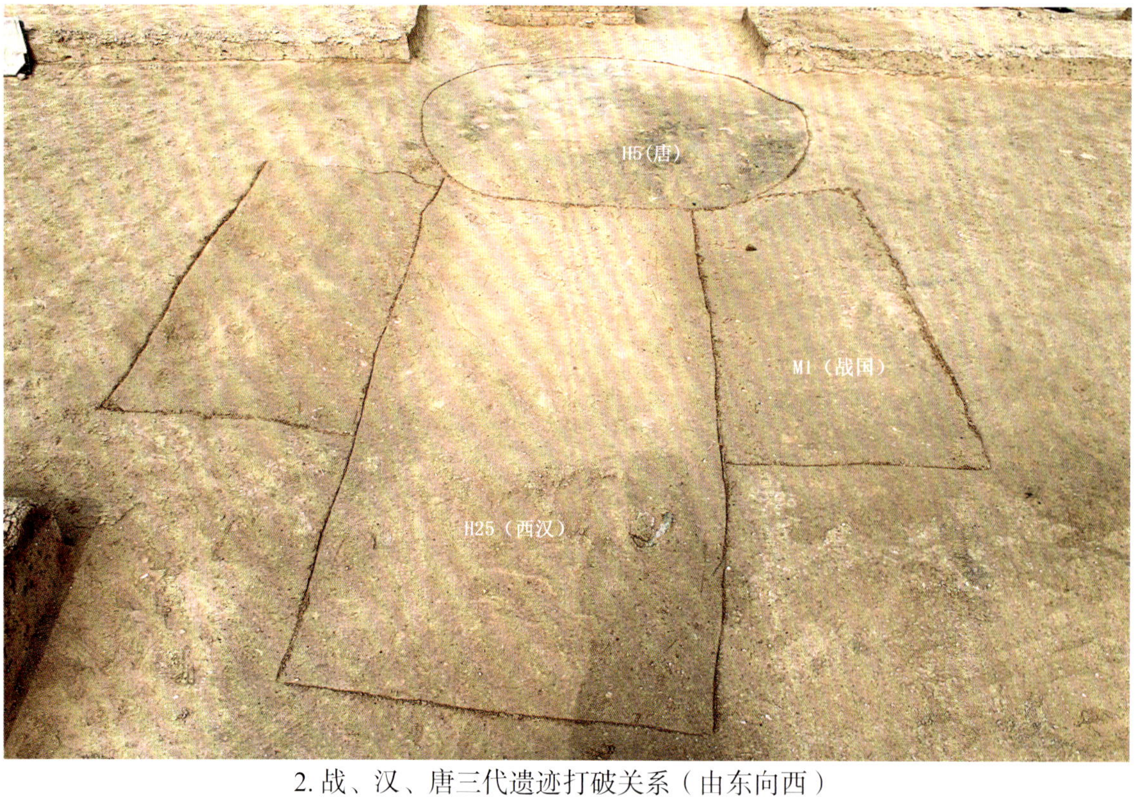

2. 战、汉、唐三代遗迹打破关系（由东向西）

北南城遗址发掘区遗迹局部

图版一九

1. BH17

2. BH25

3. BH27

北南城遗址西汉时期灰坑

图版二〇

1. BM1（战国）

2. BM1墓主人头骨

3. BM1墓主人肢骨

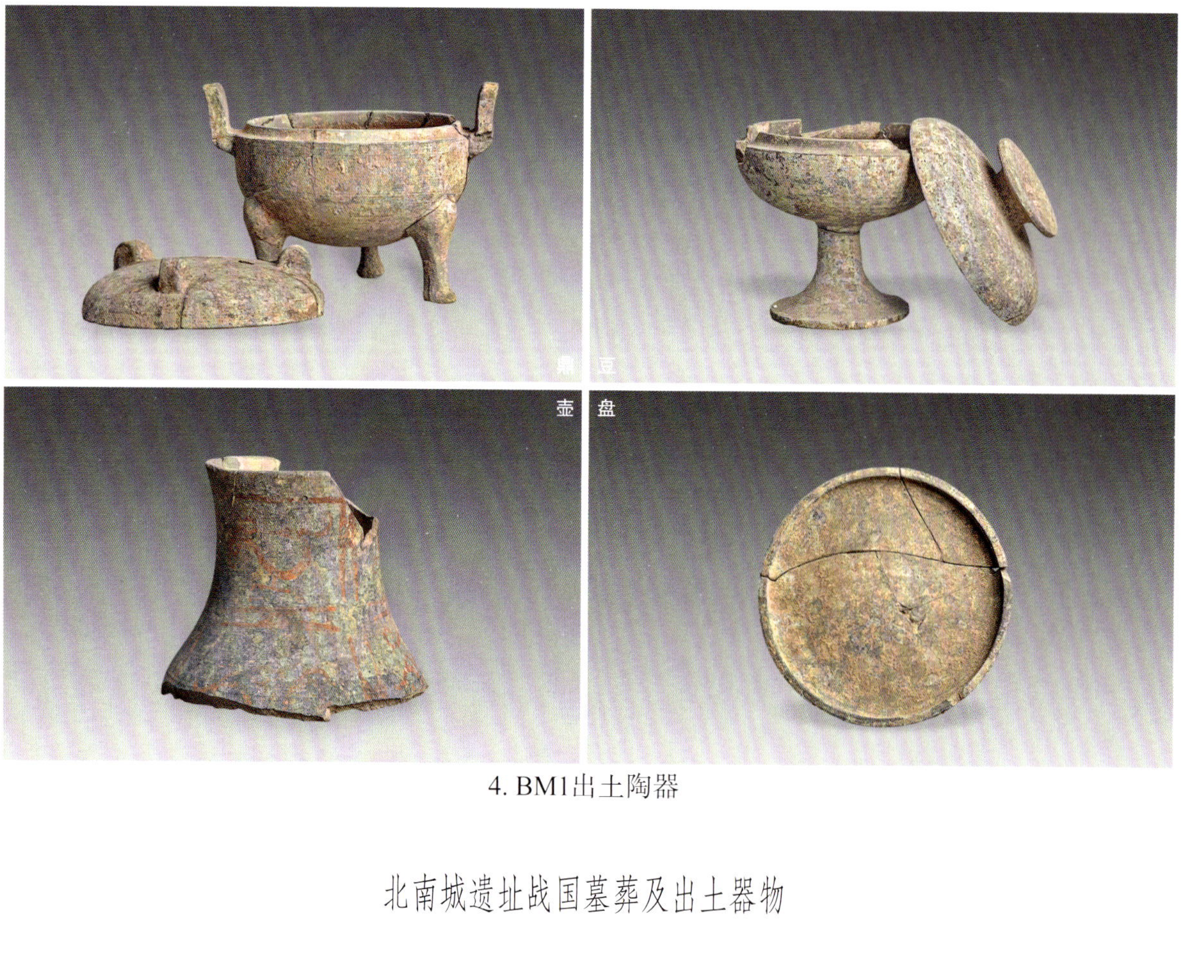

4. BM1出土陶器

北南城遗址战国墓葬及出土器物

1. BM3汉代（由东向西）

2. 汉代骨簪（BM3：1）

3. 战汉时期A型陶盆（BH25：1）

4. 汉代陶瓦当（BH17：1）

北南城遗址汉代墓葬及战汉时期器物

图版二二

1. BM2

2. BM4

北南城遗址唐至五代时期墓葬

图版二三

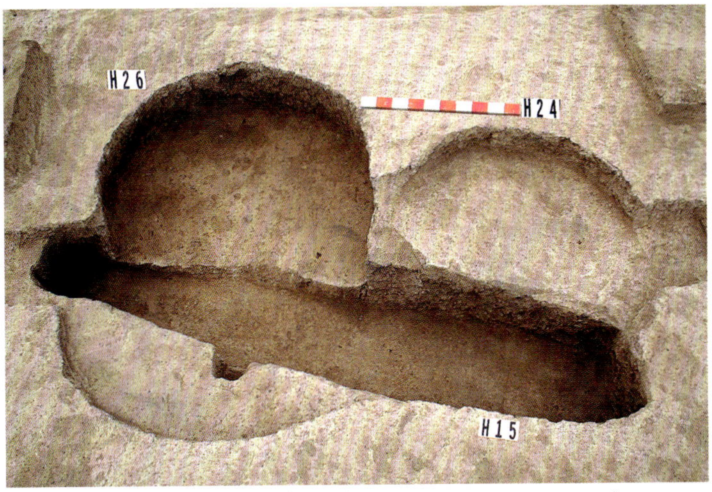

1. 灰坑相互打破关系（BH15、BH24、BH26）

2. 灰坑相互打破关系（BH11、BH21）

3. 灰坑与墓葬打破关系（BH6、BM2）

4. 灰坑与墓葬打破关系（BH23、BM4）

5. 长方形灰坑（BH22）

6. 长方形灰坑（BH16）

北南城遗址唐代灰坑

图版二四

1. BH9（圆形坑）

2. BH19（圆形坑）

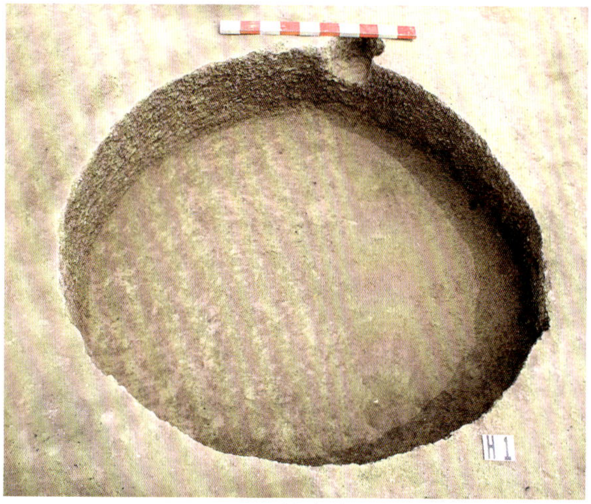

3. BH1（圆形坑）

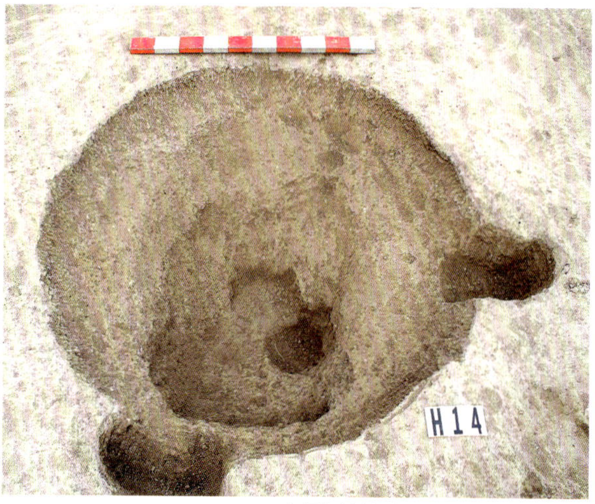

4. BH14（圆形坑）

5. BH5（椭圆形坑）

6. BH6（椭圆形坑）

北南城遗址唐代灰坑

1. BH8（近似桃形坑口）

2. BH8局部

3. BH8下层堆积

4. BH8出土狗骨

5. BH8出土瓷碗

6. BH10（椭圆形坑口）

北南城遗址唐代复合型灰坑及出土器物

图版二六

1. A型Ⅳ式外折沿盆（BH5：1）

2. A型Ⅰ式双系罐（BH16：2）

3. A型Ⅴ式外折沿盆（BH10：1）

4. B型双系罐（BM2：3）

5. C型Ⅱ式瓮（BH12：01）

6. B型无系罐（BM4：2）

北南城遗址出土唐至五代时期陶器

图版二七

1. 青釉碗（BH8：3）

2. 青釉碗（BH8：5）

3. 青釉碗正视图（BH8：2）

4. 青釉碗俯视图（BH8：2）

5. 青釉碗正视图（BH8：4）

6. 青釉碗底视图（BH8：4）

7. 青釉盂（BH16：1）

8. B型黄釉碗（BH18：4）

北南城遗址出土唐代瓷器

图版二八

1. A型白釉碗（BM4：1）

2. 白釉盘（BM2：1）

3. B型白釉碗正视图（BM2：2）

4. 白釉盘（BM4：4）

5. B型白釉碗底视图（BM2：2）

6. B型Ⅰ式黑釉盏（BH18：3）

北南城遗址出土唐至五代时期瓷器

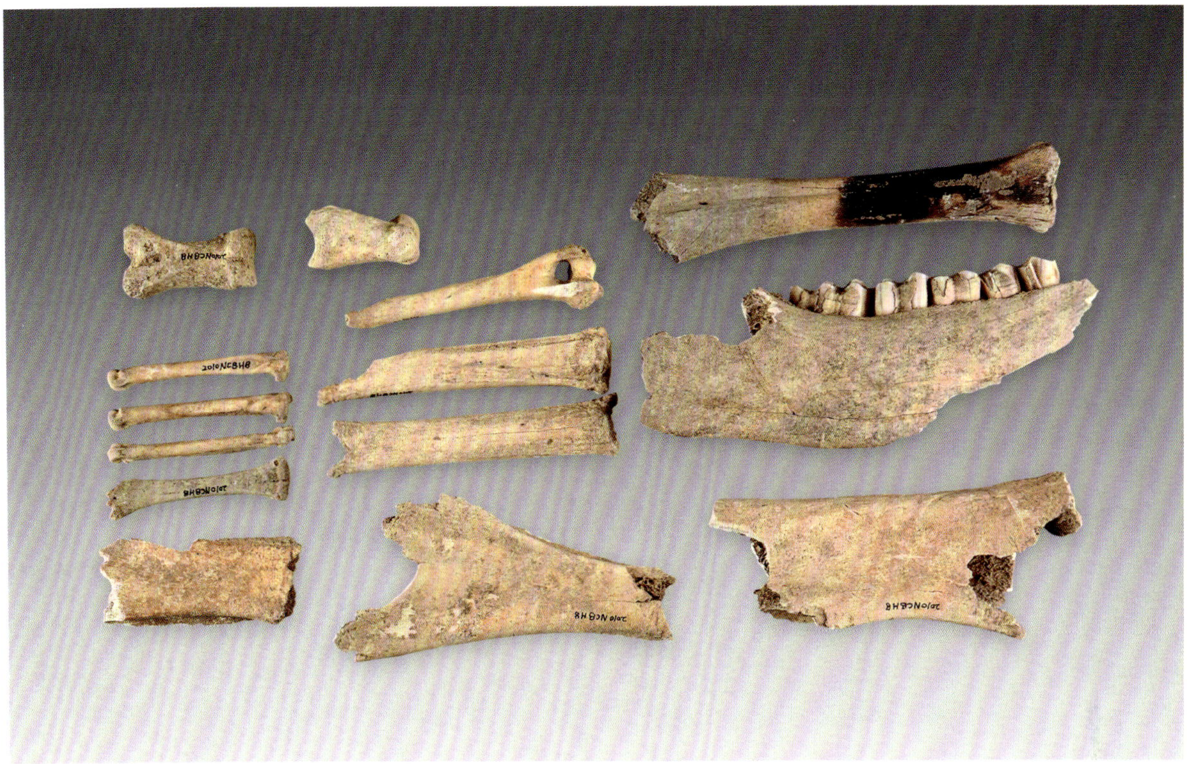

1. BH8出土动物骨骼

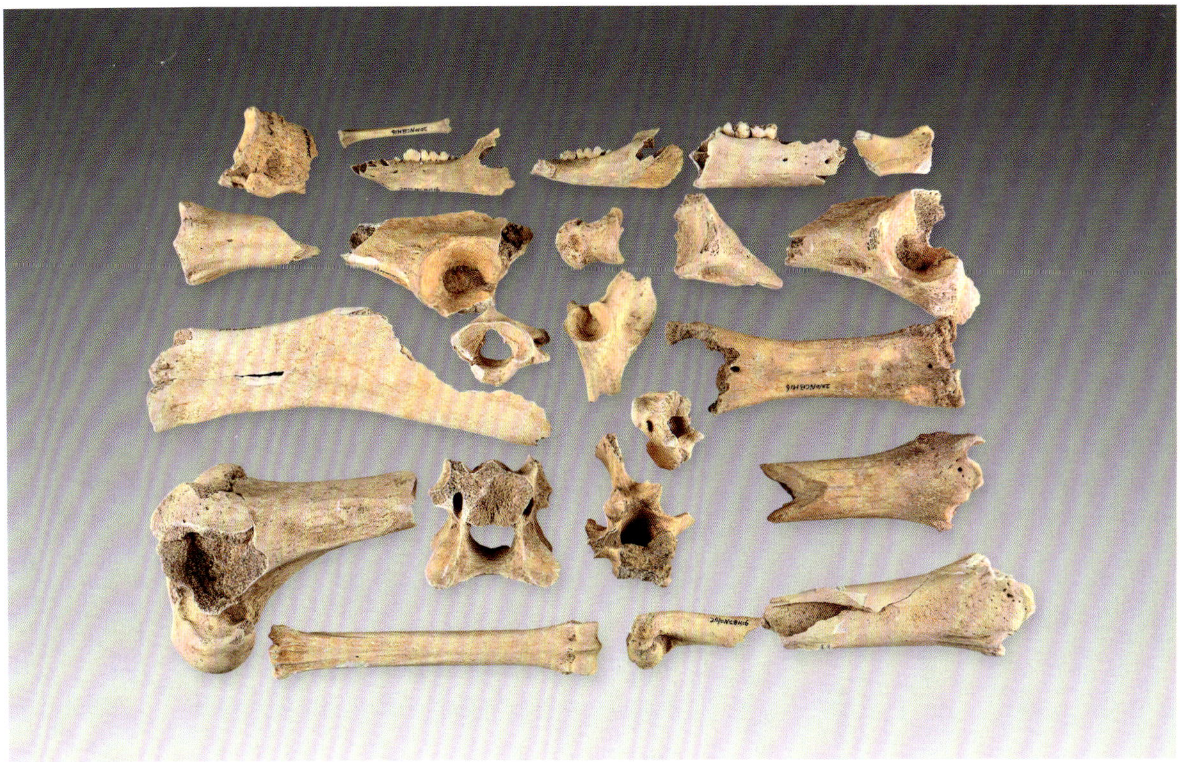

2. BH16出土动物骨骼

北南城遗址灰坑出土动物骨骼